公路路基路面施工技术研究

秦家禄　崔国燕　刘江伟　著

吉林科学技术出版社

图书在版编目（CIP）数据

公路路基路面施工技术研究 / 秦家禄，崔国燕，刘
江伟著. -- 长春：吉林科学技术出版社，2024.3
ISBN 978-7-5744-1110-4

Ⅰ. ①公… Ⅱ. ①秦… ②崔… ③刘… Ⅲ. ①公路路
基－路面施工 Ⅳ. ①U416.1

中国国家版本馆 CIP 数据核字(2024)第 059469 号

公路路基路面施工技术研究

著	秦家禄　崔国燕　刘江伟
出 版 人	宛　霞
责 任 编 辑	郝沛龙
封 面 设 计	南昌德昭文化传媒有限公司
制　　版	南昌德昭文化传媒有限公司
幅 面 尺 寸	185mm×260mm
开　　本	16
字　　数	310 千字
印　　张	14.5
印　　数	1~1500 册
版　　次	2024年3月第1版
印　　次	2024年12月第1次印刷

出　　版	吉林科学技术出版社
发　　行	吉林科学技术出版社
地　　址	长春市福祉大路5788 号出版大厦A 座
邮　　编	130118
发行部电话/传真	0431-81629529 81629530 81629531
	81629532 81629533 81629534
储运部电话	0431-86059116
编辑部电话	0431-81629510
印　　刷	三河市嵩川印刷有限公司

书　　号	ISBN 978-7-5744-1110-4
定　　价	72.00元

前　言

　　进入 21 世纪以来，我国的经济发展较快，交通运输业迅猛发展，由于我国大力支持互联网技术和科技创新，在这一政策的推动下，运输业的规模庞大，现有的交通网络已不能适应，所以公路建设不断增加，随着公路建设技术的日趋成熟，公路建设的质量也得到了较大完善，理论结合实践使我国公路施工技术取得较大发展的成果。

　　公路路基路面工程施工有着流动性强、临时设施多、施工条件艰苦、安全管理人才数量少、工人专业素质偏低等特点，这些特点决定了公路路基路面工程施工有着比较高的安全风险。加之公路建设队伍规模急剧扩张，水平参差不齐，其风险控制就显得尤为重要。"安全无小事，细节决定成败。"在公路路基路面工程施工安全管理工作的事前预防、超前控制上，抓好每一件小事，重视每一个细节，把小事做细，把细节做严、做实、做到位，向精细化管理要安全。

　　本书是公路施工技术方向的书籍，主要围绕路基路面施工展开论述。本书首先从公路施工准备介绍入手，针对施工组织与技术准备、施工场地与物资准备、大型临时设施建设进行了分析研究；另外对路基工程施工技术、路面施工技术、桥梁、涵洞工程施工技术、公路隧道施工技术做了一定的介绍；还剖析了公路养护技术与生产管理、生态技术在公路工程建设中的应用的内容；本书突出结构性与实践性，可使读者系统地了解公路路基路面施工技术的相关内容。另外，本书通俗易懂、结构层次严谨，条理清晰分明，内容翔实丰富，努力使理论上有创新，建立有效、全面、科学的研究机制。

　　由于作者水平有限，加之时间仓促，书中缺点乃至错误之处在所难免，恳请同行专家、学者以及广大读者批评指正。

目　录

第一章　公路施工准备 ··· 1

第一节　施工组织与技术准备 ····························· 1

第二节　施工场地与物资准备 ····························· 8

第三节　大型临时设施建设 ································· 13

第二章　路基工程施工技术 ··· 26

第一节　一般路基施工 ····································· 26

第二节　特殊路基施工 ····································· 36

第三节　路基季节性与排水设施施工 ····················· 47

第四节　路基工程施工 ····································· 54

第三章　路面施工技术 ··· 67

第一节　半刚性基层施工 ··································· 67

第二节　沥青路面施工 ····································· 77

第三节　水泥混凝土路面施工 ····························· 85

第四章　桥梁、涵洞工程施工技术 ····································· 104

第一节　桥梁下部结构施工技术 ··························· 104

第二节　桥梁上部结构施工技术 ··························· 112

第三节　大跨径桥梁施工 ··································· 121

第四节　涵洞工程施工技术 ································· 126

第五章　公路隧道施工技术 ··· 133

第一节　隧道施工方法 ····································· 133

第二节　隧道新奥法施工技术 ····························· 139

第六章　公路养护技术与生产管理 ····································· 160

第一节　养护的技术管理 ··································· 160

第二节　养护的生产管理 ··································· 177

第七章　生态技术在公路工程建设中的应用 ‥‥‥‥‥‥‥‥‥‥‥‥‥‥ 187

　　第一节　生态技术在公路工程建设中的应用概述 ‥‥‥‥‥‥‥‥‥‥‥‥‥187

　　第二节　路基、路面及桥梁施工生态保护技术 ‥‥‥‥‥‥‥‥‥‥‥‥ 203

　　第三节　施工网络优化与公路防沙固沙 ‥‥‥‥‥‥‥‥‥‥‥‥ 212

参考文献‥‥‥‥‥‥‥‥‥‥‥‥‥‥‥‥‥‥‥‥‥‥‥‥‥‥‥ 220

第一章 公路施工准备

第一节 施工组织与技术准备

一、概述

公路工程施工是一个复杂的组织和实施过程，做好施工准备，提高施工的计划性、预见性和科学性，是保证工程质量、加快工程进度、降低工程成本、保障顺利施工的重要环节。

施工准备是指在施工前将各项施工必需的人员、机械、物资、技术、施工条件及生活等方面事宜，提前制订出切实可行的措施，高质量、高效率地完成工程以兑现工程投标时对业主的承诺及获取自身的效益。施工准备的重要性往往容易被工程人员所忽视，而实际其是一项极为重要的工作。俗语曰"未雨绸缪""兵马未动，粮草先行"，工程施工需要大量的物资及人力资源，使用很多机具设备，要统筹安排协调各方面工作。如不事先做好充分准备，仓促上阵，施工中就会缺这少那，临渴掘井，造成停工待料，处处受阻，使施工处于混乱状态。因此，做好施工准备是保证施工顺利进行的前提条件，需要提高对施工准备的重视，统筹规划施工实际状况。

二、施工组织准备

施工组织准备主要是在明确工程建设目标与任务的前提下，建立施工项目组织结构、配备专业的管理人员及高效的施工队伍。

高效的施工项目组织机构是保证施工目标完成的首要前提。施工企业中标后应根据投标承诺以及工程实际需要尽快建立施工项目组织机构（施工项目经理部），并应按照标准化管理规定设立相关部门并配置专业人员，也可根据企业自身特点增设其他必要的部门和专业人员。

目前，公路工程施工项目组织机构通常按照 6 部 1 室的规划进行机构设置（图 1-1），各相关部门负责人配置应满足表 1-1 的规定。

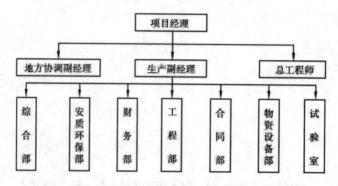

图 1-1　公路工程项目常用组织机构图

表 1-1　项目部部门负责人配置要求

职务或岗位	人数	技术职称	工作经验	资质条件
项目经理	1	中级以上	8 年以上工作经验，3 年以上项目经理经验	一级建造师安全证书 B 类
总工程师	1	高级	12 年以上工作经验，3 年以上总工经验	安全证书 B 类
地方协调副经理	1	中级以上	10 年以上工作经验，负责地方工作 5 年以上	—
生产副经理	2~3	中级以上	5 年以上工作经验，副经理岗位 3 年以上	安全证书 B 类
综合部长	1	中级以上	管理工作 5 年以上	
安质环保部长	1	中级以上	管理工作 5 年以上	安全证书 B 类
财务部长	1	会计师以上	财务管理工作 5 年以上	—
工程部长	1	中级以上	管理工作 5 年以上	—
合同部长	1	中级以上	管理工作 5 年以上	造价工程师
物资设备部长	1	中级以上	管理工作 5 年以上	—
试验室主任	1	中级以上	试验管理工作 10 年以上	部试验检测证

各施工项目部均需要建立严格的责任制，按计划将责任预先落实到有关部门及个人，同时明确各级技术负责人在施工准备工作中所负的责任，从而充分调动各部门和技术人员的积极性，使各级管理人员有职、有权、有责。

在建立完善施工项目组织机构的基础上，根据所承担的工程量大小和工期要求，通过安排或招标方式，建立施工作业劳务工班。结合施工进度计划，估算出全部工程用工日数、平均日出工人数、施工高峰期日出工人数，以及技术工种、机械操作工种、普通工种等用工比例，配备能够适应其工程质量、工期进度要求的作业工人。

三、施工技术准备

施工技术准备主要是为了了解和分析建设工程特点、进度要求，摸清施工客观条件，做好施工现场准备工作，编制施工组织设计，合理部署和全面规划施工力量，配备足够的工、料、机，制订合理的施工方案，充分、及时地从技术、物资、人力和组织等方面为工程施工创造一切必要条件，使施工过程连续、均衡、有节奏地进行，保证工程在规定期限内交付使用的同时，使工程在保证质量的前提下做到提高劳动生产率和降低工程成本。在施工准备的诸项工作中，以网络计划技术为手段的施工组织设计编制应列为中心工作。

（一）图纸会审和设计技术交底

施工单位接受工程任务后应全面熟悉、审核施工图纸、资料和有关文件，领会设计意图，参加建设单位工程主管部门或建设单位组织的设计交底和图纸会审，并做好记录。复核图纸时，对图纸中存在问题及时向有关单位以书面的形式澄清。

设计交底和图纸会审中，着重要解决以下几个问题：

①图纸数量是否齐全，施工说明是否清楚明确。

②设计依据与施工现场的实际情况是否一致。

③建设单位提供的水文、地质等资料是否满足工程施工要求，明确是否需要进一步补充。

④设计中所提出的工程材料、施工工艺的特殊要求，施工单位能否实现和解决。

⑤工程主要结构的受力条件及主要设计数据能否满足工程质量及安全要求，是否符合国家的有关规范、标准。

⑥施工图纸中土建及其他专业（水、电、通信、供油等）相互之间有无矛盾，图纸及说明是否齐全；图纸上的尺寸、高程、轴线、预留孔（洞）、预埋件和工程量的计算有无差错、遗漏和矛盾。

⑦设计对施工条件、施工方法和船机设备性能的考虑及要求。

⑧工程结构物在施工过程中的稳定性和可能发生的变形以及对施工安全、变形观测的要求。

⑨需要设计优化或计划进行重大变更设计的，项目部要提前策划，多方沟通，并通过图纸会审文件的形式加以确认。

（二）单位、分部及分项工程划分

工程开工前，应对工程项目进行单位、分部及分项工程划分，以便在施工过程中顺利开展对工程质量的评定与验收。划分时应根据施工部署和规范要求进行，报建设单位、监理单位认可。

划分的原则是有利于工程质量的客观评定，有利于施工安排和部署，同时满足有关规范要求。

通常公路工程施工项目划分单位、分部及分项工程有两种方法：

①按建设单位下发的文件或合同文件的规定划分。

②按《公路工程质量检验评定标准》划分。

具体方法以建设单位的要求为准。公路工程路基路面及桥梁工程的单位、分部、分项工程的划分见表1-2。

表1-2　公路工程单位、分部及分项工程划分表

单位工程	分部工程	分项工程
路基工程（每10km或每标段）	路基土石方工程（1～3km路段）	土方路基、填石路基、软土地基处治、土工合成材料处置层等
	排水工程（1～3km路段）	管节预制、混凝土排水管施工、检查（雨水）井砌筑、土沟、浆砌排水沟、盲沟、跌水、急流槽、水簸箕、排水泵站沉井、沉淀池等
	小桥及符合小桥标准的通道、人行天桥、坡槽（每座）	钢筋加工及安装，砌体，混凝土扩大基础，钻孔灌注桩，混凝土墩、台、墩、台身安装，台背填土，就地浇筑梁、板，预制安装梁、板就地浇筑拱圈，混凝土桥面板桥面防水层，支座垫石和挡块，支座安装，伸缩装置安装，栏杆安装，混凝土护栏，桥头搭板，砌体坡面护坡，混凝土构件表面防护，桥梁总体等
	涵洞、通道（1～3km路段）	钢筋加工及安装、涵台、管节预制、管座及涵管安装、波形钢管涵安装、盖板预制、盖板安装、箱涵浇筑、拱涵浇（砌）筑、倒虹吸竖井、集水井砌筑、一字墙和八字墙、涵洞填土、顶进施工的涵洞、砌体坡面防护、涵洞总体等
	防护支挡工程（1～3km路段）	砌体挡土墙、墙背填土、边坡锚固防护、土钉支护、砌体坡面防护、石笼防护、导流工程等
	大型挡土墙、组合式挡土墙（每处）	钢筋加工及安装、砌体挡土墙、悬臂式挡土墙、扶壁式挡土墙锚杆、锚定板和加筋土挡土墙、墙背填土等
路面工程10km或标段	路面工程（1～3km路段）	垫层、底基层、基层、面层、路缘石、路肩等
桥梁工程（每座或每合同段）	基础及下部构造（1～3墩台）	钢筋加工及安装，预应力筋加工和张拉，预应力管道压浆，混凝土扩大基础，钻孔灌注桩，挖孔桩，沉入桩，灌注桩桩底压浆，地下连续墙，沉井，沉井及钢围堰混凝土封底，承台等大体积混凝土结构，砌体，混凝土墩、台、墩台身安装，支座垫石和挡块，拱桥组合桥台，台背填土等
	上部构造预制和安装（1～3跨）	钢筋加工及安装，预应力筋加工和张拉，预应力管道压浆，预制安装梁、板，悬臂施工梁，顶推施工梁，转体施工梁，拱圈节段预制，拱安装，转体施工拱，中下承式拱吊杆和柔性系杆，刚性系杆钢梁制作，钢梁安装，钢梁防护等

桥梁工程（每座或每合同段）	上部构造现场浇筑（1～3跨）	钢筋加工及安装，预应力筋的加工和张拉，预应力管道压浆，就地浇筑梁，板，悬臂施工梁，就地浇筑拱圈，劲性骨架混凝土拱，钢管混凝土拱，中下承式拱吊杆和柔性系杆，刚性系杆等
	桥面系、附属工程及桥梁总体	钢筋加工及安装、混凝土桥面板桥面防水层，钢桥面板上防水黏结层、混凝土桥面板桥面铺装、钢桥面板上沥青混凝土铺装、支座安装、伸缩装置安装，人行道铺设、栏杆安装，混凝土护栏、钢桥上钢护栏安装、桥头搭板，混凝土小型构件预制、砌体坡面护坡、混凝土构件表面防护、桥梁总体等
	防护工程	砌体坡面护坡、护岸、导流工程等
	引道工程	见路基工程、路面工程分项工程
隧道工程（每座或每合同段）	总体及装饰装修（每座或每合同段）	隧道总体、装饰装修工程
	洞口工程 每个洞口	洞口边仰坡防护、洞门和翼墙浇（砌）筑、截水沟、洞口排水沟、明洞浇筑、明洞防水层、明洞回填
	洞身开挖（100延米）	洞身开挖
隧道工程（每座或每合同段）	洞身衬砌（100延米）	喷射混凝土、锚杆、钢筋网、钢架、仰拱、仰拱回填、混凝土衬砌、超前铺杆、超前小导管、管棚
	防排水（100延米）	防水层、止水带、排水
	路面（1～3km路段）	基层、面层
	辅助道路（100延米）	洞身开挖、喷射混凝土、锚杆、钢筋网、钢架、仰拱、仰拱回填、衬砌钢筋、混凝土衬砌、超前锚杆、超前小导管、管棚、防水层、止水带、排水
绿化工程（每合同段）	分隔带绿地，边缘绿地，护坡道绿地、碎落台绿地，平台绿地（每2km路段），互通式立体交叉区与环岛绿地、管理养护、设施区绿地，服务设施区绿地，取、弃土场绿地（每处）	绿地整理、树木栽植、草坪，草本地被及花卉种植，喷插绿化
声屏障工程（每合同段）	声屏障工程（每处）	砌块体声屏障、金属结构声屏障、复合结构声屏障
交通安全设施（每20km或每标段）	标志、标线、凸起路标轮廓标（5～10km）	标志、标线，凸起路标
	护栏（5～10km）	波形梁护栏、缆索护栏、混凝土护栏，中央分隔带开口护栏
	防眩设施，隔离栅 防落物网 5～10km	防眩板，防眩网、隔离栅、防落物网等
	里程碑和百米桩（5km路段）	里程碑、百米桩
	整险车道（每处）	整险车道
交通机电工程	其分部，分项工程划分见《公路工程质量检验评定标准 第二册 机电工程（JTG 2182—2020）》	
附属设施	管理中心、服务区、房屋建筑、收费站、养护工区等设施	按其专业工程质量检验评定标准评定

（三）编制施工技术文件

1. 编制实施性施工组织设计

编制实施性施工组织设计主要根据设计文件、现场条件、各单位工程的施工程序及相互关系、工期要求以及定额等进行。实施性施工组织设计，包括施工进度计划、劳动力安排计划、材料机具供应计划、施工平面图及其他文件图表。编制计划要根据落实的工程数量、工地特点、工期要求和施工设备情况进行，实施性计划应切实可行，编制的详细程度视工程实际需要而定。

实施性施工组织设计的主要内容包括：

①编制依据：招标文件、投标书、设计文件和设计图纸、施工合同文件；现场调查资料或报告；各种定额及概预算资料；政策规定、环保条例、上级部门对施工的有关规定和工期要求；国家及行业标准、规范和规程。

②工程概况：工程项目主要情况、施工条件、工程施工特点和难点分析、合同特殊要求。

③施工总体部署。

④施工技术方案：大型临时工程建设、各分部分项工程施工方法及工艺流程。

⑤施工进度计划。

⑥各项资源需求量计划：劳动力需求计划、材料需求计划、施工机械设备需求计划、资金需求计划。

⑦施工总平面布置图。

⑧季节性施工技术措施。

⑨质量管理与质量控制保证措施。

⑩安全管理与安全保证措施。

⑪文明施工与文物保护措施。

⑫环境保护与文明施工措施。

⑬廉政建设措施。

⑭预案措施。

2. 编制专项施工方案

针对施工项目中的危险性较大的分部分项工程，施工单位还应按照《公路工程施工安全技术规范》（JTG F90—2015）的要求编制专项施工方案，对超过一定规模的危险性较大的分部分项工程，施工单位还应组织专家进行论证。

（四）施工技术交底

施工技术交底是指在单位工程、分部工程及分项工程施工前，由相关专业技术人员向参与施工的人员进行的技术性交代，其目的是使施工人员对工程特点、技术质量要求、施工方法与措施和安全等有一个较详细的了解，以便于科学地组织施工，避免技术质量等事故发生。

1. 施工技术交底的分级要求

施工技术交底必须在相应工程内容施工前进行。施工技术交底通常应按照3级进行。

第1级：项目总工向项目各部门负责人及全体技术人员进行交底。

第2级：项目技术部门负责人或各分部分项主管工程师向现场技术人员和班组长进行交底。

第3级：现场技术员负责向班组全体作业人员进行技术交底。

2. 施工技术交底的主要内容

第1级交底主要内容为实施性施工组织设计、技术策划、总体施工方案、重大施工方案及超过一定规模的危险性较大的分部分项工程施工方案等。其包括合同文件中规定使用的有关技术规范、监理办法及总工期；设计文件、施工图纸的说明和施工特点以及试验工程项目的施工技术标准、采用的工艺；施工技术方案、工程的重难点、施工主要使用的材料标准和要求，主要施工设备的能力要求和配置；主要危险源、质量保证措施、安全技术措施、季节性施工措施以及有关"四新技术"要求等。

第2级交底主要内容为分部分项工程施工方案、危险性较大的分部分项施工方案等。其包括施工详图和加工图，试验参数及配合比，测量放样桩、测量控制网、监控量测等，爆破设计，施工方案实施的具体措施及施工方法，交叉作业的协作及注意事项，施工质量标准及检验方法，重大危险源的应急救援措施，成品保护方法及措施，施工注意事项等。

第3级交底主要内容为分部分项工程施工工序等。其包括作业标准、施工规范及验收标准，工程质量要求，施工工艺标准及施工先后顺序，施工工艺细则、操作要点及质量标准，质量问题预防及注意事项，施工技术措施和安全技术措施，重大危险源、出现紧急情况下的应急救援措施、紧急逃生措施等。

3. 施工技术交底的方法

①施工技术交底以书面形式进行，可采取讲课、现场讲解或模拟演示的方法。

②项目总工在交底前应按照内容写出书面材料，交底后应由接受交底的人员履行签字手续。

③各分部分项主管工程师在交底前应写出书面材料，并经项目总工审核，交底后由接受交底的人员签认。

④施工技术交底完成签认手续后应及时备份并移交项目资料室保存。

4. 施工技术交底的其他要求

①施工技术交底应严格执行合同要求，不得任意修改、删减或降低工程标准。施工技术交底应按优先次序满足合同要求（含合同技术条件、施工图纸等）、国家有关标准、行业标准、企业标准，以及由此衍生出来的规范、规程等。

②如施工方案、工艺和技术措施等前提情况发生变化，应及时对交底内容做补充修改。

③施工技术交底应根据工程特点、施工条件（水文、气候、资源等）等情况，突出重点，有的放矢，内容全面，具有可操作性，不流于形式。

④对于技术难度大、采用"四新技术"关键工序，特殊隐蔽工程和质量事故、工伤事故多发易发工程部位及影响制约工程进度的关键环节，应重点交底，并明确所采取的技术措施和防范对策。

⑤施工技术交底材料应字迹清晰、层次分明、内容完整，建立台账并存档。

第二节　施工场地与物资准备

一、施工测量准备

施工测量工作是公路工程建设的核心环节之一，施工前应建立系统的施工测量管理体制，形成完整的施工测量管理制度，使工程测量规范化、制度化，切实防范测量事故发生。施工准备阶段的测量工作主要包括设计交接桩、控制网复测及加密、编制施工测量专项方案。

（一）设计交接桩

施工交接桩工作是工程质量保证的先决条件之一，施工单位进场后应由总工程师负责开展工程控制性桩点的现场桩概和交桩资料的接收工作。

交桩内容一般有直线上的转点、曲线上的交点或副交点、直缓、缓圆、曲中、圆缓、缓直等控制桩，有关控制网控制点、三角点、水准点、导线点。

交桩资料一般有 GPS（Global Positioning System，全球定位系统）坐标成果表、控制导线桩坐标成果表、控制导线桩点、中桩逐桩坐标表及坐标系统说明、水准点成果表及位置描述和系统说明、曲线表、断链表（如果有）、断高表（如果有）。

交接桩过程应进行详细记录，形成交接桩纪要并编制完整交接桩文件。交接桩资料属于机密级测量文件，施工单位应严格按照保密文件妥善管理。

（二）控制网复测及加密

施工单位接收测量控制性桩位后应按照相关文件规定编制方案，经批准后进行现场复测确认。公路控制网复测的目的主要体现在两个方面：一是检核高速公路控制网的设计方案是否合理，验证首次测量的计算质量和成果精度是否达到规定要求；二是对复测成果与原测成果进行比较和分析，全面评估控制点的稳定性，并对控制网的复测及控制点的保护提出合理建议。

复测过程中发现的问题和产生的分歧，应及时联系设计单位、监理单位和建设单位进行协调解决。复测成果应由监理工程师签字后方可采用。

1. 平面控制网复测及加密

①原有导线点不能满足施工需要时，可增设满足相应精度要求的复合导线点。

②同一建设项目内相邻施工段的导线应闭合，并满足同等级精度要求。

③对可能受施工影响的导线点，施工前应加以固定或改移，从开工至竣工验收的时间段内应保证其精度。

④近年来随着GPS技术的发展，GPS静态测量因其效率高、精度可靠，在较高等级控制网的建立和复测上，已基本取代了常规导线测量手段，因此在高等级控制网的建立和复测上应优先选用GPS静态测量。

2. 高程控制网复测及加密

①沿路线每500m宜有一个水准点。在结构物附近、高填深挖路段、工程量集中及地形复杂路段，宜增设水准点。临时水准点应符合相应等级的精度要求，并与相邻水准点闭合。

②当水准点有可能受到施工影响时，应进行处理。

（三）编制施工测量专项方案

首先，开工前，施工单位应根据工程类别和工程实际情况编制施工测量专项方案，并报总监理工程师审批，根据批准的测量方案建网、测量和定位放样。

其次，要特别重视结构物坐标计算和复核工作。如果在实际施工过程中，已经出现较大的工程测量事故，造成了重大的经济损失，为杜绝在开工后发生工程测量事故，开工前施工单位总工程师必须组织技术人员复核结构物的高程和坐标，计算资料应进行两人以上换手测量，计算结果必须经项目总工程师复核，监理工程师认可、签字后生效后使用。

二、施工场地准备

施工场地准备是对施工范围内阻碍工程顺利实施的物体进行集中处置的工作。一般根据施工合同的规定由相应的责任单位与施工单位共同完成，主要有以下工作：

（一）复查和了解现场

复查和了解现场的地形、地质、文化、气象、水源、电源、料源或料场、交通运输、通信联络以及城镇建设规划、农田水利设施、环境保护等有关情况。

对于扩（改）建工程，应将拟保留的原有通信、供电、供水、供暖、供油、排水沟管等地下设施复查清楚，在施工中要采取保护措施，防止损坏。

（二）确定工地范围

施工单位应根据施工图纸和施工临时需要确定工地范围，即在此范围内有多少土地，哪些是永久占地、哪些是临时占地，并与地方有关人员到现场一一核实（是荒地或是良田、果园等），绘出地界、设立标志。

（三）办妥有关手续

上述占地、移民和障碍物的拆迁等都必须事先与有关部门协商，办妥一切手续后方可进行。

（四）做好现场规划

施工单位按照施工总平面图搭设工棚、仓库、加工厂和预制厂，安装供水管线、架设供电和通信线路，设置料场、车场、搅拌站，修筑临时道路和临时排水设施等。在有洪水威胁的地区，防洪设施应在汛期前完成。

（五）保证道路安全畅通

道路施工需要许多大型的车辆机械和设备，原有道路及桥涵能否承受此种重载，需要进行调查、验算，不符合要求的应做加宽或加固处理，保证道路安全畅通。

三、施工机械准备

施工机械是道路桥梁工程施工的主要工具，其能够有效提高施工质量、推进施工进度及节约施工成本。施工前，项目经理部应根据工程的具体特点，结合企业的施工经验，编制实施性施工组织设计和施工方案，经过经济技术比选后，选择相配套的施工机械及其组合，并提前做好施工机械调运、购买、租赁及进场计划，以保证工程的顺利推进。

（一）路基施工机械

1. 施工机械种类

施工机械有主要包括推土机、装载机、挖掘机、铲运机、平地机、压路机、凿岩机以及石料破碎和筛分设备。根据工程作业要求，选择不同的机械设备。

2. 施工机械选择

对于清基和料场准备等路基施工前的准备工作，选择的机械与设备主要有推土机、挖掘机、装载机和平地机等；遇有沼泽地段的土方挖运任务，应选用湿地推土机。

对于土方开挖工程，选择的机械与设备主要有推土机、铲运机、挖掘机、装载机和自卸汽车等。

对于石方开挖工程，选择的机械与设备主要有挖掘机、推土机、移动式空气压缩机、凿岩机、爆破设备等。

对于土石填筑工程，选择的机械与设备主要有推土机、铲运机、羊足碾、压路机、洒水车、平地机和自卸汽车等。

对于路基整形工程，选择的机械与设备主要有平地机、压路机、推土机挖掘机、边坡打夯机等。

（二）路面施工机械

1. 路面基层机械

基层材料的拌和设备：集中拌和（厂拌）采用成套的稳定土拌和设备，现场拌和（路拌）采用稳定土拌和机。

摊铺平整机械：拌和料摊铺机、平地机、石屑或料场撒布车。

装运机械：装载机和自卸汽车。

压实设备：轮胎式压路机、双钢轮压路机、三钢轮压路机。

清除设备和养护设备：清除车、洒水车、沥青喷洒车。

2. 沥青路面施工机械

根据工作量和工期选择生产能力和移动方式，一般生产能力要相当于摊铺能力的70%左右。高等级公路一般选用生产量高的强制间歇式沥青混凝土搅拌设备。高等级公路路面施工机械应优先选择自动化程度较高和生产能力较强的机械，以摊铺、拌和为主导机械，并与自卸汽车、碾压设备配套作业，进行优化组合，使沥青路面施工全部实现机械化。

沥青混凝土摊铺机械：沥青混凝土摊铺机、自卸汽车、沥青撒布车。

沥青路面压实机械：轮胎式压路机、双钢轮压路机。

3. 水泥混凝土路面施工机械

水泥混凝土路面施工设备主要有混凝土搅拌楼、装载机、运输车、布料机、挖掘机、吊车、滑模摊铺机、整平梁、拉毛养护机、切缝机、洒水车等。

滑模式摊铺施工：水泥混凝土搅拌楼、大型滑模摊铺机、混凝土运输罐车、轮式挖掘机；轨道式摊铺施工：水泥混凝土搅拌楼、混凝土运输罐车、卸料机、摊铺机、振捣机、整平机、拉毛养护机等。

（三）桥梁施工机械

1. 通用施工机械

常用的各类吊车：轮胎式起重机、履带式起重机。

常用的各类运输车辆：自卸汽车。

桥梁混凝土生产与运输机械：混凝土搅拌站、混凝土运输车、混凝土泵和混凝土泵车。

预制桩施工机械：蒸汽打桩机、液压打桩机、振动沉拔桩机、静压沉桩机。

灌注桩施工机械：全套管钻机、有套杆旋转机、无钻杆旋转机、旋挖钻桩机、冲击钻机、螺旋钻孔机。

2. 上部施工机械

顶推法：油泵车、大吨位千斤顶、穿心式千斤顶、导向装置等。

滑模施工法：滑移模架、卷扬机油泵、油缸、钢模板等。

悬臂施工法：塔吊、挂篮。

预制吊装施工法：运梁车、架桥机，各种起重设备、倒链。

满堂支架现浇法：万能杆件、贝雷架，各类轻型钢管支架。

（四）隧道施工机械

隧道施工应主要根据开挖、喷锚支护、挖装运及仰拱等施工工序选择主要机械，并遵守设备配套原则。

超前地质预报：工程钻机。

开挖作业线：开挖台架、风钻、电动空压机、凿岩台车。

支护作业线：湿喷混凝土机械手、混凝土输送车、混凝土搅拌站。

仰拱作业线：自行式仰拱栈桥、挖掘机、混凝土输送车、仰拱纵向滑模、混凝土输送泵、移动布料机。

装渣运渣作业线：装载机、自卸汽车。

防水板作业线：铺设台车。

混凝土衬砌作业线：全液压衬砌台车、混凝土输送车、混凝土搅拌站、养护作业台架。

四、施工物资准备

施工物资准备主要是在开工前做好物资需要量计划、物资供应量计划、物资采购计划及物资用款计划。这些物资计划是项目管理的重要组成部分，也是降低施工成本，减少浪费，加速资金周转的主要措施。

（一）物资需要量计划

物资需要量计划是指完成计划期内工程任务所必需的物资用量，它是物资供应量计划、物资采购计划的基础。

（二）物资供应量计划

物资供应量计划是项目物资部门根据物资需要量计划而编制的计划，也是进行物资供应的依据。物资供应计划按时间分为年度、季度和月度供应计划。物资供应量 = 需要量 − 库存量 + 储备量。

（三）物资采购计划

物资采购计划是物资部门根据批准的物资供应计划，分期分批编制，是采购人员据以采购物资的计划，是保证物资供应的主要措施。

（四）物资用款计划

物资用款计划是为了尽可能少地占用资金、合理使用有限的备料资金而制订的资金使用计划。对施工企业来说，备料资金是有限的，如何合理地使用有限资金，既保证施工的物资供应又少占资金，是企业物资部门的任务。根据采购计划编制物资用款计划，把备料控制在资金能承受的范围内，急用先备、快用多备、迅速周转是编制物资用款计划的主要思路。

第三节　大型临时设施建设

大型临时设施是指为完成公路工程的建设，根据施工组织设计确定所需修建的大型临时建筑物和过渡工程，主要包括项目部驻地、工地试验室、集中式拌和站（水泥混凝土拌和站、无机结合料稳定类材料拌和站及沥青混合料拌和站等）、装配式构件预制场、钢筋加工场及临时交通设施等。大型临时设施建设对投资控制、实现项目总工期起着非常关键的作用。在规划及建设过程中，应根据工程规模、结构类型、施工工期、地理位置及交通条件，综合考虑、仔细论证、优化设置方案及规模、加速进场建设，使大型临时设施建设成为保证工程顺利实施的一把利剑。

一、项目部驻地建设

（一）驻地选址

①根据施工项目的施工环境，合理选择项目经理部的设置地点，确定设备停放场地、仓库、办公室和宿舍等的平面布置。项目部设置地点因地制宜，方便施工，尽量减少对环境的影响。

②住址选址由项目经理负责在进场前组织相关人员按照施工、安全和管理的要求进行调查，确定选址方案。

③驻地选址宜靠近工程项目现场的中间位置，应远离地质自然灾害区域，用地合法，周围无塌方、滑坡、落石、泥石流、洪涝等自然灾害隐患，无高频、高压电源及油、气、化工等其他污染源，满足安全、环保、水保的要求，交通、通信便利，水电设施齐全。

④离集中爆破区500m以外，不得占用独立大桥下部空间、河道、互通匝道区及规划的取、弃土场。

（二）场地建设

①可自建或租用沿线合适的单位或民用房屋，但应坚固、安全、实用、美观，并满足工作和生活需求。自建房还应安装、拆卸方便且满足环保要求。

②自建房屋最低标准为活动板房，建设宜选用阻燃材料，搭建不宜超过2层，每组最多不超过10栋，组与组之间的距离不小于8m，栋与栋之间的距离不小于4m，房间净高不低于2.6m。驻地办公区、生活区应采用集中供暖设施，严禁电力取暖。

③宜为独立式庭院，四周设有围墙，有固定出入口。有条件的，可在出入口设置保卫人员。

④办公、生活住房建筑面积和场地面积应满足办公和生活要求。

⑤办公区、生活区及车辆、机具停放区等布局应科学合理，分区管理，合理规划人车路线，尽可能减少不同区域间的互相干扰。区内场地及主要道路均需要做硬化处理，排水设施完善，庭院适当绿化，环境优美整洁，生活、生产污水和垃圾集中收集处理。

（三）硬件设施

①项目部一般设项目经理室、党委书记办公室、项目总工程师办公室、项目副经理办公室、各职能部门办公室、档案室、试验室、会议室等。

②项目部驻地办公用房面积应满足办公需要，一般不低于表1-3的规定。

表1-3 项目部驻地办公用房面积标准

各室名称	配备标准 /m²	备注
办公室	6	人均面积
会议室	60	具备多媒体功能
档案资料室	20	——
试验室	180	各操作室合计面积

③驻地办公用房应实用、美观、隔热、通风、防潮，各室功能应该满足以下要求。

办公室：通风、照明良好，并设有防暑、降温、取暖设备；满足项目信息化管理要求，配备必要的信息化硬件设施，满足施工信息收集、整理、传送以及工程进度、质量、安全、计量、变更等信息化管理要求。

会议室：通风、照明良好，并设有防暑、降温、取暖设备；配备必要的会议桌、椅子、写字板、多媒体等常用会议设施。

档案室：通风、照明良好，并设有防潮、防火、防盗等设施；所有档案资料由专人负责管理，宜保存在专用档案柜或档案架，应分门别类，做好标识，归档的档案格式统一。

④驻地生活用房建设应体现以人为本的理念，应实用、美观、隔热、通风、防潮。生活用房应设宿舍、食堂、浴室、厕所等，具备条件的应设文体活动室、活动场地、医疗室等。

（四）其他要求

①驻地内在适当位置设置临时室外消防水池和消防砂池，配置相应的消防安全标识和消防安全器材，并经常检查、维护、保养。

②驻地内应设置消防通道，并保证消防车道的畅通，禁止在车道上堆物、堆料或挤占消防通道。

③生活污水排放应进行规划设计，设置多级沉淀池，经沉淀过滤达到排放标准。厕所污水应通过集中独立管道进入化粪池，封闭处理。

④驻地内应设置一个大型垃圾堆积池，容积不小于$3m \times 2m \times 1.5m$，将各种垃圾集中存放，定期按环保要求设置。

⑤驻地内应设有必要的防雷设施。在条件允许的情况下，驻地应设置报警装置和监控设施。

二、工地试验室建设

我国公路工程实行"政府监督、社会监理、企业自检"的质量保证体系。公路工程试验检测体系是公路建设和管理中不可缺少、重要的基础技术，是施工质量控制的"感觉器官"。工程项目部试验室（工地试验室）的建立，是保证施工质量、促进工程进度的重要环节。

施工、监理单位和检测机构应根据工程质量安全管理需要或合同约定，在工程现场设立工地试验室；设立工地试验室的母体机构应取得公路水运工程试验检测机构等级证书，母体检测机构应在其等级证书核定的业务范围内对工地试验室进行授权。同一合同段内施工、监理单位的工地试验室不得由同一家母体检测机构授权设立；工地试验室按照规定到项目质监机构登记备案后，方可开展试验检测工作。

工地试验室应不断提高标准化、规范化和精细化建设及管理水平，不断提高试验检测数据的客观性、科学性和准确性，从而有效发挥试验检测在控制工程质量和指导工程建设中的重要作用，进一步促进工程管理水平的提升。

（一）工地试验室驻地建设

工地试验室选址应充分考虑安全、环保、交通便利及工程质量管理要求等因素，合理布局、明确功能分区、保障组织协调顺畅。

（二）工地试验室组织机构

工地试验室必须完善组织机构，设立试验检测人员岗位职责，建立组织机构框图并上墙。

（三）人员资质要求

①授权负责人须持有交通运输部核发的试验检测工程师资格证书，具有3年以上试验检测工作经验，并需经母体检测机构授权后方可签发工地试验室检测报告。

②工地试验室试验检测人员需具有交通运输部核发的试验检测工程师或省级交通运输厅核发的试验检测员资格证书。

③工地试验室授权负责人、工地试验室试验检测人员均应注册登记在母体检测机构。

④工地试验室试验检测人员所持证书类别应符合项目要求，能涵盖工程涉及专业范围和内容。

⑤工地试验室不得聘用信用较差或很差的试验检测人员担任授权负责人，不得聘用信用很差的试验检测人员从事试验检测工作。

⑥施工及监理单位工地试验室试验检测人员数量应按照招标文件、施工合同及项目所在地交通运输管理部门的要求配备，并满足工程试验检测需要。

（四）仪器设备配置要求

工地试验室应按照合同要求和母体检测机构授权范围内的试验检测项目及参数配备相应的仪器设备和辅助工具，使用频率高的仪器设备在数量上应能满足周转需要。仪器设备的功能、准确度和技术指标均应符合现行规范、规程要求。

（五）体系及文化建设

工地试验室应依据母体检测机构的质量体系文件，结合工程特点，编制简洁、适用、针对性和操作性强的质量体系文件及各项管理制度，并加强质量体系文件和各项管理制度的宣贯工作，并予以记录。

管理制度一般包括试验室工作职责、主要岗位人员职责、试验检测工作制度、人员管理制度、仪器设备管理制度、样品管理制度、档案资料管理制度、安全生产管理制度、工作环境管理制度等，在明确责任的同时还应积极营造"诚实守信、科学规范"的工地检测文化氛围，将"科学、客观、严谨、公正"的理念融入具体试验检测工作中。

三、集中式拌和站建设

公路工程施工中所涉及的集中式拌和站，主要包括水泥混凝土拌和站、无机结合料稳定类材料拌和站及沥青混合料拌和站。在公路工程施工中推行水泥混凝土、无机结合料稳定类材料及沥青混合料集中生产，不仅使拌和料机械化、自动化及高效率化，而且还能控制拌和料质量及原材料用量，特别适用于工程量大、工期长、工地集中的大、中型公路工程。

（一）选址

集中式拌和站建设具有临时性和建设费用高的特点，拌和站布局的合理性将直接影响拌和站的生产效率。所以，建设方案要进行技术和经济比较与分析，确保布局合理、技术先进、经济合理，以满足施工需要。

①施工总体布置合理，拌和站要选在空旷、干燥、交通便利，并远离工厂、居民区、经济农作物及畜牧业集中的区域，避免对当地居民的生产、生活和居住环境带来不利影响。

②拌和站宜处于地势较高、水源丰富、排水畅通的区域，同时最好避开高尘地段，减少对场内原材料的二次污染。

③尽量靠近主体工程量大的位置，并考虑公路和便道运输便利。

（二）场地规划

拌和站规划应结合现场条件、施工特点及工地标准化的要求，根据拌和站类型、存储骨料种类数量、占地面积等因地制宜，力求紧凑，满足装备生产工艺和生产效率要求。布局方式有一字形、二字形、T形等。根据设备及生产量的要求，场地面积一般选 $10 \sim 20$ 亩（1亩 $\approx 666.7 \text{m}^2$）。

1. 区域设置

场地划分为作业区、材料计量区、存料区、车辆停放、检修区、生活办公区。合理设置给排水系统、污水处理（沉淀池）系统、供电系统、运输道路系统。各区域的设置应符合安全文明工地建设要求，合理利用设备区域布置水池、排水沟、集水坑，电线路和管路规划设计与主机距离尽量要短。

　　整个场地范围内应设 1.5% 的排水坡，场地四周设置排水沟。尽量实现工厂化封闭式管理，作业区围墙高 1.8m、生活、办公区围墙高 2.2m。工地实验室可设在拌和站内或尽量靠近拌和站，以便检测、取样、生产监控。

　　全面考虑不同地区季节性施工的要求，如北方冬季的保温措施、南方夏季的降温措施。变压器、锅炉房、油罐等的设置安全距离应符合相关规范规定，并远离办公区和生活区。

　　2. 通道规划

　　站内通道包括进出场通道、进料通道、上料通道、出料通道及其他通道，通道布设要满足材料运输车辆、混凝土搅拌运输车的净空、载重及会车要求。场地重载区域和进出场道路用 C20 硬化 20cm 厚，其余区域可考虑 10cm 硬化厚度。穿越通道的水电路预埋管路要做好保护措施。

　　3. 料仓规划

　　材料存储区料仓容积要根据生产量要求设计，同时考虑季节备料和料源情况及运输条件。

　　一般设计料仓隔墙厚 50 ~ 60cm，隔墙高 2.2 ~ 3m，考虑上料速度和装载机工作效率，进深按 15 ~ 25m 设计，地面设置 1.5% 的坡度。

（三）拌和机设备选型

　　1. 水泥混凝土拌和机

　　水泥混凝土拌和机设备的选型应按混凝土施工组织设计进度安排的供应强度确定，以小时生产能力或月生产能力表示，其划分标准见表 1-4。

表 1-4　混凝土搅拌站的规模划分

规模定型	小时生产能力 / m³	月生产能力 / 万 m³
大型	> 180	> 4.5
中型	50 ~ 180	0.8 ~ 4.5
小型	< 50	< 0.8

　　每个拌和站宜配置 2 套搅拌设备，以保证孔桩、梁等混凝土连续供应。一般混凝土方量在 10 万 m³ 以上的拌和站必须设 2HZS120 型以上搅拌机组，才能满足要求。搅拌设备选择应综合考虑方量、峰值、运距等因素。拌和站型号命名规则以 2HZS120 为例：2 表示两台主机，HZ 表示混站，S 表示双卧轴式，120 表示理论生产力（m³/h）。

　　水泥混凝土拌和站包含搅拌机、供料系统、储料系统、配料与计量系统、气路与液压系统、控制与信息系统、内置及外部信息监控系统等，其设施和设备应成套配置，满足生产需求。水泥混凝土拌和站配置的搅拌主机如采用两台并联方式，搅拌机之间的净距不宜小于 1.5m，搅拌机与封闭外包装墙的净距不宜小于 0.8m，以保证巡视、检修人员工作。

液料存储装置应包括外加剂箱和地面水池，外加剂箱每台配置 2 个，容量大于 1t，应满足连续生产需求。地面水池容量不小于 1 个工作台班生产及清洗设备的用水量要求。

水泥、粉煤灰、矿粉等粉料储存应采用储料罐形式螺旋上料，粉仓的有效储量应满足混凝土连续生产要求用量，储料罐的数量宜为 4 ~ 6 个。为防止入料飞溅，出料斗与混凝土搅拌运输车进料口间距宜为 5 ~ 10cm，并用软胶皮过渡。

2. 无机结合料稳定类材料拌和机

无机结合料稳定类材料拌和站拌和设备按工艺性能，可分为非强制跌落式、强制间歇式和强制连续式 3 种。公路工程中常使用强制连续式，按其生产率大小，可分为小型（生产率小于 200t/h）、中型（生产率 200 ~ 400t/h）、大型（生产率 400 ~ 600t/h）和特大型（生产率大于 600t/h）4 种。

3. 沥青混合料拌和机

沥青混合料拌和设备按生产能力，可分为小型（生产率在 40t/h 以下）、中型（生产率为 40 ~ 400t/h）和大型（生产率在 400t/h 以上）。按混合料生产方式，可分为强制间歇式和连续滚筒式。高等级公路建设应使用强制间歇式，连续滚筒式多用于低等级公路及场地建设。

（四）拌和站内施工标牌

①拌和场地施工标牌要结合监理规程有关原材料及混合料报验制度的规定，在材料堆放处设立原材料品名牌及报验牌，在拌和设备前设混合料配合比标牌，并严格按施工配合比施工。

②不同规格的材料应设置明显的标识牌，原材料报验牌上应注明材料品名、用途、规格、产地、检验时间、检验结果、监理工程师是否同意使用等内容。

四、装配式构件预制场建设

装配式构件预制场主要包括大型构件预制场和小型构件预制场，其中大型构件预制场主要是指预制梁场，小型构件预制场主要是指桥梁栏杆预制场、防护栅栏预制场、边坡防护构件预制场等。这些装配式预制构件都是公路工程中的重要结构构件，其预制场地建设是保证公路工程质量的关键环节。

（一）预制梁场建设

预制梁场是装配式预制混凝土桥梁施工的重要组成部分，预制梁场的建设在整个项目中占有重要的地位。选址、预制梁场规模大小的确定、总体布局、管理对整个工程的质量、计划、进度、费用、环保、文明施工起着关键性的作用。实践统计表明，一般预制梁场投资占工程估计的 25%，预制梁场建设周期占完成制梁周期 20%。

1. 预制梁场选址

预制梁场场址选择合理与否直接关系到整个项目的工期、成本和效益。预制梁场选址应综合考虑技术层面和经济层面的因素，根据企业管理水平和项目实际情况，对场址选择的确定性因素和不确定因素分别进行科学统筹量化后，遵循"科学管理、施工方便、安全环保"的原则，综合规划、合理布局以保证项目工期。

预制梁场选址应考虑的主要因素有项目进度计划、桥梁工程数量及其平面分布、项目影响架梁控制性重点工程、三通一平及超大型机械设备进场条件、征地拆迁赔偿、预制梁场场地地质条件及整平场地土石方工程量。

公路工程通常将预制梁场分为路基外预制场、路基上预制场、桥下预制场、桥上预制场及远距离预制场，各种类型的预制梁场其优缺点见表 1-5。

表 1-5　公路工程常用预制梁场的类型

序号	类型		适用条件	优缺点
1	路基上预制场		地形条件受限，路基宽度较宽且预制梁数量较少	1. 运梁距离短； 2. 不征地； 3. 受路基施工干扰较严重
2	路基外预制场	路基外侧预制场	路基外侧地形满足要求	1. 适用范围广； 2. 运梁方便
3		桥下预制场	桥下净空足够	1. 场地通常都比较窄长，预制梁场布局受限； 2. 不征地，充分利用已有资源
4		桥上预制场	受周围环境限制，无场地且远距离制梁经济性特别差时	1. 运梁十分困难； 2. 安全风险高； 3. 要求台座可活动，大梁安装采用跨墩龙门吊较方便
5		远距离预制场	预制梁数量大，适用范围广，特别适合于城市立交桥	1. 场地不受限制，有利于集中管理； 2. 运输距离远，运输费用大

2. 预制梁场规划布局

①预制梁场规模控制。预制梁场规模主要指制存梁台座数量以及制预制梁场占地面积。为节约投资制梁台座和存梁台座，要根据工期和模板等设备合理设置。在满足工期要求的前提下，要尽量节约占地，减少土地复耕。占地面积一般宜控制一定范围，且不得超出设计文件提供的用地面积。

根据梁预制场各生产区面积统计数据，预制场中制梁区与存梁区合计面积占总生产区面积的 80% 左右，因此，预制场规模主要是由制梁台座与存梁台位数量来确定。梁的预制与架设能力应相匹配，存梁数量以 1～2 个月的架梁数量为宜。

②预制梁场平面布置。预制梁场布置应结合桥梁施工进度、预制梁施工组织流程及施工场地自然条件来进行，以"制梁速度快、质量高和建成费用低"为目的。因此，确定预制梁场布置时主要考虑建设投资费用、整体性因素、交通便利和安全、舒适性等原则。

预制梁场平面布置因地形、生产工艺不同而不同，不能拘泥于某种特定形式。但是预制梁场平面布置也得遵守一定的规律，考虑一些必要的因素，达到"简洁实用，紧凑合理"的目的。不同的移梁方案对预制梁场的布置、移梁设备的选择有着重大影响。移梁方案一般有两种：一是采用滑移梁方案，即移梁台车加专用移梁滑道；二是采用吊移梁方案，即用提梁机吊移梁。

总体来看，预制梁场设计布置有两种基本方式，即横列式和纵列式布置。纵列式布置方式是台座的长度方向顺线路走向，横列式台座的长度方向垂直于线路走向。横列式适合于预制梁场远离线路的情况，而纵列式适合于预制梁场靠近线路的情况。

③预制梁场功能分区。预制梁场内各区域根据不同的职能，可划分为基本生产区、辅助生产区、办公生活区三大部分以及场内便道及其他。

基本生产区：又可划分为钢筋加工区、制梁区、存梁区、提梁区。其中，钢筋加工区是将原材料钢筋按照成品梁的设计要求制作成需要的尺寸和形状的区域，该区域主要布置有钢筋制作区、钢筋存放区、梁体钢筋绑扎区等。制梁区是预制梁场的主要组成部分，是预制梁施工作业的主要场所，该区域主要设置制梁台座、模板清理存放区等，以及预制梁施工的各种关键性机械设备等。存梁区是用来存放预制梁的区域，该区域包括两种状态的预制梁：一是预制完成但还不能架设的静置预制梁；二是已达到技术要求的时间可以架设但还没有被架设的那部分预制梁，该区域主要包括存梁台座及提梁机行走便道。提梁区主要实现预制梁的转运和装车作业，包括箱梁装车区和提梁站。

辅助生产区：主要是为保证制梁作业顺利进行所需要设置的其他辅助性设施设备。该区域主要布置有混凝土搅拌站、砂石存放区、试验室、锅炉房、变压站、钢构件存放区、材料场和库房等。

办公生活区：包括办公区和生活区，可分开布置，也可合在一起布置，主要满足预制梁场员工的办公、学习、生活、休息和娱乐需要的场所。该区域活动板房多以两层为主。

场内便道及其他：场内便道用于与外界以及场内各功能区联系的通道。制作预制梁所需的各类原材料、设备等需要通过场内便道运输到各个功能区，预制梁的运出及相关功能区之间物料的运输均需要通过场内便道来实现。其他是指预制梁场内的绿化带、排水设施、边角未被利用的地方等。

3. 其他要求

①场站消防配置相应的消防安全标识和消防安全器材，并经常检查、维护、保养。

②施工机械设备产生的废水、废油及污水应经过处理后排放，不得直接排入河流、湖泊或其他水域中，不得排入饮用水源附近的土地中。

③预制梁场内标识、标牌设置明确，标识清晰。

（二）小型构件预制场建设

1. 场地选址

①小型构件预制场选址应以方便、合理、安全、经济及满足工期为原则，结合合同段工程量及运输条件综合选址。

②应满足用地合法，周围无塌方、滑坡、落石、泥石流、洪涝等地质灾害；无高频高压电源及其他污染源，离集中爆破区500m以外，不得占用规划的取、弃土场。

③小型构件预制场可与梁场、水泥混凝土拌和站合并设置，以便于集中管理，保证质量，提高预制效率。

2. 场地建设

①宜采用封闭式管理、场地内应按构件生产区、存放区、养护区、废料处理区等科学合理设置，功能明确，标识清晰。

②预制场的建设规模应结合小型构件预制数量和预制工期等参数来规划，场地面积一般不小于2000m²。

③场内路面宜做硬化处理，主要运输道路应采用不小于20cm厚C20混凝土硬化。基础不好的道路应增设碎石掺石屑垫层，场内不允许积水，四周宜设置砖砌排水沟，并采用M7.5砂浆抹面。

④生产区根据合同段设计图纸确定的预制构件种类设置生产线，同时配备小型拌和站1座（尽可能利用既有拌和站）。

⑤养护区采用自动喷淋养护系统结合土工布覆盖对构件进行养护，确保构件处于湿润状态。

⑥成品按不同规格分层堆码，堆码高度应保证安全，预制件养护期不得堆码存放，以防损伤。运输过程中应采取措施防止缺边掉角。

3. 其他要求

①小型构件预制应选用振动台，振动台电机功率应经过现场试验。对振动台的性能进行分析与比选，确定振动台的电动功率，一般为1.2～1.5kW，振动台数量根据预制构件生产数量确定。

②模板与使用钢模或高强度塑料模具，入模前应进行拼缝检查。对拼缝达不到要求的，辅以双面胶或泡沫剂。应选用优质脱模剂，保证混凝土外观。在周转间隙应有覆盖措施，防止雨淋、生锈、被污染。

五、钢筋加工场建设

钢筋加工场是公路工程施工的重要临时设施。根据目前公路工程标准化施工的要求，钢筋必须进行集中加工，以控制钢筋的加工质量。钢筋加工场的建设应按照相关要求建设成为标准化钢筋加工场。

（一）基本规定

①钢筋加工场数量应根据工程规模及工期统筹安排，标准化钢筋加工场面积应不小于2000m²，采用封闭式管理，配备专门的技术人员及管理人员，对施工范围内的钢筋进行集中加工。

②钢筋加工场功能区划分应包括加工制作区、原材料堆放区、半成品及成品堆放区、

废料堆放区、运输及安全通道等。废料堆放区设置于场外。对钢筋加工场安装全范围无死角视频实时监控。

③钢筋加工场应成立专业化组织管理机构，并配备满足生产要求的管理人员和生产工人。

（二）机械配备

标准化钢筋加工场应配备数控钢筋弯曲机、数控钢筋弯箍机，其余机械设备视具体情况而定，可参考表1-6配备。

表1-6　常用的标准化钢筋加工场设备配备

序号	机械名称	规格型号	数量	功率/kW	备注
1	数控钢筋弯曲机	YGTB-32	1	14	弯曲直径10～32mm
2	数控钢筋弯箍机	YGTG-12	1	23	单线加工能力5～12mm 双线加工能力5～10mm
3	钢筋切断机	GQ55	2	3	
4	钢筋调直机	TT4-10	2	3	
5	电弧焊机	BX1-500	5	15	
6	闪光对接焊机	UN-100	2	100	
7	直螺纹滚丝机	HGS-40	2	4	
8	单梁桥式起重机	5T/20m	2	5	
9	发电机	——	1	120	

六、临时交通设施建设

临时交通设施是为公路工程施工中所需的人员、材料、机械及设备顺利进场而修建的运输通道，主要包括便道、便桥及临时码头的建设。

（一）便道建设

1. 一般规定

①施工便道建设应满足施工需要，尽量结合地方道路规划进行专项设计，尽可能地提前实施，完工后尽量留作地方交通使用。新建便道、便桥尽量不占用农田、少开挖山林，节约资源，保护环境。

②施工便道应充分利用既有道路和桥梁，避免与既有铁路线、公路平面交叉，对当地居民生活造成困扰。

③施工便道、便桥应结合施工平面布置，满足工程施工机械、材料进场要求。

④施工便道分为主干线和引入线，主干线尽可能靠近合同各主要工点，引入线以直达施工现场为原则，并考虑与相邻合同段施工便道的衔接。

⑤施工便道应畅通，旧、危桥应加固处理。

2. 建设标准

根据地形条件，确定便道平纵线形及横断面宽度：

①便道分为双车道和单车道两种标准。双车道路基宽度不小于7m，路面宽不小于6m；单车道便道路基宽度不小于4.5m，路面宽度不小于3.0m，原则上每100m范围内应设置一条长度不小于20m、路面宽度不小于5.5m的错车道。

②便道在急弯、陡坡处应视地形情况适当加宽，并进行硬化处理。

便道路面最低标准应采用泥结碎石或级配碎石。在条件允许的情况下，便道路面可采用隧道洞渣或矿渣铺筑。特大桥、隧道洞口、拌和站和预制场等大型作业区进出便道200m范围路面宜采用不小于20cm厚C20混凝土硬化。

便道两侧设置排水系统，在汇水面积较大的低凹处设置涵洞，以满足排水泄洪要求。

3. 其他要求

①施工期间应指定专人（队）负责施工便道的日常检查和养护，及时修复路面坑槽、清理排水沟和涵洞的淤泥、杂物，保障便道通畅。

②每个合同段至少配备1台洒水车用于晴天洒水，做到晴天少粉尘，雨天不泥泞，日常无投诉。

③对施工便道应统一进行数字编号，并标明便道通往的方向和主要工程名称。

④便道路口应设置限速标志，与建筑物、城市道路转角、视线不良地段应设置明示标志，跨越（临近）道路施工应设置警告标志，道路危险段应设置防护及警告标牌。途经小桥，应设置限载、限宽标志；途经通道，应设置限宽、限高警告标志。路线明确变化、便道平面交叉处，应设置指路和警告标志。

（二）便桥建设

1. 建设标准

①便桥结构按照实际情况专门设计，同时应满足排洪要求，人行便桥宽度不小于2.5m，人车混行便桥宽度不小于4.5m。若便桥长度超过1km，宜适当增加宽度。

②便桥高度不低于上年最高洪水位，桥头设置限高、限重、限超速标牌，桥面设立柱间距1.5~2.0m、高1.2m的护栏防护，护栏颜色标准统一，在适当位置设置醒目的警示反光标志。

2. 便桥类型

便桥类型有墩架式梁桥、装配式公路钢桥（俗称贝雷桥）、浮桥和索桥。目前常采用贝雷梁片建设便桥。

贝雷桥是两片主桁架之间通过横梁联系，在横梁上面配置纵梁和桥板，并由撑杆及系材固定。两侧主桁架可由单排、双排或三排并列配置，也可架成双层或三层桁架，提高承载能力。

贝雷桥结构由高强钢材制成轻便的标准化桁架单元构件及横梁、纵梁、桥面板、桥座及连接件等组成。

贝雷桥基础常采用混凝土基础和钢管桩基础，施工方法与墩架式梁桥的基础相同。

贝雷桥墩台类型和施工方法与墩架式梁桥的墩台相同。

贝雷桥架设常采用吊机架设法。架设方法和步骤如下：

①利用履带机打设架设孔的钢桩基础和墩身。

②架设第一孔时，在岸边陆地上拼装第一孔两侧桁架，利用履带机安装两侧桁架。在第二孔和其他孔时，利用已架设好的孔拼装架设孔两侧桁架，再利用位于前一孔的履带吊机安装架设孔两侧桁架。

③安装架设孔的横梁、纵梁、桥面板及连接件等。

④在架设下一孔时重复以上步骤。

（三）临时码头

临时码头是指当建设工程处在通航地区，为利用水上运输工具进行材料运输，或桥下施工需要工程拖轮和工程驳船运输材料和构件时进行装卸工作而修建的临时性码头。

公路临时码头常采用重力式码头和高桩码头，主要根据使用要求、自然条件和施工条件综合考虑。

重力式码头：由胸墙、墙身、抛石基床、墙后回填体等组成，靠建筑物自重和结构范围内的回填料重量和地基强度保持稳定性。按其墙身结构，分为整体砌筑式、方块砌筑式、沉箱式和扶壁式等。大多采用混凝土或钢筋混凝土预制构件，在施工现场进行安装。整体砌筑式码头常就地浇筑混凝土或采用砌筑块石，一般需要进行干地施工，工程上采用较少。方块砌筑码头由预制混凝土方块或采用天然块石砌筑而成。为节省混凝土数量和增大墙身宽度，常采用空心方块，现场安装后空心部分用砂石料回填。重力式码头整体性好，结构经久耐用，损坏后易于修复，但要求有良好的地基，材料用量较大，一般适用于地基条件好、当地有大量砂石料可供利用的地区。

高桩码头：主要由基桩和桩台两部分组成。根据结构特征，高桩码头分为透空式和挡土式两大类。透空式码头又称栈桥式码头，桩台下是透空的，波浪和水流可穿透过去，对波浪不发生反射，河道上不影响泄洪，可减少港池回淤。码头下岸坡自身保持稳定，码头结构不承受侧向土压力，在工程上得到广泛应用。挡土式码头承受一定的侧向土压力。当采用板桩挡土结构时，又分为前板桩式和后板桩式高桩码头。前者板桩墙打设在桩台前沿，桩台下用土回填，很少采用，但在有严重冰冻和流冰地区，为保护桩基不受冰凌侵害，是一种合理的结构形式；后者板桩墙打设在桩台后沿，码头基本上仍属透空式结构。

基桩采用钢筋混凝土桩或钢管桩，钢管桩强度大，受力条件好，施工方便，但钢材用量大，造价高，易被海水腐蚀，一般适用于要求桩的入土深度和承载力大、施工速度快的深水码头。工程上广泛采用预应力钢筋混凝土桩。

桩台结构有梁板式、无梁大板式、框架式、承台式等。公路工程中临时码头常采用梁板式、无梁大板式和框架式桩台。梁板式桩台由横梁、纵梁、面板、靠船构件等组成，其优点是构造比较简单，桩顶节点高，施工较方便，适用于水位差较小地区；无梁大板式桩台将钢筋混凝土大块面板直接安装在桩帽上而不设纵梁和横梁,其优点是构造简单,施工速度快,但横向刚度小,承受水平力的能力较差,适用于承受垂直力为主、水位差较小的中小型码头;框架式桩台由框架、纵梁和面板组成,其优点是结构刚度大,承受水平力的能力强,并便于设置多层系船平台,但结构较复杂,要求施工水位低,适用于水位差较大、作用于码头上的水平力也较大的情况。

第二章 路基工程施工技术

第一节　一般路基施工

一、路基工程基本知识

（一）路基的概念与分类

公路路基是路面的基础，是线形承重主体，承受着自身土体的自重和路面结构的重量，以及由路面传递下来的行车荷载。没有稳定坚固的路基，就不会有一个好的路面，松软的路基会产生不均匀下沉现象，造成路面开裂和不平整，进而影响行车的速度、安全、舒适和道路的畅通。

根据填挖情况的不同，路基可分为路堤、路堑和填挖结合路基三种类型。路堤是指全部用岩、土（或其他填料）填筑而成的路基；路堑是指全部开挖形成的路基；当天然地面横坡比较大，一侧开挖，另一侧填筑时，称为填挖结合路基，也称半堤半堑路基。

对于一级公路和高速公路，路基又可分为整体式断面路基和分离式断面路基两类。对于路堤来讲，按路基的填土高度不同，又可划分为：矮路基（小于 1.5m）、高路基（大于 18m）和一般路基（1.5 ~ 18m）。按填料不同，又可分为土质路基、石质路基和土石混合路基。路基在结构上又分为：上路堤和下路堤路床。路床是指路面底面以下 0 ~ 0.8m 内的路基部分，又可分为上路床和下路床。上路堤是指路面底面以下 0.8 ~ 1.5m

的填方部分，下路堤是指上路堤以下的填方部分。

路堑按其开挖方式的不同，又可分为：全挖式路基、台口式路基和半山洞式路基。按其材质不同，路堑又可分为土质路堑和石质路堑。

（二）路基施工的特点和基本要求

1. 路基施工的主要特点

①土石方数量大，不同路段工程数量差别大：一般平原微丘区的二级公路，每千米土石方数量在 10000 ~ 22000m³，山岭重丘区更是数量巨大，不同路段的挖填方数量差别大。

②材质差别大：不论是填方路段还是挖方路段，路基工程都是宜土则土、宜石则石。土路基本身也有不同土质类型，如粉性土、砂性土、黏性土、黄土，还有须加固处理的软土等。石质路基材质有可能是石灰岩、沉积岩变质岩或是火山岩，不论其风化程度如何，只要其强度满足要求，都可以用作路基填料。在同一道路的同一路段上，出现多种材质混合的可能性比较大。

③施工方法因地制宜：由于地形地貌、地质水文、气象、现有交通条件等诸多条件的制约，施工方法，宜挖则挖、宜爆则爆，多种多样，因地制宜。

④路基工程和桥梁、涵洞、防护工程、路面工程等在施工中相互干扰相互影响，应认真组织，妥善安排。

⑤应注意环境和生态保护，防止取土、弃土和排水沟、边沟等影响农田水利和排灌系统。

2. 车辆荷载对路基工程的基本要求

①具有足够的整体稳定性。

②具有足够的强度，也就是抵抗变形的能力。

③具有足够的水温稳定性，即在最不利的水温条件下，保持路基的强度仍能满足设计和行车荷载对路基的要求。

3. 路基工程施工的基本要求

①路基工程施工应满足设计和使用要求，并把试验检测作为主要的监控手段来指导路基工程施工。

②路基施工宜移挖作填，即使用路堑段的挖方用作路堤填筑段的填方，减少占用土地并有利于环境保护，减少对自然景观的破坏，保持与地形地貌的协调。

③路基施工应严格按照规范要求来组织，特殊地区的路基施工采取相应的技术措施。

④石方挖方路基的施工，不宜采取大爆破的方法进行。必须使用时，须请有相应设计施工资质的单位，做出专门的设计，反复论证后，按大爆破的有关规定组织和实施。

（三）路基填料

路基填筑工程量巨大，路基填料的选择一般采取因地制宜的原则，宜土则土，宜石则石。凡是具有规定强度且能被压实到规定密实度和能形成稳定路基的材料均为适用的填料。也就是说，不论是细粒土、粗粒土或是爆破之后的岩石或工业废渣，只要符合一定的技术要求，均可以用作路基填料。但在路基填料的选择上还要注意以下几点：

①路基填方应优先考虑使用级配较好的砾类土、砂类土等粗集料做填料，填料的最大粒径应小于150mm。

②当采用细粒土做填料时，最为符合规定。

③泥炭、淤泥、冻土、强膨胀土、有机土及易溶盐超过允许含量的土，不得直接用于填筑路基。液限大于50%，塑性指数大于26的土以及含水量超过规定的土，也不得直接用于路基填料。确需使用上述土或黄土填筑路基时，必须采取一定的改善措施，使其满足要求，并取得监理工程师的批准。

④钢渣、粉煤灰等可用作路基填料，其他工业废渣使用前应进行有害物质的检测，以免对土地和水源造成污染。

⑤浸水路基应选用渗水性良好的材料填筑，如中等颗粒的砂砾、级配碎石等，不应直接采用粉质土填筑。如必须采用细砂、粉砂等易液化的材料做填料时，应考虑防止震动液化的技术措施。

⑥桥梁台背应优先选用渗水性好的填料，在渗水材料缺乏的地区，可以使用石灰、水泥、粉煤灰等单独或综合处置的细粒土。

⑦填石路基的石块最大粒径应小于厚度的2/3，路床顶面50cm厚度内不得使用石块填筑。

（四）路基施工期间的防水与排水

①在路基工程施工期间，为防止工程或附近农田、建筑物及其他设施受冲刷淤积，应修建临时排水设施，以保持施工场地处于良好的排水状态。

②临时性排水设施应与永久性排水设施相结合。施工场地流水不得排入农田、耕地或污染自然水源，也不应引起淤积、阻塞和冲刷。

③施工时，不论挖方或填方，均应做到各施工层表面不积水。因此，各施工层应随时保持一定的泄水横坡或纵向排水通道。挖方路基顶面或填方基底含水率过大时，应采取措施降低其含水率。

④临时排水设施及排水方案应报请监理检查验收。

（五）路基基本施工方法

路基施工方法大致可分为以下几种：

1. 人工施工

采用手工工具，如小推车、扁担挑、铁锹挖人工填筑、人工石夯夯实的施工方法。人工施工工效低、进度慢，古代和近代的道路基本使用这种方法施工。目前道路施工中，特别小的项目和施工机械无法进入的区域，如庭院人行小路、块石路面，也主要采取人工施工方法。

2. 简易机械化施工

以人工为主、简易机械为辅的施工方式，采取人工战术，大兵团作战，仅在碾压、整形等环节使用机械作业。20 世纪 80 年代以前，由于缺乏机械，中国道路施工和河道清淤多采取这种施工组织方式。

3. 机械法施工

使用配套机械（个别工序辅以人工）相互协调，共同形成主要工序的综合机械化施工方法，目前高等级公路的施工都采用这种方法。

4. 爆破法施工

主要适用于石质路堑和隧道施工。

5. 水力机械法施工

使用水泵、水枪等水力机械喷射强力水流，冲散土层并流至指定地点沉积。这种方法对电力和水源要求高，且沉积时间长，难以控制工程质量，目前在公路施工中很少使用。

对于一级以上公路，或使用新材料、新技术、新工艺、新设备的施工路段，施工单位在正式施工之前，应首先进行一定长度的试验路段，试验路段的施工方法与正式施工相同。进行试验路段的目的是：确定填方施工的松铺厚度，验证最佳含水量范围，确定碾压组合形式，确定最佳的机械配套和施工组织。路段试验应对所有的实验环节做好记录，包括：压实设备的类型、碾压组合方式、碾压速度和碾压遍数、含水量的大小及均匀程度、有无出现翻浆及处理办法、填料的松铺厚度及压实厚度、最后实测的压实度等。试验结果作为以后该种填筑材料施工控制的重要依据。

二、施工测量放样

（一）施工测量

1. 导线的复测与固定

公路的中线及其沿线构造物的位置是由导线控制的，施工单位必须对设计单位提供的导线点坐标及其现场桩橛认真进行复测核对；若设计单位设置的导线点过稀而不便使用，或导线点落在施工操作范围之内而可能遭到损坏时，应对导线点进行加密或移位。导线测量是平面控制测量，要有较高的精度。公路是带状建筑物，导线多从某个高级控制点（如国家平面控制点）出发，沿着公路旁侧布设，最后附合到另一个高级控制点上去。支导线不闭合亦不附合于已知导线上，错误码与否难以核对，故点数不宜超过两个。

导线点的位置应选在地势较高、视野开阔、方便安置仪器的地方，以利于以后恢复中线及构造物放样之用；相邻两导线点必须通视，才能量角、测距；导线点间距视地形地物情况和工程需要而定，一般以不超过 1km 为宜，且相邻边长应尽量不要相差悬殊。

2. 中线的复测与固定

路基开工前需要进行详细的中线测量工作，就是通过测设直线或曲线，将公路中心线的平面位置准确、具体地标定在地面上。中线测量的传统手段是用经纬仪定向，钢尺量距。

①将标定路线平面位置的各点在地面上重新钉出在平曲线特征点、地面突变点、土石方成分变化点等处增钉加桩。

②如发现丈量错误或需要局部改线，应做断链处理，注明前后里程关系及长（或短）链距离。

③对高等级公路，应采用坐标法恢复主要控制桩。

④桩点丢失时，要及时补上。

交点桩丢失时，可由前后的点定出切线并延长切线，交出丢失的交点桩，并钉桩固定。

转点桩丢失时，可用正倒镜延长直线，重新补设。

曲线特征点桩丢失时，可对曲线重新测设补桩。

3. 固定控制点

路线的主要控制点，如交点、转点、曲线的起讫点，以及起控制作用的百米桩和加桩，应视当地的地形条件和地物情况，采取有效的方法加以固定。

4. 定桩位于路基范围内的桩因施工无法保留时，应另用桩移钉于路基范围之外

①直线段上的点，其移钉方向为垂直于路中线。

②曲线上的点，其移钉方向为垂直于该点的切线方向。

③当受地形条件限制时也可用其他方法将主要控制点移钉于路基范围之外，但在移钉的桩上及记录簿中均应注明桩号及移钉距离。

5. 加钉护桩

加钉护桩的方法，一般所需要固定的控制点桩为交叉点，沿两个大致互相垂直的方向，在每条方向线上，将桩点移到路基施工范围以外。可在相距一定距离处，钉上两个带钉木桩，桩上标出相应的桩号和量出的距离，同时绘草图，并记入记录簿内，以备查用。恢复中线时应注意与独立施工的桥梁、隧道及相邻施工段的中线闭合，发现问题及时查明原因，并报监理工程师。

6. 路线高程复测与水准点的增设

中线恢复后，对沿线的水准点做复核性水准测量，以复核水准点一览表中各点的水准基点高程和中桩的地面高程。当相邻水准点相距太远时，为便于施工期间引用，可加设一些临时水准点。在如桥涵、挡土墙等较大构造物附近，以及高路堤、深路堑等集中土石方地段附近，应加设水准点。临时水准点的标高必须符合精度要求。

7. 横断面的检查与补测

中线横断面应详细检查与核对，发现疑问与错误时，必须进行复测。在恢复中线时新设的桩点，应进行横断面的补测。此外，应检查路基边坡设计是否恰当；与有关构造物如涵洞、挡土墙的设计是否配合相称；取土坑、弃土堆的位置是否合适。应当注意，

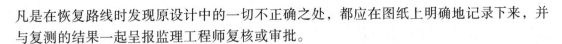

凡是在恢复路线时发现原设计中的一切不正确之处，都应在图纸上明确地记录下来，并与复测的结果一起呈报监理工程师复核或审批。

8. 竣工测量

竣工后测量工程师安排监理测量组进行下列工作：

①检查承包人全线（已竣工路段）恢复定线和路线竣工验收测量工作，审批竣工测量报告，视情况组织部分路段复测。

②检查承包人全线（已竣工）桥涵及其他设施竣工验收的测量资料，按总监或驻地监理要求组织复核测量，审核批准测量报告。

③核实因变更设计引起工程数量变动所需的测量内容。

④检查、督办总监、高级驻地和现场监理人员要求的其他测量工作。

（二）路基放样

1. 路基边桩的放样

路基边桩的放样就是将每一个横断面的路基两侧的边坡线与地面的交点，用木桩标定在实地上作为路基施工的依据。常用的有以下几种方法：

图解法：直接在路基横断面图上按比例量取中桩至边桩的距离。然后到实地用皮尺测定其位置。在填挖方不大时常用此法。

解析法：通过计算求出路基中桩至边桩的距离。分在平坦地面和在倾斜地面两种。

2. 路基边坡的放样

测设出边桩后，为了保证填、挖边坡达到设计要求，还应把设计边坡在实地标定出来，以便于施工。

3. 施工前的复查与试验

路基施工前，施工技术人员应对路基施工范围内的地质、地形、水文情况进行详细调查。根据设计文件提供的资料，对取自挖方、借土场、料场的路堤填料进行复查和取样试验外，还应进行环境保护分析并提出报告，经批准后方可使用。

4. 场地准备

施工场地的准备，一般由建设单位（业主）来提供，施工单位进行场地准备，或根据合同文件情况由建设单位配合施工单位来准备。路基施工前应先办好有关土地的征用、占用手续，依法使用土地。路基范围内的既有建筑物、道路、沟渠、通信及电力设施等，施工单位应协同有关部门先拆除或迁建。对路基附近的危险建筑物应进行适当加固，对文物古迹应妥善保护。

用地划界及拆迁建筑物施工前，根据实际情况确定用地范围，进行公路用地测量，并绘制用地平面图及用地划界表，送交有关单位办理拆迁及占用土地手续。施工前对路基范围内的所有地物均应妥善处理。路基施工范围内的所有建筑物、设施等，均应会同有关部门事先拆迁或改造。因路基施工影响沿线附近建筑物的稳定时，应予以适当加固。

砍伐树木在路基施工范围内，对妨碍视线、影响行车的树木、灌木丛，均应在施工前进行砍伐或移植清理。砍伐后的树木，应堆放在不妨碍施工和不影响农业生产的地方。

高速公路、一级公路及填土高度小的其他公路，应将路基范围内的树根全部挖除；填土高度在 1m 以上的其他公路，允许保留树根。采用机械施工的路堑及取土坑等，均应将树根全部挖除。

场地排水。场地排水是指疏干、排除场地上所积地表水，保持场地干燥，为施工提供正常条件。通常是根据现场情况，设置纵横排水沟，形成排水系统，将水引入附近河渠、低洼处排出。为节省工程量，避免返工浪费，所开挖的排水沟应按所设计的路基排水系统布置。

在受地面积水或地下水影响的土质不良的地段施工时，为了保证工程质量，减少土方挖掘、运送和夯实的困难，施工前也应切实做好场地排水工作并安全有效。

三、一般路基施工概述

（一）土质路堤施工

1. 施工方法

路堤填筑是把填料用一定方式运送上堤进行铺平、碾压密实的过程。路堤填筑分为分层填筑法、竖向填筑法和混合填筑法三种方法。

（1）分层填筑法

路堤填筑根据不同的土质，从原地面逐层填起并分层压实，每层填土的厚度可按压实机具的有效压实深度和压实度确定。分层填筑法又可分为水平分层填筑和纵向分层填筑两种：

①水平分层填筑：填筑时按照横断面全宽分成水平层次，逐层向上填筑，如原地面不平，应由最低处分层填起，每填一层，经过压实符合规定要求之后，再填上一层，依此循环，直至达到设计高程。

②纵向分层填筑：此方法适用于用推土机从路堑取土填筑距离较短的路堤，依纵坡方向分层，逐层向上填筑，原地面纵坡大于 12% 的地段常采用此法。

（2）竖向填筑法

是指从路基一端或两端同时按横断面的全部高度，逐步推进填筑。此方法适用于无法自下而上填筑的深谷、陡坡、断岩、泥沼等运土和机械无法进场的路堤。

竖向填筑因填土过厚不易压实，施工时要选用沉陷量较小、透水性较好及颗粒粒径均匀的砂石材料或附近开挖路堑的废石方，并一次填足路堤全宽度；选用振动式或夯击式压实机械；暂时不修建较高级的路面，容许短期内自然沉落。

（3）混合填筑法

在路堤下层竖向填筑，上层水平分层填筑，使上部填土经分层压实获得需要的压实度。此方法适用于因地形限制或填筑堤身较高，不宜采用水平分层法和竖向填筑法自始至终进行填筑的情况。在深谷陡坡地段填筑路堤，尽量采用混合填筑法。施工时可以单机作业，也可多机作业，一般沿线路分段进行，每段间距以 20～40m 为宜，多在地势平坦或两侧有可利用的山地土场的场合采用。

2. 施工要点

（1）地基表层处理应符合下列规定

①二级及二级以上公路路堤基底的压实度应不小于90％；三、四级公路应不小于85％。路基填土高度小于路面和路床总厚度时，基底应按设计要求处理。

②原地面坑、洞、穴等，应在清除沉积物后，用合格填料分层回填分层压实。

③泉眼或露头地下水，应按设计要求，采取有效导排措施后方可填筑路堤。

④地基为耕地、松散土、水稻田、湖塘、软土、高液限土等时，应按设计要求进行处理，局部软弱的部分也应采取有效的处理措施。

⑤地下水位较高时，应按设计要求进行处理。

⑥陡坡地段、土石混合地基、填挖界面、高填方地基等都应按设计要求进行处理。

（2）路堤填筑应符合下列规定

①性质不同的填料，应水平分层、分段填筑，分层压实。同一水平层路基的全宽应采用同一种填料，不得混合填筑。每种填料的填筑层压实后的连续厚度不宜小于500mm。填筑路床顶最后一层时，压实后的厚度应不小于100mm。

②潮湿或冻融敏感性小的填料应填筑在路基上层，强度较小的填料应填筑在下层。在有地下水的路段或临水路基范围内，填筑透水性好的填料。

③在透水性不好的压实层上填筑透水性较好的填料前，应在其表面设 2％～4％ 的双向横坡，并采取相应的防水措施。不得在由透水性较好的填料所填筑的路堤边坡上覆盖透水性不好的填料。

④每种填料的松铺厚度应通过试验确定。

⑤每一填筑层压实后的宽度不得小于设计宽度。

⑥路堤填筑时，应从最低处起分层填筑，逐层压实；当原地面纵坡大于12％或横坡陡于 1：5 时，应按设计要求挖台阶，或设置坡度向内并大于4％、宽度大于2m 的台阶。

⑦填方分几个作业段施工时，接头部位如不能交替填筑，则先填路段，按 1：1 坡度分层留台阶。如能交替填筑，则应分层相互交替搭接，搭接长度不小于2m。

（3）选择施工机械

应考虑工程特点、土石种类及数量、地形、填挖高度、运距、气候条件、工期等因素经济合理地确定。填方压实应配备专用碾压机具。

（4）压实度检测应符合以下规定

①用灌砂法、灌水（水袋）法检测压实度时，取土样的底面位置为每一压实层底部；用环刀法试验时，环刀中部处于压实层厚的1/2深度；用核子仪试验时，应根据其类型，按说明书要求办理。

②施工过程中，每一压实层均应检验压实度，检测频率为每 1000m² 至少检验 2 点，不足 1000m² 时检验 2 点，必要时可根据需要增加检验点。

（二）填石路堤施工

1. 填料要求

路堤填料粒径应不大于 500mm，并不宜超过层厚的 2/3，不均匀系数宜为 15 ~ 20。路床底面以下 400mm 范围内，填料粒径应小于 150mm；路床填料粒径应小于 100mm。膨胀岩石、易溶性岩石不宜直接用于路堤填筑，强风化石料、崩解性岩石和盐化岩石不得直接用于路堤填筑。

2. 填筑方法

填石路堤的填筑施工方式有倾填（含抛填）和逐层填筑、分层压实两种。倾填又可分为石块从岩面爆破后直接散落在准备填筑的路堤内和用推土机将爆破后堆置在半路堑上的石块以及用自卸汽车从远处运来的爆破石块推入路堤两种情况。高速公路、一级公路和铺设高级路面的其他等级公路的填石路堤不宜采用倾填式施工，而应采用分层填筑、分层压实的方法。二级及二级以下且铺设低级路面的公路在陡峻山坡段施工特别困难或大量爆破以挖作填时，可采用倾填方式将石料填于路堤下部，但倾填路堤在路床底面下不小于 1.0m 范围内仍应分层填筑压实。

采用分层填筑方式施工，又可分为机械作业和人工作业两种方法。机械施工分层填筑时，高速公路及一级公路分层松铺厚度一般为 50cm，其他公路为 100cm。施工中应安排好石料运行路线，专人指挥，按水平分层，先低后高、先两侧后中央卸料。由于每层填筑厚度较大，故摊铺平整工作必须采用大型推土机进行，个别不平处应配合人工用细石块、石屑找平，如果石块级配较差、粒径较大、填层较厚，石块间的空隙较大时，可于每层表面的空隙里扫入石渣、石屑、中砂、粗砂，再以压力水将砂冲入下部，反复数次，使空隙填满。人工摊铺、填筑填石路堤，当铺填粒径 25cm 以上石料时，应先铺填大块石料，大面向下，小面向上，摆平放稳，再用小石块找平，石屑塞填，最后压实；铺填粒径 25cm 以下石料时，可直接分层摊铺，分层碾压。

3. 施工要点

①基层处理时：其承载力应满足设计要求；在非岩石地基上填筑填石路堤前，应按设计要求设过渡层。

②路堤施工前：应先修筑试验路段，确定满足孔隙率标准的松铺厚度、压实机械型号及组合、压实速度及压实遍数、沉降差等参数。

③路床施工前：应先修筑试验路段，确定能达到最大压实干密度的松铺厚度、压实机械型号及组合、压实速度及压实遍数、沉降差等参数。

④岩性相差较大的填料应分层或分段填筑：严禁将软质石料与硬质石料混合使用。

⑤中硬、硬质石料填筑路堤时：应进行边坡码砌。码砌边坡的石料强度、尺寸及码砌厚度应符合设计要求。边坡码砌与路基填筑宜基本同步进行。

⑥压实机械宜选用自重不小于 18t 的振动压路机。

⑦在填石路堤顶面与细粒土填土层之间应按设计要求设过渡层。

4. 质量检验

①上、下路堤的压实质量标准。

②填石路堤施工过程中的每一压实层，可用试验路段确定的工艺流程和工艺参数，控制压实过程；用试验路段确定的沉降差指标检测压实质量。

③填石路堤填筑至设计标高并整修完成后，其施工质量应符合规定。

④填石路堤成型后的外观质量标准：路堤表面无明显孔洞；大粒径石料不松动，铁锹挖动困难；边坡码砌紧贴、密实，无明显孔洞、松动，砌块间承接面向内倾斜，坡面平顺。

（三）土方路震施工

土石路堤是指石料含量占总质量 30% ~ 70% 的土石混合材料填筑的路堤。

1. 填筑方法

土石路堤不得采用倾填方法，只能采用分层填筑，分层压实。

当土石混合料中石料含量超过 70% 时，宜采用人工铺填，即先铺填大块石料，且大面向下，放置平衡，再铺小块石料、石渣或石屑嵌缝找平，然后碾压。当土石混合料中石料含量小于 70% 时，可用推土机将土石混合料铺填，每层铺填厚度应根据压实机械类型和规格确定，不宜超过 40cm。用机械铺填时应注意避免硬质石块，特别是集中在一起的尺寸大的硬质石块。

2. 施工要点

①在陡、斜坡地段，土石路堤靠山一侧应按设计要求做好排水和防渗处理。

②压实机械宜选用自重不小于 18t 的振动压路机。

③施工前应根据土石混合材料的类别分别进行试验路段施工，确定能达到最大压实干密度的松铺厚度、压实机械型号及组合、压实速度及压实遍数沉降差等参数。

④碾压前应使大粒径石料均匀分散在填料中，石料间孔隙应填充小粒径石料、土和石渣。

⑤压实后透水性差异大的土石混合材料，应分层或分段填筑，不宜纵向分幅填筑。如确需纵向分幅填筑，应将压实后渗水良好的土石混合材料填筑于路堤两侧。

⑥土石混合材料来自不同料场，其岩性或土石比例相差较大时，宜分层或分段填筑。

⑦填料由土石混合材料变化为其他填料时，土石混合材料最后一层的压实厚度应小于 300mm，该层填料最大粒径宜小于 150mm，压实后，该层表面应无孔洞。

⑧中硬、硬质石料的土石路堤，应进行边坡码砌：码砌边坡的石料强度、尺寸及码砌厚度应符合设计要求。边坡码砌与路堤填筑宜基本同步进行。软质石料土石路堤的边坡按土质路堤边坡处理。

3. 质量检验

①中硬、硬质石料土石路堤在施工过程中的每一次压实层，可用试验路段确定的工艺流程和工艺参数，控制压实过程；用试验路段确定的沉降差指标，检测压实质量。路基成型后质量应符合规定。

②软质石料填筑的土石路堤应符合地基表层处理的规定。

③土石路堤的外观质量标准包括路基表面无明显孔洞；大粒径填石无松动，铁锹挖动困难；中硬、硬质石料土石路基边坡码砌紧贴、密实，无明显孔洞、松动，砌块间承接面应向内倾斜，坡面平顺。

第二节　特殊路基施工

一、软上路基施工

淤泥、淤泥质土以及天然强度低、压缩性高、透水性小的一般黏性土统称为软土。软土路基天然含水率大于等于 35% 与液限；天然孔隙比大于等于 1m；十字板抗剪强度小于 35kPa；压缩系数宜大于 0.5MPa–1。

高速公路路基的软土系指：标准贯击数小于 4，无侧限抗压强度小于 50kPa，含水量大于 50% 的黏性土和标准贯击数小于 10，含水量大于 30% 的砂性土。软土无论是按沉积成因还是按土质划分，它们都具有共同的工程性质，即：颜色以深色为主，粒度成分以细颗粒为主，有机质含量高。天然含水量高，容重小，天然含水量大于液限，超过 30%；相对含水量大于 10；软土的饱和度高达 100%，甚至更大，天然重力密度为 1.5 ~ 19km³。天然孔隙比大，一般大于 1m。渗透系数小，一般小于 10 - 6cm/s 数量级，沉降速度慢，固结完成所需时间较长。黏粒含量高，塑性指数大。高压缩性，压缩系数大，基础沉降量大，一般压缩系数大于 0.5MPa–1。强度指标小，软土的黏聚力小于 10kPa，快剪内摩擦角小于 5°。固结快剪黏聚力小于 10kPa，快剪内摩擦角小于 5°。固结快剪的强度指标略高，黏聚力小于 15kPa，内摩擦角小于 10°。软土的灵敏度高，灵敏度一般在 2 ~ 10，有时大于 10，具有显著的流变特性。软土路基应进行路基处理并观测路堤沉降，按图纸或经监理工程师批准的处理方法进行施工。

（一）软土路基处理方法

1. 换填法

是将原路基一定深度和范围内的淤泥挖除，换填符合规定要求的材料，使之达到规定压实度的方法。换填时，应选用水稳性或透水性好的材料，分层铺筑，逐层压实。

2. 抛石挤淤法

是在路基底从中部向两侧抛投一定数量的碎石，将淤泥挤出路基范围，以提高路基强度。所用碎石宜采用不易风化的大石块，尺寸一般不小于 0.15m。抛石挤淤法施工简单、迅速、方便。适用于常年积水的洼地，排水困难，泥炭呈流动状态，厚度较薄，表层无硬壳，片石能沉达底部的泥沼或厚度为 3 ~ 4m 的软土；适用于在特别软的地面上施工由于机械无法进入，或是表面存在大量积水无法排出时；适用于石料丰富，运距较短的情况。

3. 排水固结法

堆载预压法、真空预压法、降水预压法、电渗排水法，适用于处理厚度较大的饱和软土和冲填土路基，但对于较厚的泥炭层要慎重选择。

4. 胶结法

（1）水泥搅拌桩

水泥搅拌桩的适用范围为淤泥、淤泥质土、含水量较高的地层、地基承载力不大于 120kPa 的黏性土、粉土等软土路基。在有较厚泥炭土层的软土路基上，宜通过试验确定其适用性，并可适量添加磷石膏以提高搅拌桩桩身强度。当地下水中含有大量硫酸盐时，应选用抗硫酸盐硅酸盐水泥。冬期施工时，应注意负温。注意十字板剪切强度为 35kPa 所对应的静力触探总贯入阻力约为 750kPa 对处理效果的影响。

（2）高压喷射注浆法

高压喷射注浆法的适用范围为淤泥、淤泥质土、黏性土、黄土、砂土、人工填土和碎石土等路基。尤其适用于软弱路基的加固。湿陷性黄土以及土中含有较多的大粒径块石、坚硬性黏性土、大量植物根茎或过多有机质时，应根据现场试验结果确定其适用程度。对地下水流速较大或涌水工程以及对水泥有严重侵蚀的路基应慎用。

（3）灌浆法

灌浆法适用于处理淤泥、淤泥质土、粉土和含水量较高且路基承载力标准值不大于 120kPa 的黏性土等地基。当用于处理泥炭土或地下水具有侵蚀性时，宜通过试验以确定其适用性。

（4）水泥土夯实桩法

水泥土夯实桩法适用于地下水位以上的素填土、淤泥质土和粉土等。

5. 加筋土法

适用范围为人工填土、砂土的路堤、挡墙、桥台等；土工织物适用于砂土、黏性土和软土的加固，或用于反滤、排水和隔离的材料；树根桩适用于各类土，主要用于既有建筑物的加固及稳定土坡、支挡结构物；锚固法能可靠地锚固土层和岩层。对软弱黏土宜通过重复高压灌浆或采用多段扩体或端头扩体以提高锚固段锚固力。对液限大于 50% 的黏性土，相对密度小于 0.3 的松散砂土以及有机质含量较高的土层，均不得作为永久性锚固地层。

6. 振冲置换法

适用于不排水剪切强度 20kPa ≤ CU ≤ 50kPa 的饱和软黏土、饱和黄土及冲填土。对不排水剪切强度小于 20kPa 的地基应慎重选择。此法能使天然路基承载力提高 20% ~ 60%。

7. 水泥粉煤灰碎石桩（简称 CFG 桩）法

CFG 桩法适用于淤泥、淤泥质土、杂填土、饱和及非饱和的黏性土、粉土，能使天然路基承载力提高 70% 以上。

（二）软土路基施工方法

1. 抛石挤淤施工

①抛石挤淤应按设计要求或监理工程师的要求进行。

②应选用不易风化的片石，片石厚度或直径不宜小于 300mm。

③当软土地层平坦，软土呈流动状时，填土应沿路基中线向前呈三角形方式投放片石，再渐次向两侧全宽范围扩展，使泥沼或软土向两侧挤出。当软土地层横坡陡于 1∶10 时应自高侧向低侧抛投，并在低侧边部多抛填，使低侧边约有 2m 的平台。

④片石抛出软土面或抛出水面后，应用较小石块填塞垫平，用重型压路机压实。

2. 垫层施工

垫层处置施工通常用于松软过湿的表面，采用排水、铺设填料或以掺加剂加固使地表层强度增加，防止地基局部剪切变形，从而保证重型机械通行，又使填土荷载均匀分布在地基上。

垫层材料宜采用无杂物的中粗砂，含泥量应不小于 5%；也可采用天然级配型砾料，其最大粒径应小于 50mm，砾石强度应不低于四级。垫层应分层摊铺压实，碾压到规定的压实度。垫层宽度应宽出路基边脚 500 ~ 1000mm，两侧宜用片石护砌或采用其他方式防护。垫层采用砂砾料时，应避免粒料离析。在软、湿路基上铺以 0.3 ~ 0.5m 厚度的排水层，有利于软湿表层的固结，并形成填土的底层排水，在一定程度上能提高地基强度，使施工机械可以通行。碎石、岩渣垫层的一般厚度为 0.4m 左右，并铺设单层或双层土工织物或土工网格，有利于均匀支承填土荷载，提高地基承载力，减少地基的沉降量。掺合料垫层是利用掺合料（石灰、水泥、土、加固剂）以一定剂量混合在填料土中，可改变地基的压缩性和强度特性，从而保证施工机械的通行，垫层大部分松散，应进行大部或全部防护。

3. 袋装砂井施工

（1）袋装砂井施工工艺流程为

施工设备的准备→沉入套管→袋装砂沉入→就地填砂或井→预制砂袋沉放。

（2）袋装砂浆的成孔方法

可根据机械设备条件进行比较选择，专用的施工设备一般为导管式的振动打设机械，只是在进行方式上有差异。成孔的施工方法有五种，即锤击沉入法、射水法、压入法、钻孔法及振动贯入法。

（3）施工要点

①中、粗砂中大于0.6mm颗粒的含量宜占总质量的50％以土，含泥量小于3％，渗透系数大于$5×10-2$mm/s。砂袋的渗透系数应不小于砂的渗透系数。

②袋装砂井施工应符合以下规定：砂袋露天堆放时，应有遮盖，不得长时间暴晒；砂袋应垂直下井，不得扭结缩颈、断裂、磨损；拔钢套管时，如将砂袋带出或损坏，应在原孔位边缘重打；连续两次将砂袋带出时，应停止施工，查明原因并处理后方可施工；砂袋在孔口外的长度，应能顺直伸入砂垫层至少300mm。

③袋装砂井施工质量应符合规定。

4. 塑料排水板施工

（1）塑料排水板

①芯板是由聚乙烯或聚丙烯加工而成的多孔管道或其他形式的板带，应具有足够的抗拉强度和垂直排水能力。其抗拉强度不应小于130cm；当周围土体压力在15m深度范围内不大于250kPa或在大于15m范围不大于350kPa条件下，其排水能力应不低于$30cm^3$/s。芯板应具有耐腐性和足够的柔性，保证塑料排水板在地下的耐久性并在土体固结变形时不会被折断或破裂。

②滤套一般由无纺织物制成，应具有一定的隔离土颗粒和渗透功能，应等效于0.025mm孔隙，其最小自由透水表面积宜为1500cm²/m，渗透系数应不小于$5×10-3$cm/s。

（2）施工机械

主要机具是插板机，基本上可与袋装砂井打设机具共用，只是将圆形套管换成矩形套管。对振动打设工艺、锤击振力大小，可根据每次打设根数、导管断面大小、入土长度和地基均匀程度确定。

（3）塑料排水板加固软土地基，施工工艺流程为

整平原地面 – 摊铺下层砂垫层→机具就位→塑料排水板穿靴→插入套管→拔出套管→割断塑料排水板→机具移位→摊铺上层砂垫层。

（4）施工质量要求

①施工现场堆放的塑料排水板盘带应加以适当覆盖，以防暴露在空气中老化。

②插入过程中导轨应垂直，钢套管不得弯曲，透水滤套不应被撕破和污染；排水板底部应有可靠的锚固措施，以免拔出套管时将芯板带出。

③塑料排水板留出孔口长度应保证深入砂垫层不小于50cm，使其与砂垫层贯通，并将其保护好，以防机械、车辆进出时受损，影响排水效果。

④塑料排水板搭接应采用滤套内平接的方法，芯板对扣，凹凸对齐，搭接长度不少于20cm；滤套包裹，用可靠措施固定。

⑤施工中防止泥土等杂物进入套管中，一旦发现须及时清除。

⑥塑料排水板施工允许偏差。

5. 碎石柱（砂桩）施工

①材料要求：采用中、粗砂，大于 0.6mm 颗粒含量宜占总重的 50% 以上，含泥量应小于 3%，渗透系数大于 $5 \times 10{-2}mm/s$。也可使用砂砾混合料，含泥量应小于 5%。未风化碎石或砾石，粒径宜为 19 ~ 63mm，含泥量应小于 10%。

②如果对砂桩质量要求较为严格或采用小直径管打大直径砂桩时，可以采用双管冲击法或单管振动重复压拔法成桩。

③施工前应按规定要求进行成桩试验：详细记录冲孔、清孔、制桩时间和深度、水压、冲水量、压入碎石用量及工作电流的变化等。通过试桩确定水压、工作电流等变化的幅值和规律（主要指土层变化与水压、工作电流的相应变化），并验证设计参数和施工控制的有关参数，作为振冲碎石桩成桩的施工控制指标。

④填料方式：采用"先护壁，后制桩"的办法施工。成孔时先达到软土层上部 1 ~ 2m 范围内，将振冲器提出孔口加一批填料；下降振冲器使这批填料挤入孔壁，把这段孔壁加强以防塌孔；然后使振冲器下降至下一段软土中，用同样方法加料护壁。如此重复进行，直达设计深度。孔壁护好后，就可按常规步骤制桩了。

⑤桩的施工：桩的施工顺序一般采用由里向外、由一边推向另一边，或间隙跳打的方式。制桩操作步骤：先用振冲器成孔，而后借循环水清孔，最后倒入填料，再用振冲器沉至填料进行振实成型。

⑥施工要点：

采用单管冲击法、一次打桩管成桩法或复打成桩法施工时，应使用饱和砂；采用双管冲击法、重复压拔法施工时，可使用含水量为 7% ~ 9% 的砂；饱和土中施工可用天然地面下 1 ~ 2m 土层应超量投砂，通过压挤提高表层砂的密实程度。

成桩过程应连续。

实际灌砂量未达到设计用量时，应进行处理。

6. 加固土桩施工

（1）材料要求：

①生石灰粒径应小于 2.36mm，无杂质，氧化镁和氧化钙总量应不小于 85%，其中氧化钙含量应不小于 80%。

②粉煤灰中二氧化硅和三氧化二铝含量应大于 70%，烧失量应小于 10%。

③水泥宜用普通或矿渣水泥。

（2）成桩试验

加固土桩施工前必须进行成桩试验，桩数不宜少于 5 根，且满足以下要求：

①应取得满足设计喷入量的各种技术参数，如钻进速度、提升中速度、搅拌速度喷气压力、单位时间喷入量等。

②应确定能保证胶结料与加固软土拌和均匀性的工艺。

③掌握下钻和提升的阻力情况，选择合理的技术措施。

④根据地层、地质情况确定复喷范围。

（3）固化剂喷入形态

应根据固化剂喷入的形态（浆液或粉体），采用不同的施工机械组合。

（4）浆液固化剂使用要求

采用浆液固化剂时，制备好的浆液不得离析，不得停置过长。超过 2h 的浆液应降低等级使用。浆液拌和均匀，不得有结块，供浆应连续。

（5）采用粉体固化剂时，应符合以下规定

①严格控制喷粉标高和停粉标高，不得中断喷粉，确保桩体长度；严格控制喷粉时间、停粉时间和喷入量；应采取措施防止桩体上下喷粉不匀、下部剂量不足、上下部强度差异大等问题；应按设计要求的深度复搅。

②当钻头提升到地面以下小于 500mm 时，送灰器停止送灰，用同剂量的混合土回填。钻头直径的磨损量不得大于 10mm。如喷粉量不足，应整桩复打，复打的喷粉量不小于设计用量。因故喷粉中断时，必须复打，复打重叠长度应大于 1m。

③施工设备必须配有自动记录的计量系统。

7. CFG 桩施工

（1）材料要求：

①集料：应根据施工方法，选择合理的集料：级配和最大粒径。

②水泥：宜选用普通硅酸盐水泥。

③粉煤灰：宜选用袋装 Ⅱ、Ⅰ 级粉煤灰。

（2）成桩试验

施工前应进行成桩试验，试桩数量宜为 5～7 根℃。CFG 桩试桩成功，经监理验收合格后，方可开始施工。

（3）CFG 桩施工要求

①桩体施工应选择合理的施打顺序，一般应隔行隔桩跳打，相邻桩之间施工间隔时间应大于 7 天，避免对已成桩造成损害。

②成桩过程中，应对已打桩的桩顶进行位移监测。

③混合料应拌和均匀：在施工中，每台机械每天应做 1 组（3 块）试块（试块为边长 150mm 的立方体），经标准养生，测定其立方体抗压强度，应符合图纸规定。

④CFG 桩沉管时间宜短，拔管速度控制在 1.2～1.5m/min，不允许反插，以防止桩缩颈、断桩及桩身强度不均。

⑤桩顶设 500mm 保护桩长，CFG 桩施工完成 7 天后，开挖至设计高程，截去保护桩长。CFG 桩施工完成 28 天后，方可填筑路基。

⑥冬季施工时混合料入孔温度不得低于 5℃，对桩头和桩间土应采取保温措施。

8. 铺设土工合成材料

①土工合成材料的质量应符合设计要求及规范要求，在采用土工合成材料加筋的路堤填筑正式开工前，应结合工程先修筑试验路段，以指导施工。

②铺设土工合成材料应按图纸施工，在平整的下承层上全断面铺设，铺设时，土工

织物应拉直平顺，紧贴下承层，不得扭曲、折皱。在斜坡上摊铺时，应保持一定松紧度。可采用插钉等措施固定土工合成材料于填土下承层表面。

③土工合成材料在铺设时，应将强度高的方向置于垂直于路堤轴线方向。

④应保证土工合成材料的整体性，当采用搭接法连接时，搭接长度宜为 300 ~ 600mm；采用缝接法时，缝接宽度应不小于 50mm；采用黏结法时，黏结宽度不应小于 50mm，黏合强度应不低于土工合成材料的抗拉强度。

⑤铺设土工合成材料的土层表面应平整，表面严禁有碎、块石等坚硬凸出物；在距土工合成材料层 80mm 以内的路堤填料，其最大粒径不得大于 60mm。

⑥土工合成材料摊铺以后，应及时填筑填料，以避免其受到阳光过长时间的暴晒，一般情况下，间隔时间不应超过 48h。填料应分层摊铺、分层碾压，所选填料及其压实度应符合规范的要求。与土工合成材料直接接触的填料中严禁含强酸性、强碱性物质。

⑦土工合成材料上的第一层填土摊铺宜采用轻型推土机或前置式装载机，一切车辆、施工机械只容许沿路堤的轴线方向行驶。

⑧对于软土地基，应采用后卸式货车沿加筋材料两侧边缘倾卸填料，以形成运土的交通便道，并将土工合成材料张紧。填料不允许直接卸在土工合成材料上面，必须卸在已摊铺完毕的土面上；卸土高度以不大于 1m 为宜，以免造成局部承载能力不足。卸土后应立即摊铺，以免出现局部下陷。

⑨填成施工便道后，再由两侧向中心平行于路堤中线对称填筑，第一层填料宜采用推土机或其他轻型压实机具进行压实；只有当已填筑压实的垫层厚度大于 600mm 后，才能采用重型压实机械压实。

⑩双层土工合成材料上、下层接缝应交替错开，错开长度不应小于 500mm。

⑪施工过程中土工织物不应出现任何损坏，以保证工程质量。

二、黄土地区路基施工

（一）黄土路基的特点

湿陷性黄土一般呈黄色或黄褐色，粉土含量常占 60% 以上，含有大量的碳酸盐、硫酸盐等可溶盐类，天然孔隙比在 1 左右，肉眼可见大孔隙。在自重压力或自重压力与附加压力共同作用下，受水浸湿后土的结构迅速破坏而发生显著附加下沉。

（二）施工准备工作

黄土地区路基施工，应做好施工期排水，将水迅速引离路基。在填挖交界处引出边沟时，应做好出水口的加固，排水设施接缝处应坚固不渗漏。

（三）湿陷性黄土地基的处理方法

湿陷性黄土地基应采取拦截、排除地表水的措施，防止地表水下渗，减少地基地层湿陷下沉。其地下排水构造物与地面排水沟渠必须采取防渗措施。

若地基土层有强湿陷性或较高的压缩性，且容许承载力低于路堤自重压力时，应考虑地基在路堤自重和活载作用下所产生的压缩下沉。除采用防止地表水下渗的措施外，可根据湿陷性黄土工程特性和工程要求，因地制宜采取换填土、重槌夯实、强夯法、预浸法、挤密法、化学加固法等措施对地基进行处理。

（四）黄土填筑路堤要求

①路床填料不得使用老黄土，路堤填料不得含有粒径大于100mm的块料。

②在填筑横跨沟壑的路基土方时，应做好纵横向界面的处理。

③黄土路堤边坡应拍实，并应及时予以防护，防止路表水冲刷。

④浸水路堤不得用黄土填筑。

（五）黄土路堑施工要求

①路堑路床土质应符合设计要求，密实度不足时，应采取措施碾压至要求的压实度。

②路堑施工前，应做好堑顶地表排水导流工程，路堑施工期间，开挖作业面应保持干燥。

③路堑施工中，如边坡地质与设计不符，可提出修改边坡坡度。

（六）地基陷穴处理方法

陷穴表面的防渗处理层厚度不宜小于300mm，并将流向陷穴的附近地表水引离。对现有的陷穴、暗穴，可以采用灌砂、灌浆、开挖回填等措施，开挖的方法可以采用导洞、竖井和明挖等。

挖方边坡坡顶以外50m范围内、路堤坡脚以外20m范围内的黄土陷穴宜进行处理。挖方边坡坡顶以外的陷穴，若倾向路基，应做适当处理。对串珠状陷穴应彻底进行处置。

三、滑坡地段路基施工

①对于滑坡的处置，应分析滑坡的外表地形滑动面，滑坡体的构造、滑动体的土质及饱水情况，以了解滑坡体的形式和形成的原因，根据公路路基通过滑坡体的位置、水文、地质等条件，充分考虑路基稳定的施工措施。

②路基滑坡直接影响到公路路基稳定时，不论采用何种方法处理，都必须做好地表水及地下水的处理。

③对于滑坡顶面的地表水，应采取截水沟等措施处理，不让地表水流入滑动面内。必须在滑动面以外修筑1～2条截水沟，对于滑坡体下部的地下水源应截断或排出。

④在滑坡体未处置之前，禁止在滑坡体上增加荷载（如停放机械、堆放材料、弃土等）。

⑤对于挖方路基上边坡发生的滑坡，应修筑一条或数条环形水沟，但最近一条必须离滑动裂缝面最小5m以外，以截断流向滑动面的水流。截水沟可采用砂浆封面浆或砌片（块）石修筑，滑坡上面出现裂缝须填土进行夯实，避免地表水继续渗入，或结合地形，修建树枝形及相互平行的渗水沟与支撑渗沟，将地表水及渗水迅速排走。

⑥当挖方路基上边坡发生的滑坡不大时，可采用（台阶）减重、打桩或修建挡土墙

进行处理以达到路基边坡稳定，采用打桩时，桩身必须深入到滑动面以下设计要求的深度；采用修建挡土墙时，挡土墙基础必须置于滑动面以下的硬岩层上。同时，宜修统一排水沟、暗沟（或渗沟）排出地下水。滑坡较大时，可采用修建挡土墙、钢筋混凝土锚固桩或预应力锚索等方法处理，不论采用何种方法处理，其基础都必须置于滑动面以下的硬岩层上或达到设计要求的深度。同时宜修筑渗沟、排水涵洞（管）或集水井。

⑦填方路堤发生的滑坡，可采用反压土方或修建挡土墙等方法处理。

⑧沿河路基发生的滑坡，可修建河流调治构造物（堤坝、丁坝、稳定河床等）及挡土墙等处理。

⑨滑坡表面处置可采用整平夯实山坡，填筑积水坑，堵塞裂隙或进行山坡绿化固定表土。

四、岩溶地区路基施工

以地下水为主、地表水为辅，以化学过程（溶解和沉淀）为主、机械过程（流水侵蚀和沉积、重力崩塌和堆积）为辅的石灰岩等可溶性岩石的破坏和改造作用称岩溶作用。岩溶作用所造成的地表形态和地下形态称岩溶地貌，岩溶作用及其产生的特殊地貌形态和水文地质现象统称为岩溶。

中国西南地区岩溶现象分布比较普遍，在广西、贵州、云南及川东、鄂西、湘西、粤北一带连成一片，石灰岩分布面积达 56 万平方千米；全国石灰岩分布面积约 130 万 km^2，是岩溶比较发育的国家。

（一）岩溶地区公路路基工程的主要病害

①由于地下岩溶水的活动，或因地面水的消水洞穴阻塞，导致路基基底冒水、水淹路基、水冲路基以及隧道冒水、冒泥等病害。

②由于地下岩溶洞穴顶板的坍塌，引起位于其上的路基及其附属构造物发生坍陷、下沉或开裂。

③由于溶沟、溶槽、石芽等的存在造成地基不稳定，影响路基及其构筑物的稳定性或安全问题。

④某些岩溶形态的利用问题，如利用天生桥跨越地表河流，利用暗河溶洞扩建隧道等。

此外，岩石地区除了石灰岩类岩溶外，分布着各类危及路基的崩坍、岩堆，这类岩石多数属于炭质泥岩、页岩、麻岩、云母岩。还有煤田、矿区、油田及地下水过量开采和利用，形成的采空区，往往引起路基沉陷、变形或开裂。这些地区修筑的路基具有相似处，把它们一并论述。

因此，在岩溶地区建造公路，应全面了解路线通过地带岩溶发育的程度和岩溶形态的空间分布规律，以便充分利用某些可以利用的岩溶形态，避让或防治影响路基稳定的岩溶病害。

（二）岩溶形态及岩溶类型

岩溶地区岩溶的形态类型很多：有石芽和溶沟（槽）、溶蚀裂隙、漏斗、溶蚀洼地、坡立谷和溶蚀平原、溶蚀残丘、孤峰和峰林、槽谷、落水洞、竖井、溶洞、暗河、天生桥、岩溶湖、岩溶泉以及土洞等。比较常见的岩溶形态有：

1. 漏斗

是常见的地表岩溶形态之一，由地表层的溶蚀和侵蚀作用伴随塌陷作用而成，呈碟状或倒锥状，平面上呈圆形或椭圆形，直径和深度一般由数米至数十米。

2. 溶蚀洼地

许多相邻的漏斗经流水溶蚀不断扩大汇合而成溶蚀洼地，平面。上呈圆形或椭圆形，但规模比漏斗更大，直径由数百米至一两千米。溶蚀洼地周围有溶蚀残丘或峰丛峰林，底部常有落水洞和漏斗。

3. 坡立谷和溶蚀平原

溶蚀洼地充分发育，相邻的洼地彼此连通，发展成坡立谷。坡立谷长度、宽度从几十米至数千米不等，四周山坡陡峻，谷底宽平，覆盖着溶蚀残余的黄色、棕色或红色的黏性土，有时还有河流冲积层。常有河流纵贯坡立谷，河水从一端流入，于另一端被落水洞吸收，转入地下成暗河。有些坡立谷还耸立着孤峰。坡立谷进一步发展，即形成开阔宽广的溶蚀平原，溶蚀平原上还有许多其他岩溶形态。

4. 槽谷

是岩溶山区比较常见的一种长条形的槽状谷地，谷底平坦，谷坡陡峻，主要是由水流长期溶蚀而形成。由于河谷底部发育有一系列漏斗、落水洞等，地表水流不断漏失，使原来的河谷失去排水作用，即成干涸。槽谷在大部分时间是干涸的，但在暴雨季节和排水不畅时，则会出现暂时的水流。

5. 落水洞、竖井

落水洞和竖井多由岩石裂隙经流水长期溶蚀扩大或由岩层坍陷而成，呈垂直或稍倾斜状，下部多与溶洞或暗河连通，是地表通向地下的流水通道。在广西所见到的，直径多在 10m 以下，深度多在 10 ~ 30m。落水洞常产生在漏斗、槽谷、溶蚀洼地和坡立谷的底部，或河床的边缘，多呈串珠状分布。在雨季，由于落水洞排水不畅，常使槽谷、溶蚀洼地和坡立谷产生暂时性的积水，甚至发生淹水现象。

6. 溶洞

是一种近于水平方向发育的岩溶形态，常由溶水对岩层的长期溶蚀和塌陷作用而形成，是早期岩溶水活动的通道。规模较大的水平溶洞系统，主要是在岩溶水的水平循环带中产生的。溶洞系统比较复杂，规模、形态变化很大，除少部分洞身比较顺直，断面比较规则外，大部分是忽高忽低，忽宽忽窄，洞身曲折起伏很大。洞内普遍分布各种堆积物，有时还有河流流痕及砂砾、卵石冲积物，支洞多，常有丰富的岩溶水。

7. 暗河、天生桥

暗河是地下岩溶水汇集、排泄的主要通道，在岩溶发育地区，地下大部分都有暗河存在。其中部分暗河常与地面的槽谷伴随存在，通过槽谷底部的一系列漏斗、落水洞使两者互相连通。因此，可以根据这些地表岩溶形态的分布位置，概略地估计暗河在地下的发展方向。地下的暗河河道或溶洞塌陷，在局部地段有时会形成横跨水流的天生桥。

8. 岩溶泉

岩溶水流出地面即成岩溶泉。它是岩溶发育地区分布最广泛的一种岩溶现象，其中以下降泉居多，上升泉较少。岩溶泉有经常性和间歇性之分。间歇性泉旱季干涸，雨季流水。

当暗河流向非岩溶地区时，在可溶岩层与非可溶岩层接触带的边缘，经常是岩溶泉最发育的地方。

9. 岩溶湖

由于槽谷、溶蚀洼地、坡立谷中的大型强斗底部的消水通道堵塞，或溶蚀平原局部洼地集水而成的湖泊。在溶洞中也常有小型的地下岩溶湖存在。

10. 土洞

在槽谷、坡立谷底部和溶蚀平原上，可溶性岩层常为第四纪的松散土层所覆盖，由于地下水位降低或水动力条件的改变，在岩溶水的淋滤、潜蚀、搬运作用下，使上部土层下落，流失或坍塌，形成大小不一、形态不同的土洞。如广西、贵州和原北等地土层覆盖的岩溶地区（即埋藏岩溶地区），由于人为抽水、排水引起地下水位的变动，常形成土洞，直接危害路基的稳定。

（三）岩溶路基施工技术要点

岩溶地区路基常见病害主要表现为地下水位高而侵蚀路基路面，导致土基软化，路面开裂；暴雨时节冲垮路基，路床地面以下潜伏洞穴而产生凹陷。一般公路受造价的制约，当地往往又缺乏路基用土，故而采用矮路堤。矮路堤所固有的排水不畅、地基强度不足等病源在此得到充分暴露。因此，岩溶地区地基处理的措施是排水、填洞、跨越、利用。

岩溶地下水应因势利导，采用疏导、排除、降低地下水位的方法，消除对路床软化的影响，保证路基处于干燥或中湿状态。所有冒水的溶洞在施工中均不能堵塞水的出路。一般的做法是在与地下水道相连的漏斗、消水洞处一律修建涵洞。疏导建筑物一般可采用明沟、泄水洞、渗沟、涵洞等。

（四）崩坍、岩堆地区路基基底处理概要

在陡峭的山坡上，由于人工开挖、自然营力、风化、爆破的作用，岩（土）体从陡峭斜坡上向下倾倒、崩落、翻滚，破坏过程急剧、短促而猛烈，这个过程称崩坍。崩坍后的岩（土）体原来结构完全被打乱，互无联系，大石块抛落较远，土体集中，堆积而

成倒石堆或岩堆。崩坍、岩堆地区路基处理的关键是边坡整治。路线应尽量避免通过原有的崩坍、岩堆地段。确有必要通过时，应探明其深度、范围、工程数量，采取清挖至原状土、设支挡结构物、桩基顶面打钢筋混凝土盖板、桩基与岩堆共同组成复合地基等措施。之后，按填土或填石路基施工。

第三节　路基季节性与排水设施施工

一、路基季节性施工

（一）路基雨期施工技术

1. 雨期施工地段的选择

①雨期路基施工地段一般应选择丘陵和山岭地区的砂类土碎砾石、岩石地段和路堑的弃方地段。

②重黏土、膨胀土及盐渍土地段不宜在雨期施工；平原地区排水困难，不宜安排雨期施工。

2. 雨期施工前的准备工作

①对选择的雨期施工地段进行详细的现场调查研究，据实编制实施性的雨期施工组织计划。

②应修建施工便道并保持晴雨畅通。

③住地、库房、车辆机具停放场地、生产设施都应设在最高洪水位以上地点或高地上，并应远离泥石流沟槽冲积堆一定的安全距离。

④应修建临时排水设施，保证雨期作业的场地不被洪水淹没并能及时排出地面水。

⑤应储备足够的工程材料和生活物资。

3. 雨期填筑路堤

①雨期路堤施工地段除施工车辆外，应严格控制其他车辆在施工场地通行。

②在填筑路堤前，应在填方坡脚以外挖掘排水沟。保持场地不积水。如原地面松软，应采取换填措施。

③应选用透水性好的碎（卵）石土砂砾、石方碎渣和砂类土作为填料。利用挖方土做填方时应随挖随填及时压实。含水量过大无法晾干的土不得用作雨期施工填料。

④路堤应分层填筑。每一层的表面，应做成 2% ~ 4% 的排水横坡。当天填筑的土层应当天完成压实。

⑤雨期填筑路堤需借土时，取土坑距离填方坡脚不宜小于 3m。平原区路基纵向取土时，取土坑深度一般不宜大于 1m。

4. 雨期开挖路堑

①土质路堑开挖前，在路堑边坡坡顶 2m 以外开挖截水沟并接通出水口。

②开挖土质路堑宜分层开挖，每挖一层均应设置排水纵横坡。挖方边坡不宜一次挖到设计标高，应沿坡面留 30cm 厚，待雨期过后整修到设计坡度。以挖作填的挖方应随挖随运随填。

③土质路堑挖至设计标高以上 30 ~ 50cm 时应停止开挖，并在两侧挖排水沟。待雨期过后挖到路床设计标高后再压实。

④土的强度低于规定值时应按设计要求进行处理。

⑤雨期开挖岩石路堑，炮眼应尽量水平设置。边坡应按设计坡度自上而下层层刷坡，坡度应符合设计要求。

（二）路基冬期施工技术

1. 冬期施工

①在反复冻融地区，昼夜平均温度在 - 3℃以下，连续 10d 以上时，进行路基施工称为路基冬期施工。

②当昼夜平均温度上升到 - 3℃以上，但冻土未完全融化时，亦应按冬期施工。

2. 路基施工可冬期进行的工程项目

①泥沼地带河湖冻结到一定深度后，如需换土时可趁冻结期挖去原地面的软土、淤泥层换填合格的其他填料。

②含水量高的流动土质、流沙地段的路堑可利用冻结期开挖。

③河滩地段可利用冬期水位低，开挖基坑修建防护工程，但应采取加温保温措施，注意养护。

④岩石地段的路堑或半填半挖地段，可进行开挖作业。

3. 路基工程不宜冬期施工的项目

①高速公路、一级公路的土路基和地质不良地区的二级以下公路路堤。

②铲除原地面的草皮、挖掘填方地段的台阶。

③整修路基边坡。

④在河滩低洼地带将被水淹的填土路堤。

4. 路基冬期施工前应进行的准备工作

①对冬期施工项目按次排队，编制实施性的施工组织计划。

②冬期施工项目在冰冻前应进行现场放样，保护好控制桩并树立明显的标志，防止被冰雪掩埋。

③冰冻前应挖好坡地上填方的台阶，清除石方挖方的表面覆盖层、裸露岩体。

④维修保养冬期施工需用的车辆机具设备，充分备足冬期施工期间的工程材料。

⑤准备施工队伍的生活设施、取暖照明设备、燃料和其他越冬所需的物资。

5. 冬期填筑路堤

①冬期施工的路堤填料，应选用未冻结的砂类土，碎、卵石土，开挖石方的石块石渣等透水性良好的土。

②冬期填筑路堤，应按横断面全宽平填，每层松厚应按正常施工减少 20%～30% 且最大松铺厚度不得超过 30cm。压实度不得低于正常施工时的要求。当天填的土必须当天完成碾压。

③当路堤高距路床底面 1m 时，应碾压密实后停止填筑。

④挖填方交界处，填土低于 1m 的路堤都不应在冬期填筑。

⑤冬期施工取土坑应远离填方坡脚。如条件限制需在路堤附近取土时，取土坑内侧到填方坡脚的距离应不得小于正常施工护坡道的 1.5 倍。

⑥冬期填筑的路堤，每层每侧应按设计和施工技术规范规定超填并压实。待冬期后修整边坡削去多余部分并拍打密实或加固。

6. 冬期施工开挖路堑表层冻土的方法

（1）爆破冻土法

当冰冻深度达 1m 以上时可用此法炸开冻土层。炮眼深度取冻土深度的 0.75～0.90 倍，炮眼间距取冰冻深度的 1.0～1.3 倍并按梅花形交错布置。

（2）机械破冻法

1m 以下的冻土层可选用专用破冻机械如冻土犁、冻土锯和冻土铲等，予以破碎清除。

（3）人工破冻法

当冰冻层较薄，破冻面积不大时，可用日光暴晒法、火烧法、热水开冻法、水针开冻法、蒸汽放热解冻法和电热法等方法胀开或融化冰冻层，并辅以人工撬挖。

7. 冬期开挖路堑

①当冻土层被开挖到未冻土后，应连续作业，分层开挖，中间停顿时间较长时，应在表面覆雪保温，避免重复被冻。

②挖方边坡不应一次挖到设计线，应预留 30cm 厚台阶，待到正常施工季节再削去预留台阶，整理达到设计边坡。

③路堑挖至路床面以上 1m 时，挖好临时排水沟后，应停止开挖并在表面覆以雪或松土，待到正常施工时，再挖去其余部分。

④冬期开挖路堑必须从上向下开挖，严禁从下向上掏空挖"神仙土"。

⑤每日开工时先挖向阳处，气温回升后再挖背阴处，如开挖时遇地下水源，应及时挖沟排水。

⑥冬期施工开挖路堑的弃土要远离路堑边坡坡顶堆放。弃土堆高度一般不应大于 3m，弃土堆坡脚到路堑边坡顶的距离一般不得小于 3m，深路堑或松软地带应保持 5m 以上。弃土堆应摊开整平，严禁把弃土堆于路堑边坡顶上。

二、路基防护与支挡

（一）防护工程类型和适用条件

1. 路基防护工程类型

路基防护工程是防治路基病害、保证路基稳定、改善环境景观、保护生态平衡的重要设施。其类型可分为以下两种：

（1）边坡坡面防护

主要是保护路基边坡表面，免受雨水冲刷，减缓温差及温度变化的影响，防止和延缓软弱岩土表面的风化碎裂、剥蚀演变进程，从而保护路基边坡的整体稳定性，在一定程度上还可美化路容，协调自然环境。植物防护：种草、铺草皮、植树。工程防护（矿料防护）：框格防护封面、护面墙、干砌片石护坡、浆砌片石护坡、浆砌预制块护坡、锚杆钢丝网喷浆喷射混凝土护坡。

（2）沿河河堤河岸冲刷防护

直接防护：植物、砌石、石笼、挡土墙等。间接防护：丁坝顺坝等调治构造物以及改河营造护林带。

2. 各种防护工程适用条件

（1）植物防护。

①种草防护：适用于边坡稳定，坡面受雨水冲刷轻微且易于草类生长的路堤与路堑边坡。选用根系发达、叶茎低矮、多年生长且适宜于当地土壤和气候条件的草种，植于40cm（无熟土时，表土厚度 ≥ 20cm）表土层。播种方法有撒播法、喷播法和行播法。当前推广使用的两种新方法是湿式喷播技术和客土喷播技术。

②铺草皮：适用于需要迅速绿化的土质边坡。草皮护坡铺置形式有平铺式、叠铺式、方格式和卵（片）石方格式四种。

③植灌木：与种草、铺草皮配合使用，使坡面形成良好的防护层，适用于土质边坡和膨胀土边坡，但对盐渍土经常浸水、经常干旱的边坡及粉质土边坡不宜采用。灌木宜植于 1 : 1.5 或更缓的边坡上或在堤岸边的河滩上，用以降低流速，促使泥沙淤积。

（2）工程防护

框格防护适用于土质或风化岩石边坡：框格防护可采用混凝土、浆砌片（块）石、卵（砾）石等做骨架，框格内宜采用植物防护或其他辅助防护措施。

封面包括抹面、捶面、喷浆、喷射混凝土等防护形式：①抹面防护适用于易风化的软质岩石挖方边坡，岩石表面比较完整，尚无剥落。②捶面防护适用于易受雨水冲刷的土质边坡和易风化的岩石边坡。③喷浆和喷射混凝土防护适用于边坡易风化、裂隙和节理发育、坡面不平整的岩石挖方边坡。

护面墙：用于封闭各种软质岩层和较破碎的挖方边坡以及坡面易受侵蚀的土质边坡。用护面墙防护的挖方边坡不宜陡于 1 : 0.5，并应符合极限稳定边坡的要求。护面墙分为实体、窗孔式拱式等类型，应根据边坡地质条件合理选用。

石砌护坡：①干砌片石护坡适用于易受水流侵蚀的土质边坡、严重剥落的软质岩石边坡、周期性浸水及受水流冲刷较轻(流速小于2～4m/s)的河岸或水库岸坡的坡面防护。②浆砌片（卵）石护坡适用于防护流速较大（3～6m/s）、波浪作用较强，有流水、漂浮物等撞击的边坡。对过分潮湿或冻害严重的土质边坡应先采取排水措施再行铺筑。

浆砌预制块防护：适用于石料缺乏地区，预制块的混凝土强度不应低于C15，在严寒地区不应低于C20。

锚杆钢丝网喷浆或喷射混凝土护坡：适用于直面为碎裂结构的硬岩或层状结构的不连续地层以及坡面岩石与基岩分离并有可能下滑的挖方边坡。施工简便，效果较好。

（3）土工织物防护

①挂网式坡面防护：适用于风化碎落较严重的岩石边坡。沿边坡悬挂的土工网能截住落石，引导其进入边沟或其他可控制地区。落石直径较大，边坡倾角大于40°时不宜使用。

②土工织物复合植被防护：综合了土工织物和植被两类防护的优点，其典型形式是三维土工网（垫）植草防护，主要适用于边坡坡度缓于1∶1，边坡高度小于3m的土质边坡。

③其他：土工织物防护：草坪植生带、适用于破碎或易风化破碎的岩石路堑边坡的锚杆挂高强塑料网格喷浆（喷射混凝土）以及土工织物做反滤层的护坡。

3. 路基冲刷防护工程技术

（1）直接防护

路堤冲刷主要是洪水急流，水位变迁不定，水流速度较大（达到3.0m/s或更高）时植树与石砌防护失效，可采用以下防护措施。

①抛石：用于经常浸水且水深较大的路基边坡或坡脚以及挡土墙、护坡的基础防护。抛石一般多用于抢修工程。

②石笼：沿河路堤坡脚或河岸，当受水流冲刷和风浪侵袭且防护工程基础不易处理或沿河挡土墙、护坡基础局部冲刷深度过大时，可采用石笼防护。钢丝石笼：多用于抢修或临时工程，不得用于急流滚石河段，必要时对钢丝笼灌注小石子水泥混凝土。钢丝石笼一般可容许流速4～5m/s的水流冲刷。钢筋混凝土框架石笼：可用于急流滚石河段。

（2）间接防护

①护坝：当沿河路基挡土墙、护坡的局部冲刷深度过大，深基础施工不便时，宜采用护坝防护基础。

②丁坝：适用于宽浅变迁河段，用以挑流或减低流速，减轻水流对河岸或路基的冲刷。

③顺坝：适用于河床断面较窄、基础地质条件较差的河岸或沿河路基的防护，调整流水曲线度和改善流态。

④改移河道：沿河路基受水流冲刷严重或防护工程艰巨以及路线在短距离内多次跨越弯曲河道时可改移河道。对主河槽改动频繁的变迁性河流或支流较多的河段不宜改河。

（二）加固工程的功能与类型划分

1. 路基加固工程的功能与类型

路基加固工程的主要功能是支撑天然边坡或人工边坡以保持土体稳定或加强路基强度和稳定性以及防护边坡在水温变化条件下免遭破坏。按路基加固的不同部位分为：坡面防护加固、边坡支挡、湿弱地基加固三种类型。

（1）坡面防护加固

路基防护中均有加固作用。

（2）边坡支挡

包括路基边坡支挡和堤岸支挡：①路基边坡支挡：护肩墙、护坡护面墙、护脚墙、挡土墙。②堤岸支挡：驳岸、浸水墙、石笼、抛石、护坡、支垛护脚。

（3）湿弱地基加固

碾压密实、排水固结、挤密化学固结、换填土。

2. 常用路基加固工程技术

（1）重力式挡土墙工程技术

重力式挡土墙依靠与工墙体的自重抵抗墙后土体的侧向推力（土压力），以维持土体的稳定，是中国目前最常用的一种挡土墙形式，多用浆砌片（块）石砌筑。缺乏石料地区，可用混凝土预制块作为砌体，也可直接用混凝土浇筑，一般不配钢筋或只在局部范围配置少量钢筋。这种挡土墙形式简单、施工方便，可就地取材，适应性强，因而应用广泛。缺点是墙身截面大，圬工数量也大，在软弱地基上修建往往受到承载力的限制，墙高不宜过高。重力式挡土墙墙背形式可分为俯斜、仰斜、垂直、凸形折线（凸折式）和衡重式五种：

①仰斜墙背所受的土压力较小，用于路堑墙时，墙背与开挖面边坡较贴合，因而开挖量和回填量均较小，但墙后填土不易压实，不便施工。适用于路堑墙及墙趾处地面平坦的路肩墙或路堤墙。

②俯斜墙背所受土压力较大，其墙身截面较仰斜墙背的大，通常在地面横坡陡峻时，借助陡直的墙面，俯斜墙背可做成台阶形，以增加墙背与填土间的摩擦力。

③垂直墙背的特点，介于仰斜和俯斜墙背之间。

④凸折式墙背是由仰斜墙背演变而来，上部俯斜，下部仰斜，以减小上部截面尺寸，多用于路堑墙，也可用于路肩墙。

⑤衡重式墙背在上下墙间设有衡重台，利用衡重台上填土的重量使全墙重心后移，增加了墙身的稳定。因采用陡直的墙面且下墙采用仰斜墙背，因而可以减小墙身高度，减少开挖工作量。适用于山区地形陡峻处的路肩墙和路堤墙，也可用于路堑墙。由于衡重台以上有较大的容纳空间，上墙墙背加缓冲墙后，可作为拦截崩坠石之用。

（2）加筋土挡土墙工程技术

加筋土挡土墙是在土中加入拉筋，利用拉筋与土之间的摩擦作用，改善土体的变形条件和提高土体的工程特性，从而达到稳定土体的目的。加筋土挡土墙由填料、在填料中布置的拉筋以及墙面板三部分组成。一般应用于地形较为平坦且宽敞的填方路段上，在挖方路段或地形陡峭的山坡，由于不利于布置拉筋，一般不宜使用。

加筋土是柔性结构物，能够适应地基轻微的变形，填土引起的地基变形对加筋土挡土墙的稳定性影响比对其他结构物小，地基的处理也较简便；其是一种很好的抗震结构物；节约占地，造型美观；造价比较低，具有良好的经济效益。

加筋土挡土墙施工简便快速，并且节省劳力和缩短工期，一般包括下列工序：基槽（坑）开挖、地基处理、排水设施、基础浇（砌）筑、构件预制与安装、筋带铺设、填料填筑与压实、墙顶封闭等，其中现场墙面板拼装、筋带铺设、填料填筑与压实等工序是交叉进行的。

（3）锚杆挡土墙工程技术

①特点及使用条件：锚杆挡土墙是利用锚杆技术形成的一种挡土结构物。锚杆一端与工程结构物连接，另一端通过钻孔、插入锚杆、灌浆、养护等工序锚固在稳定的地层中，以承受土压力对结构物所施加的推力，从而利用锚杆与地层间的锚固力来维持结构物的稳定。

锚杆挡土墙的优点是结构重量轻，节约大量的工艺和节省工程投资；利于挡土墙的机械化、装配化施工，提高劳动生产率；少量开挖基坑，克服不良地基开挖的困难，利于施工安全。

锚杆挡土墙的缺点是施工工艺要求较高，要有钻孔、灌浆等配套的专用机械设备且要耗用一定的钢材。

锚杆挡土墙适用于缺乏石料的地区和挖基困难的地段，一般用于岩质路堑路段，但其他具有锚固条件的路堑墙也可使用，还可应用于陡坡路堤。壁板式锚杆挡土墙多用于岩石边坡防护。

②锚杆挡土墙的类型：锚杆挡土墙由于锚固地层、施工方法、受力状态以及结构形式等的不同，有各种各样的形式。按墙面的结构形式可分为柱板式锚杆挡土墙和壁板式锚杆挡土墙：

柱板式锚杆挡土墙是由挡土板、肋柱和锚杆组成，肋柱是挡土板的支座，锚杆是肋柱的支座，墙后的侧向土压力作用于挡土板上，并通过挡土板传给肋柱，再由肋柱传给锚杆，由锚杆与周围地层之间的锚固力，即锚杆抗拔力使之平衡，以维持墙身及墙后土体的稳定。

壁板式锚杆挡土墙是由墙面板（壁面板）和锚杆组成，墙面板直接与锚杆连接，并以锚杆为支撑，土压力通过墙面板传给锚杆，后者则依靠锚杆与周围地层之间的锚固力（即抗拔力）抵抗土压力，以维持挡土墙的平衡与稳定。

锚杆挡土墙施工工序主要有基坑开挖、基础浇（砌）筑、锚杆制作、钻孔、锚杆安放与注浆锚固、肋柱和挡土板预制、肋柱安装、挡土板安装、墙后填料填筑与压实等。

第四节　路基工程施工

一、路基工程主要施工机械

（一）推土机

1. 推土机的类型与应用特点

推土机是一种自行式的铲土运输机械。由拖拉机和推土装置组成。推土装置包括带有刀片的推土铲、顶推架（推杆）和操作机构。其中刀片和推土铲分别是推土机的挖土和运土装置。推土机的工作过程：工作时，推土铲放下，下部边缘的刀片切入土壤，被切出来的土壤向上翻起，并堆积在推土铲前面，随着推土机前进而被运走。推土机的经济合理运距一般不超过 120m。

（1）推土机的优点

①能单独完成多种土方工程，包括挖土、运土、卸土和铺平土壤等工序，使施工过程和组织工作简单化。

②所有工序都可由单人完成，施工效率高。

③推土机工作装置简单，便于维修，使经营管理费用降低。

④工作机动性大，能将土推向前方和两侧，同时可以平整地面。

⑤可灵活调整工作运动速度，能就地转向。

⑥越野性能强，通过性好。

（2）推土机的主要类型

①按推土铲的安装方法，可分为：固定式和回转式。

固定式推土铲在垂直于拖拉机纵轴方向刚性地固定在顶推架上。

回转式推土铲除了可在水平面向左或向右作平斜 25°～30°角安装外，也能在垂直面相对水平线转动 59°～90°角安装，同时推土铲的切角还能在 44°～72°调整变更，也就是说推土铲的安装位置可按工作需要变更。这种形式也称为"万能式"。

②按底盘分类，可分为：轮式推土机和履带式推土机。

轮式推土机机动性能好，底盘结构较简单，但接地比压较高，附着牵引性能较差。履带式推土机因其履带与地面的附着力比较大，能发挥出足够的牵引力。履带式推土机按接地比压的大小及用途，可将推土机分为高比压（13N/cm² 以上）、中比压和低比压（5N/cm² 以下）三种形式。高比压的履带式推土机主要用于矿山及石方作业地带进行岩石剥离或推运工作。中比压主要用于一般性推运作业。低比压适用于湿地、沼泽地带工作。

③按功率分，可分为：小型推土机，功率在 37kW 以下；中型推土机，功率在 37～250kW；大型推土机，功率在 250kW 以上。

2. 推土机的基本构造

履带式推土机以履带式拖拉机配置推土铲刀而成，有些推土机后部装有松土器，遇到坚硬土质时，先用松土器，然后再推土。推土机主要由发动机、底盘、液压系统、电气系统、工作装置和辅助设备等组成。

发动机是推土机的动力装置，大多采用柴油机。发动机往往布置在推土机的前部，通过减振装置固定在机架上。

电气系统包括发动机的电启动装置和全机照明装置。辅助设备主要由燃油箱、驾驶室等组成。

（1）底盘

底盘部分由主离合器（或液力变矩器）、变速器、转向机构、后桥、行走装置和机架等组成。底盘的作用是支承整机，并将发动机的动力传给行走机构及各个操纵机构，主离合器装在柴油机和变速器之间，用来平稳地接合和分离动力。如为液力传动，液力变矩器代替主离合器传递动力。变速器和后桥用来改变推土机的运行速度、方向和牵引力。后桥是指在变速器之后，驱动轮之前的所有传动机构，转向离合器改变行走方向。行走装置用于支承机体，并使推土机行走。机架是整机的骨架，用来安装发动机、底盘及工作装置，使全机成为一个整体。

①行走装置：行走系统是直接实现机械行驶和将发动机动力转化成机械牵引力的系统，包括机架、悬挂装置和行走装置三部分。机架是全机的骨架，用来安装所有总成和部件。行走装置用来支承机体，并将发动机传递给驱动轮的转矩转变成推土机所需的驱动力。机架与行走装置通过悬挂装置连接起来。

履带式推土机行走装置由驱动轮、支重轮、托轮、引导轮、履带（统称为"四轮一带"）、张紧装置等组成。履带围绕驱动轮、托轮、引导轮、支重轮呈环状安装，驱动轮转动时通过轮齿驱动履带使之运动，推土机就能行驶。支重轮用于支承整机，将整机的荷载传给履带。支重轮在履带上滚动，同时夹持履带防止其横向滑出；转向时，可迫使履带在地面上横向滑移。托轮用来承托履带，防止履带过度下垂，以减小履带运动中的上下跳振，并防止履带横向脱落。引导轮是引导履带卷绕的，使履带铺设在支重轮的前方。张紧装置可使履带保持一定的张紧度，以防跳振和滑落，还可缓和履带对台车架的冲击。

轮式推土机的行走系统包括前桥和后桥。推土机的行驶速度低，车桥与机架一般采用刚性连接（即刚性悬架）。

②传动系统：传动系统的作用是将发动机的动力减速增扭后传给行走装置，使推土机具有足够的牵引力和合适的工作速度。履带式推土机的传动系统多采用机械传动或液力机械传动；轮胎式推土机多为液力机械传动。传动系统一般包括主离合器、变速箱、

驱动桥等部件。驱动桥内部装有中央传动装置、转向离合器、制动器、最终传动装置。

（2）推土机的运用

推土机是一种循环作业机械，它具有机动性大、动作灵活、能在较小的工作面上工作、短距离运土效率很高的特点，因此是土方工程施工中最常用的机械。

推土机的作业循环是：切土—推土—卸土—倒退（或折返）回空。

切土时用Ⅰ挡速度（土质松软时也可用Ⅰ挡）以最大的切土深度（100~200mm）在最短的距离（6~8m）内推成满刀，开始下刀及随后提刀的操作应平稳。推运时用Ⅰ挡或Ⅲ挡，为保持满刀土推送，应随时调整推土刀的高低，使其刀刃与地面保持接触。卸土时按照施工要求，或者分层铺卸，或者推卸。往边坡卸土时要特别注意安全，其措施一般是在卸土时筑成向边坡方向一段缓缓地上坡，并在边上留一小堆土，如此逐步向前推移。卸土后在多数情况下是倒退回空，回空时尽可能用高速挡。

①直铲作业：直铲作业是推土机最常用的作业方法，用于将土和石渣向前推送和场地平整作业。其经济作业距离为：小型履带推土机一般为50m以内；中型履带推土机为50~100m，最远不宜超过120m；大型履带推土机为50~100m，最远不宜超过150m；轮胎式推土机为50~80m，最远不宜超过150m。

②侧铲作业：侧铲作业主要用于傍山铲土、单侧弃土。此时推土板的水平回转角一般为左右各25°。

作业时能一边切削土壤，一边将土壤移至另一侧。侧铲作业的经济运距一般较直铲作业时短，生产率也低。

③斜铲作业：斜铲作业主要应用在坡度不大的斜坡上铲运硬土及挖沟等作业，推土板可在垂直面内上下各倾斜9%。工作时，场地的纵向坡度应不大于30°，横向坡度应不大于25°。

④松土器的劈开作业：一般大中型履带式推土机的后部都可悬挂液压松土器。松土器有多齿和单齿两种。多齿松土器挖凿力较小，主要用于疏松较薄的硬土、冻土层等。单齿松土器有较大的挖凿力，除了能疏松硬土、冻土外，还可以劈裂风化岩和有裂缝或节理发达的岩石，并可拔除树根。用重型单齿松土器劈松岩石的效率比钻孔爆破法高。为了提高劈松岩石能力，也可用推土机助推。

（二）装载机

1. 概述

装载机是一种用装载斗铲装物料进行循环作业的土方工程机械。它主要用来装载不太硬的土方和松散材料，还可以用于松软土壤的表层剥离、地面平整和场地清理等工作。

大多数的装载机还备有多种可换装的工作装置，如货叉或起重设备等，使装载机稍加改装就可成为叉车或起重机。有的在一台基础车上可同时安装装载和挖掘两套工作装置，故单斗装载机有一机多用的特点。

单斗装载机的形式较多，通常按下列方法分类：

（1）按发动机功率分类

装载机按发动机功率可分为小型、中型、大型、特大型4种。

小型：功率小于74kW。

中型：功率为74～147kW。

大型：功率为147～515kW。

特大型：功率大于515kW。

（2）按传动形式分类

轮式装载机共四种，即：①机械传动；②液力机械传动；③液压传动；④电传动。

（3）按行走系统分类

履带式装载机是以专用底盘为基础，装上工作装置并配装适当操作系统而成，履带接地面积大，接地比压小，通过性好；履带式重心低，稳定性好；质量大，附着性能好，牵引力较相同质量轮式装载机大；对路面要求不高。履带式装载机的缺点是：速度低，机动性差，行走时破坏路面，转移工作场地需平板车拖运。因此，它常用在工程量大、作业点集中、不经常移动、路面条件较差的场合。

（4）按装载方式分类

①前卸式：装载机在其前端铲装和卸载，卸载时，装载机的工作装置须与运输车辆垂直，这种卸载方式调车费时，但因结构简单，工作可靠，驾驶操纵视野好，故应用最为广泛。

②回转式：回转式装载机的工作装置安装在可回转90°～360°的转台上，铲斗在前端装料后，回转至侧面卸载，装载机不需要调车，也不需要较严格的对车，作业效率高，适宜场地狭小的地区工作，但这种装载机需增设一套回转装置，使结构复杂，增加质量和成本，而且在回转卸载时，是偏心卸载，两侧轮胎受载不一，有一侧轮胎超载很大，侧向稳定性较差，因此斗容不能过大。

③后卸式：装载机在前端装料，向后端卸料，作业时，装载机不须调车，可直接向停在其后面的运输车辆卸载；可节约时间，作业效率高，但卸载时，铲斗须越过驾驶员上空很不安全，因此应用不广泛。

④侧卸式：除拥有前卸式全部功能外，还可侧面卸载物料，多用于隧道或特殊场地施工。

目前使用最多的是装载斗非回转，校接式机架、液力机械传动的单斗轮式走行装载机。

轮式装载机因为具有用途广、机动性好、生产率高、作业成本低等优点，因此随着工程建设的发展需要，当今世界不但设计制造新型的大功率、大斗容量轮式装载机，同时，小型装载机亦在大量发展。

2. 装载机的构造

轮胎式装载机是由动力装置、车架、行走装置、传动系统、转向系统、制动系统、液压系统和工作装置等组成。轮胎式装载机采用柴油发动机为动力装置，大多采用液力变矩器、动力换挡变速器的液力机械传动形式（小型装载机有的采用液压传动或机械传动），铰接式车架，液压操纵和反转连杆机构的工作装置，等等。

（1）工作装置

装载机的铲掘和装卸物料作业通过其工作装置的运动来实现，轮胎式装载机的工作装置，它由铲斗、动臂、摇臂、连杆及其液压控制系统所组成。整个工作装置铰接在车架上，铲斗通过连杆和摇臂与转斗油缸铰接，动臂与车架、动臂油缸铰接，铲斗的翻转和动臂的升降采用液压操纵。

装载机作业时工作装置应能保证铲斗的举升平移和自动放平性能。当转斗油缸闭锁、动臂油缸举升或降落时，连杆机构使铲斗上下平动或接近平动，以免铲斗倾斜而撒落物料；当动臂处于任意位置、铲斗绕与动臂的校点转动进行卸料时，铲斗卸载角不小于45°，保证铲斗物料的卸净性；卸料后动臂下降时，又能使铲斗自动放平。

装载机的铲斗主要由斗底、后斗壁、侧板、斗齿、上下支承板、主刀板和侧刀板等组成。

铲斗斗齿分为四种。选择齿形时应考虑其插入阻力、耐磨性和易于更换等因素。齿形分尖齿和钝齿，轮胎式装载机多采用尖形齿，而履带式装载机多采用钝形齿。

工作装置的动臂用来安装和支承铲斗，并通过举升油缸实现铲斗升降。

动臂的结构按其纵向中心形状可分为曲线形和直线形两种。

动臂的断面有单板、双板和箱形三种结构形式。单板式动臂结构简单，工艺性好，制造成本低，但扭转刚度较差。中小型装载机多采用单板式动臂，而大中型装载机则多采用双板形或箱形断面结构的动臂，用以加强和提高抗扭刚度。

工作装置的摇臂有单摇臂和双摇臂两种。单摇臂铰接在动臂横梁的摇臂铰销上，双摇臂则分别铰接在双梁式动臂的摇臂铰销上。在动臂下侧，焊有动臂举升油缸活塞杆铰接支座，油缸活塞杆铰接在支座内的销轴上，销轴和铰接支座承受举升油缸的举升推力。

为保证装载机在作业过程中动作准确、安全可靠，在工作装置中常设有铲斗前倾、后倾限位，动臂升降自动限位装置和铲斗自动放平机构。

在铲装、卸料作业时，对铲斗的前后倾角度有一定要求，对其位置进行限制，铲斗前、后倾限位常采用限位块限位方式。后倾角限位块分别焊装在铲斗后斗臂背面和动臂前端与之相对应的位置上，前倾角限位块焊装在铲斗前斗臂背面和动臂前端与之相对应的位置上，也可以将限位块安装在动臂中部限制摇臂转动的位置上。这样可以控制前倾、后倾角，防止连杆机构超过极限位置而发生干涉。

（2）操纵系统

ZI50装载机工作装置液压系统是一个优先开式系统，又称互锁油路。

铲斗和动臂处于闭锁位置，两个换向阀位于中位，此时油泵输出的油液通过换向阀和直接返回油箱，油泵处于卸荷状态。转斗油缸换向阀是一个三位六通阀，它可以控制铲斗后倾、保持和前倾三个动作，它被安置在动臂换向阀之前，当转斗油缸换向阀离开中位即切断了去动臂换向阀的通路，欲使动臂动作，必先使转斗油缸换向阀回到中位，因此，动臂与铲斗不能同时动作。在转斗油缸两腔都装有双作用安全阀，它的作用是：

一是在动臂的升降过程中，因工作装置的连杆不完全是平行四边形结构，使转斗油缸活塞，有可能被拉伸或受压，若换向阀又在中位，就有可能造成转斗油缸油压过高或者产生真空现象，因此必须及时泄压或少量补油；二是当动臂在最高位置向前倾卸载时，当铲斗重心已超过支点之后，铲斗和物料将靠自重迅速前倾拉动活塞，这时应大量补充油液，以免造成后腔真空。

动臂油缸换向阀是四位六通阀，可控制动臂提升，闭锁，下降和浮动，提升或下降速度是依靠改变换向阀阀口的开度进行调节的，当动臂上升或下降到极限位置时，换向阀亦有自动复位装置，以防损坏机件，可使空斗迅速下降，此外，在坚硬的地面上进行铲取物料，或反向刮平作业时，亦需要铲斗在地面上浮动。安全阀是用来限制系统的压力的，当系统压力超过某一数值时，就自动打开泄压，保护液压系统不受损坏。

（三）铲运机

1. 铲运机的用途和分类

铲运机是一种能集铲土和运土于一体的土方工程机械。它一般用来完成填筑路堤、开挖路堑、平整场地以及浮土剥离等工作。它的经济运距比推土机大。一般拖式铲运机的经济运距为 500m；自行式铲运机的经济运距可达 1500m。

铲运机按卸土方式的不同，可分为自由卸土式、强制卸土式和半强制卸土式三种类型。

自由卸土式，当铲斗倾斜时，土靠其自重而卸出。这种卸土方式的缺点是土不易卸净（特别是黏性土壤）。但由于其结构较简单，卸土时所消耗的功率较小，故一般小型铲运机通常采用这种卸土方式。

强制卸土式利用可移动的后斗壁将土壤从铲斗中强制向前推出，故卸土较干净。通常大、中型的铲运机都采用这种卸土方式。

半强制卸土式靠斗底倾斜时土壤的自重和斗底连同后斗壁沿侧壁运动时对土壤的推挤作用共同将土卸出。它的优点介于自由卸土式和强制卸土式之间。

铲运机按运行方式的不同，可分为拖式和自行式两种。

拖式铲运机工作时需有牵引车来拖驶。目前使用较普遍的牵引车是履带式拖拉机。拖式铲运机的缺点是整机长度较长，故转弯半径较大。

自行式铲运机的牵引车一般为特制的轮胎车，因此，行驶速度高，机动性好，适用于运距较长的土方工程施工中。

2. 铲运机的构造

（1）铲斗车

铲斗车由辕架、铲斗、尾架、单轴后轮和液压缸组成，采用液压操纵。辕架呈拱形，由立轴与牵引车的中央框架相连。铲斗车与牵引车可以相对摆动20°，以适应在不平地面上的作业。铲斗后壁可以前移，以实现强制卸土和铲斗的提升。下降和铲土依靠提斗液压缸，斗门的开闭依靠斗门液压缸，后壁强制卸土依靠卸土液压缸。三组液压缸由泵经过多路换向阀驱动，操纵换向阀，可以实现铲斗强制铲土、斗门强制闭合和后壁强制卸土。

（2）牵引车

牵引车采用液力传动，其变矩器为双导轮液力变矩器。变矩器泵轮和涡轮之间装有闭锁离合器，可直接输出动力。牵引车转向采用全液压整体转向，由转向液压缸和拉杆推动而转动，牵引车可以相对铲斗车左右转动90°。

CL7型铲运机的传动系统是发动机通过功率输出箱、液力变矩器、变速箱、减速器、传动轴、差速器和轮边减速器驱动单轴车轮旋转而带动牵引车走行。液力变矩器装有闭锁离合器，必要时由动力直接输出，不需变矩。变速箱采用液压换挡，能够随着铲运阻力的变化而自动调节机械的行驶速度。

CL7型铲运机适合于开挖Ⅰ～Ⅲ级土壤，运距为800～3500m的大型土方工程。如运距为800～1500m（经济运距），铲削时常用一台58.8～74kW功率的履带式推土机或11.7kW功率的轮胎式推土机助铲，一台助铲机可服务于3台铲运机。如运距为1500～3500m时，一台助铲机可服务于5台铲运机。

采用优先油路，其优先供油的顺序是：铲斗油缸→斗门油缸→后斗壁油缸。这样当上游油缸工作，下游油缸就得不到油泵压力油，起到一定的连锁作用。

此液压系统还有以下特点：

①分配阀采用气压操纵。

②铲斗升降和斗门开闭的换向阀上都装有一个过载阀和两个补油止回阀。过载阀的作用是防止过载：补油止回阀的作用是当油缸中产生真空时自动补油。

③铲斗升降油缸中装有快落阀。它是两位阀，由气压操纵。在气压作用下，快落阀处于铲斗油缸两腔相通位置。其作用是使铲斗快速下降，提高作业效率；另外，当操纵气压降低到规定值以下时（气压操纵系统出故障），铲斗会自动放下，起紧急制动作用。

④后斗壁推移油缸采用串联布置的并联油缸，且一个油缸行程较短。开始卸土时两个油缸共同作用，卸土推力增加一倍，解决卸土开始时阻力大的问题，当油缸运动到头时。仅一个油缸工作，加快了卸土速度。

（四）凿岩机械

1. 概述

凿岩机械是用来对石方进行钻孔等作业的机械化设备，钻孔爆破法是最常用的凿岩方法。首先用凿岩机械在岩石的工作面上开凿一定深度和孔径的炮孔，然后装入炸药进行爆破，再将爆破后的碎石由装岩设备运走，从而实现凿岩和掘进。在钻孔爆破法施工中使用的凿岩机械有凿岩机和凿岩台车两种。而凿岩机的配套设备——空气压缩机则是各种风动机具（风动凿岩机）的动力来源。

凿岩机，按其动力来源可分为风动凿岩机、内燃凿岩机、电动凿岩机和液压凿岩机。风动式以压缩空气驱使活塞在气缸中向前冲击，使钢钎凿击岩石，应用最广。

电动式由电动机通过曲柄连杆机构带动锤头冲击钢钎，凿击岩石，并利用排粉机构排出石屑。

内燃式利用内燃机原理，通过汽油的燃爆力驱使活塞冲击钢钎，凿击岩石，适用于无电源、无气源的施工场地。

液压式依靠液压驱使活塞在气缸中向前冲击钢钎，凿击岩石。凿岩机的冲击机构在回程时，由转钎机构强迫钢钎转动角度，使钎头改变位置继续凿击岩石。如此不断地冲击和旋转，并利用排粉机构排出石屑，即可凿成炮孔。液压凿岩机作为重要的工程设备之一，在矿山、公路、建筑等领域的工程施工中不可或缺。

凿岩机具有矿山开采凿孔、建筑施工、水泥路面、柏油路面等各种劈裂、破碎、捣实、铲凿等功能，广泛用于矿山、建筑、消防、地质勘探、筑路、采石、国防工程等。

2. 风动凿岩机

风动凿岩机实际上是一只双作用的活塞式风动工具。压缩空气从储气筒经管路进入凿岩机的机体，再通过配气机构的作用，使压缩空气交替地进入气缸的两端。与此同时，气缸两端也由于配气机构的作用而交替排气。在气缸两腔压力差的作用下，活塞在气缸中往复运动，冲击钢钎进行凿岩作业。

当配气机构将气缸上端的进气门和下端的排气门同时开启时，气缸上端进气而下端排气，于是压缩空气便推动活塞下行，冲击钢钎凿击岩石，将岩石击碎一小块，岩层便出现一个凹坑，其深度为 h。此行程为凿岩行程。

当配气机构改变原来的配气位置，即关闭气缸上端的进气门和下端的排气门，而开启其下端的进气门和上端的排气门，这时气缸的下端进气而上端排气，于是压缩空气就推动活塞上行，为下一个凿岩行程做准备。此过程为返回行程。

活塞在气缸内往复一次，就完成了凿岩和返回一个工作循环。在回程中，通过钢钎回转机构将钢钎回转一个小角度，以便下一个冲程可以转一个角度凿击。当钢钎回转一圈时，就可在岩层上按钎头的横断面尺寸凿进一个深度为 h 的圆孔。这样，活塞不断地进行往复运动，钢钎就如此不断地凿击岩层，直到所需要的深度为止。

在凿击岩层的过程中，孔内的石粉会越积越多，形成粉垫而影响凿击效能。因此，凿岩机还装有专门用来冲洗孔内石粉的冲洗设备。冲洗设备有干式和湿式之分。干式冲洗设备是利用压缩空气沿缸壁内的气道，经活塞杆和钢钎的中心孔，直达孔底，吹洗干净孔底的石粉，这种吹洗工作须经常进行。由于在工作中频繁地吹洗石粉，使施工现场粉尘飞扬，影响工人的身体健康。因此，目前大多数凿岩机都改用湿式冲洗法（用高压水冲洗）冲洗孔中的石粉。

根据上述凿岩机的工作原理，风动凿岩机必须由下列几部分组成：气缸—活塞组件、配气机构、钢钎回转机构、操纵阀及冲洗设备等。

3. 液压凿岩机

液压凿岩机是以循环高压油为动力，驱动钎杆、钎头，以冲击回转方式在岩体中凿孔的机械。与气动凿岩机相比，液压凿岩机具有能量消耗少、凿岩速度快、效率高、噪声小、易于控制、钻具寿命长等优点，但其对零件加工精度和使用维护技术要求较高。

液压凿岩机的机械结构主要由冲击机构、蓄能机构、转钎机构、排屑机构、液压控制系统等组成。

（1）冲击机构

冲击机构按配油机构分为有阀式和无阀式两种。有阀式冲击机构按回油方式，可分为单腔回油和双腔回油两种；按配油阀与冲击活塞的相对位置，又可分为单腔回油套阀式冲击机构和单腔回油柱阀式冲击机构。

有阀式冲击机构由活塞、缸体和配油阀等组成。压力油通过配油阀和活塞的相互作用不断改变活塞两端的受压状态，使活塞在缸体内往复运动。无阀式冲击机构由活塞、缸体组成，通过活塞运动时位置的改变实现配油。无阀式冲击机构在技术上尚未成熟。

液压凿岩机多数采用单腔回油套阀式、单腔回油柱阀式和双腔回油柱阀式等冲击机构。

（2）蓄能机构

液压凿岩机大都采用一个或两个蓄能器，主要作用是蓄能和稳压。冲击行程时活塞速度很高，所需的瞬时流量往往是平均流量的几倍，为此，在冲击机构的高压侧有蓄能器，将回程过程中多余的流量以液压能形式储存于蓄能器中，待冲击行程时释放出来。蓄能器还能吸收液压系统的脉冲和振动能量。蓄能器有隔膜式和活塞式两种，大多采用隔膜式。

缓冲装置多采用液压缓冲机构。钎杆装在反冲套筒内，反冲套筒的后面加反冲活塞，在反冲活塞的锥面上承受高压油。当钎杆反弹力经反冲套筒传给反冲活塞后，反冲活塞向后运动，把反弹力传给高压油路中的蓄能器，蓄能器将反冲能量吸收。为提高反冲效果，蓄能器应尽量靠近缓冲器的高压油室。

二、路基工程施工质量控制要点

（一）路基施工技术

理想的设计必须通过施工来实现，路基工程涉及范围广，影响因素多，灵活性亦较大，尤其是岩土内部结构复杂多变，设计阶段难以尽善，施工过程中必须进一步完善。"精心设计，精心施工"是一个完整的过程，就耗费人力、资源和财力，以及快速、高效与安全的要求而言，施工比设计更为重要，更为复杂。

路基施工的基本方法，按其技术特点大致可分为人工及简易机械化、综合机械化、水力机械化和爆破方法等。人力施工是传统方法，使用手工工具劳动强度大、功效低、进度慢、工程质量亦难以保证。机械化施工和综合机械化施工，是保证高等级公路施工质量和施工进度的重要条件。单机作业的效率比人力及简易机械施工要高得多，但需要大量的人力与之配合，由于机械和人力的效率悬殊，难以协调配合，因此单机效率受到限制，势必造成停机待料，机械生产率很低，要对主机配以辅机，相互协调，共同形成主要工序的综合机械化作业，工效才能大大提高；水力机械化施工是运用水泵、水枪等水力机械，喷射强力水流，冲散土层并流运至指定地点沉积；爆破法是石质路基开挖的基本方法，如果采用钻岩机钻孔与机械清理，亦是岩石路基机械化施工的必备条件。除石质路堑开挖而外，爆破法还可用于冻土、泥沼等特殊路基施工，以及清除路面、开石取料与石料加工等。

路基开工前，应在全面理解设计要求和设计交底的基础上，进行现场调查和核对。在详尽的现场调查后，应根据设计要求、合同、现场情况等，编制实施性施工组织设计，并按管理规定报批。路基开工前必须建立健全质量、环保、安全管理体系和质量检测体系，并对各类施工人员进行岗位培训和技术、安全交底。临时工程应满足正常施工需要，应保证路基施工影响范围内原有道路、结构物及农田水利等设施的使用功能。路基施工应做好施工期临时排水总体规划和建设，临时排水设施应与永久性排水设施综合考虑，并与工程影响范围内的自然排水系统相协调。路基开工前，应进行路段中线放样并固定路线主要控制桩，高速公路、一级公路宜采用坐标法进行测量放样。中线放样时，应注意路线中线与结构物中心、相邻施工段的中线闭合，发现问题应及时查明原因，进行处理。

1. 路基填筑

路基填方取土，应根据设计要求，结合路基排水和当地土地规划，环境保护要求进行，不得任意挖取。施工取土应不占或少占良田，尽量利用荒坡荒地，取土深度应结合地下水等因素考虑，利于复耕。原地面耕植土应先集中存放，以利再用。

性质不同的填料，应水平分层、分段填筑、分层压实。高填方路堤填料宜优先采用强度高、水稳性好的材料或采用轻质材料。同一水平层路基的全宽应采用同一种填料，不得混合填筑。每种填料的填筑层压实后的连续厚度不宜小于500mm。填筑路床顶最后一层时，压实后的厚度应不小于100mm。潮湿或冻融敏感性小的填料应填筑在路基上层。强度较小的填料应填筑在下层。在有地下水的路段或临水路基范围内，宜填筑透水性好的填料。每种填料的松铺厚度应通过试验确定。每一填筑层压实后的宽度不得小于设计宽度。

选择施工机械，应考虑工程特点、土石种类及数量、地形、填挖高度、运距、气候条件、工期等因素，经济分层平铺，有利于压实，可以保证强度不同用土按规定层次填筑。为不同用土的组合方案，其中正确方案要点是：不同用土水平分层，以保证强度均匀；透水性差的用土，如黏性土等，一般宜填于下层，表面成双向横坡，有利于排除积水，防止水害；同一层次有不同用土时，接搭处成斜面，以保证在该层厚度范围内，强度比较均匀，防止产生明显变形。不正确的方案主要是指：未水平分层，有反坡积水，夹有冻土块和粗大石块，以及有陡坡斜面等，其主要问题亦在于强度不均匀和排水不利。此外，还应注意用土不含有害杂质（草木、有机物等）及未经处治的劣土（细粉土、膨胀土、盐渍土与腐殖土等）。桥涵、挡土墙等结构物的回填土，以砂性土为宜，应防止不均匀沉降，并按有关操作规程回填和夯实。

竖向填筑，指沿路中心线方向逐步向前深填。路线跨越深谷或池塘时，地面高差大，填土面积小，难以水平分层卸土，以及陡坡地段上半挖半填路基，局部路段横坡较陡或难以分层填筑等，可采用竖向填筑方案。竖向填筑的质量在于密实程度，为此宜采用必要的技术措施。如选用振动式或锤式夯击机，选用沉陷量较小及粒径较均匀的砂石填料；路堤全宽一次成型；暂不修建较高级的路面，容许短期内自然沉落。此外，尽量采用混合填筑方案，即下层竖向填筑，上层水平分层，必要时可考虑参照地基加固的注入、扩孔或强夯等措施，以保证填土具有足够的密实度。

2. 路堑开挖

其开挖方案的选择，应考虑当地地形条件、工程量大小、施工工期及能采用的机具等因素。此外，尚须考虑土层分布及其利用、废弃等情况。一般傍山开挖或半挖半填的路基，可采用分层纵挖法。路堑开挖可根据具体情况采用横挖纵挖法或混合式开挖法。

（1）横挖法

从路堑的一端或两端按横断面全宽向前开挖，称为横挖法，适用于短面深的路堑。当路堑不深时，可以一次挖到设计高程，称单层横挖法；路堑较深时，可分成几个台阶进行开挖，称为分层横挖法。分层开挖的台阶高度应视施工操作的方便和安全施工而定，用人力开挖一般宜为 1.5 ~ 2m，用机械开挖每层台阶高度可增加到 3 ~ 4m。无论自两端一次横挖到路基高程或分台阶横挖，各层均应设独立的出土通道和临时排水设施。

分层横挖使得工作面纵向拉开，多层多向出土，可以容纳较多的施工机械，能够加快开挖进度、提高工作效率。

分层纵挖法是沿线路全宽，以深度不大的纵向分层开挖。通道纵挖法是先沿纵向挖出通道，然后开挖两旁，如路堑较深，可分几次进行。在路幅较宽开挖面较大的重点土石方工程量集中地段，这是加快施工进度的有效开挖方法。

（2）混合法

混合式开挖法是将横挖法、通道纵挖法混合使用，即先顺路堑方向挖通通道，然后沿横向坡面挖掘，以增加开挖坡面。在较大的挖方地段，还可沿横向再开劈工作面。开挖施工应符合下列规定：

①可作为路基填料的土方，应分类开挖分类使用。非适用材料应按设计要求或作为弃方处理。

②土方开挖应自上而下进行，不得乱挖超挖，严禁掏底开挖。

③开挖过程中，应采取措施保证边坡稳定。开挖至边坡线前，应预留一定宽度，预留的宽度应保证刷坡过程中设计边坡线外的土层不受到扰动。

④路基开挖中，基于实际情况，如须修改设计边坡坡度、截水沟和边沟的位置及尺寸等时，应及时按规定报批。边坡上稳定的孤石应保留。

⑤开挖至零填、路堑路床部分后，应尽快进行路床施工；如不能及时进行，宜在设计路床顶标高以上预留至少 300mm 厚的保护层。

⑥应采取临时排水措施，确保施工作业面不积水。

⑦挖方路基路床顶面终止标高，应考虑因压实而产生的下沉量，其值通过试验确定。

⑧边沟与截水沟应从下游向上游开挖。截水沟通过地面坑凹处时，应将凹处填平夯实。边沟及截水沟开挖后，应及时进行防渗处理、不得渗漏、积水和冲刷边坡及路基。

（二）路基爆破施工法

石方开挖应根据岩石的类别、风化程度岩层产状、岩体断裂构造、施工环境等因素确定开挖方案。深挖路基施工，应逐级开挖，逐级按设计要求进行防护。爆破施工组织设计应按相关规定报批。石方开挖严禁采用洞室爆破，近边坡部分宜采用光面爆破或预裂爆破。爆破法开挖石方，应先查明空中缆线地下管线的位置，开挖边界线外可能受爆破影响的建筑物结构类型、居民居住情况等，然后制订详细的爆破技术安全方案。

爆破开挖石方，宜按以下程序进行：爆破影响调查与评估—爆破施工组织设计培训考核、技术交底→主管部门批准→清理爆破区施工现场的危石等→炮眼钻孔作业→爆破器材检查测试→炮孔检查合格→装炸药及安装引爆器材→布设安全警戒岗→堵塞炮孔→撤离施爆警戒区和飞石、震动影响区的人、畜等→爆破作业信号发布及作业→清除盲炮→解除警戒→测定、检查爆破效果（包括飞石、地震波及对施爆区内构造物的损伤、损失等）。

（三）路基施工质量控制标准

路基施工前，应按照有关规定和要求，建立试验室。路基施工前，应对路基基底土进行相关试验。每千米至少取 2 个点，土质变化大时，视具体情况增加取样点数。应及时对来源不同、性质不同的拟作为路堤填料的材料进行复查和取样试验。土的试验项目包括天然含水量、液限、塑限、标准击实试验、CBR 试验等，必要时应做颗粒分析、相对密度、有机质含量、易溶盐含量、冻胀和膨胀量等试验。

在路基用地和取土坑范围内，应清除地表植被、杂物、积水、淤泥和表土，处理坑塘，并按规范和设计要求对基底进行压实。路基填料应符合规范和设计的规定，经认真调查、试验后合理选用。填方路基必须分层填筑压实，每层表面平整，路拱合适，排水良好。施工临时排水系统应与设计排水系统结合，避免冲刷边坡，勿使路基附近积水。在设定取土区内合理取土，不得滥开滥挖。完工后应按要求对取土坑和弃土场进行修整，保持合理的几何外形。

土的压实应在接近最佳含水量的情况下进行。天然土通常接近最佳含水量，因此填铺后应随即碾压。含水量过大时，应将土摊开晾晒至要求的含水量时再整平压实。

填土接近最佳含水量的容许范围，与土的种类和压实度要求有关。在一定的压实度要求情况下，砂类土比细粒土的范围大；在同一种土类的情况下，压实度要求低的比要求高的范围大。范围的具体值可从该种土的击实试验曲线上查得，即在该曲线图的纵坐标上按要求的干密度处画一横线，此线与曲线相交的两点所对应的含水量值即为其范围。

天然土过干需要加水时，可在前一天于取土地点浇洒，使水均匀渗入土中；也可将土运至路堤再用水浇洒，并拌和均匀。此外还应增加洒水以补充碾压时的水分蒸发消耗量。

在压实过程中，施工单位的自检人员应经常检查压实度是否符合要求。压实度试验方法可采用环刀法、蜡封法、水袋法、灌砂法或核子密度湿度仪法。环刀法适用于细粒土，灌砂法适用于各类土。核子密度湿度仪应与环刀法、灌砂法等进行对比标定后才可应用。每一压实层均应检验压实度，合格后方可填筑其上一层。压实度的评定以一个工班完成的路段压实层为检验评定单元比较恰当，如检验不合格应及时补压，不致等待过久而含水量变化过大。

弯沉值测试应在不利季节进行。若在非不利季节测定时，应乘以季节影响系数。弯沉值测试频率为每车道每 50m 测 4 个点（即左右两后轮隙下各 1 个点）。

路槽底弯沉值反映路基上部的整体强度，而压实度反映路基每一层的密实状态，只有弯沉值和压实度两者都合格，路基的整体强度、稳定性和耐久性才能符合要求。如果经过反复检查，各层压实度均合格，雪表面弯沉值仍然达不到设计要求值时（这种情况极少），应考虑按实测弯沉值调整路面结构设计，以适应该压实土所能达到的强度。

第三章 路面施工技术

第一节 半刚性基层施工

一、路面施工准备

（一）路面施工准备工作

1. 组织准备

组织准备包括建立健全施工组织机构和组建施工队伍。

（1）建立健全施工组织机构

我国与国际施工惯例接轨，工程建设已全部按照 FIDIC 合同条件进行施工与监理，因此对一个施工单位来讲，主要是实行项目经理负责制，即项目经理全面负责的目标责任制。

（2）组建施工队伍

根据所承担的工程量的大小和工期要求，安排出总进度计划网络图，进一步估算全部工程用工日数，平均日出工人数，施工高峰期日出工人数，以及技术工种、机械操作工种、普通工种等用工比例，选择能够适应其工程质量、工期进度要求的作业队伍，并与施工劳动作业单位签订劳务合同，实行合同管理。

考虑到所担负工程的具体情况，结合施工队伍施工特点、技术装备情况、技术熟练程度和施工能力，应进行施工队伍培训，以满足工程施工的要求。

2．物资准备

（1）机械及工具准备

根据工程需要、工程量大小及施工进度，配备足够数量且有效的施工机械、设备及工具。机械设备要配套选择，以便充分发挥机械设备的性能，保证机械设备的正常操作使用。

（2）材料准备

①编制材料预算，提出材料的需用量计划及加工计划。

②根据施工平面图安排和落实材料的堆放与临时仓库设施

③组织材料的分批进场。

④组织材料的加工准备，尽可能集中加工。

⑤生活设施准备。包括工地人员的食宿位置、办公地点、房舍区域及生活必需设备，安全及劳动防护用品等的准备。

⑥安全防护准备。安全工作要以预防为主，消除事故隐患。

3．技术准备

（1）熟悉设计文件

领会文件精神，注意设计文件中所采用的各项技术指标，考虑其技术经济的合理性和施工的可能性。

（2）编制施工方案

①根据设计路面的类型，进行料场勘察与选择，确定材料供应范围及加工方法。

②选择施工方法和设计工序。

③计算工作量。

④编制流水作业图，布置工地，组织施工队伍。

⑤编制工程进度日程图。

⑥计算所需资源（劳动力、机械、材料）及各阶段的需要量，编制材料运输日程计划。

（3）技术交底

技术交底即把设计对施工的要求、施工方案及措施传达到基层甚至每个工人，这是落实技术责任制的前提。施工前应向参加施工的技术人员进行施工技术和操作规程的技术交底。

在每一单位工程或分部（分项）工程开工前，均应进行技术交底，以保证严格按照施工图、施工组织设计、施工操作规程、安全生产规程、工程施工及验收规程和其他技术规程进行施工作业。

技术交底应按工程情况分级进行。重要工程应先由项目经理部向施工队交底，施工队向班组交底；一般工程由施工队的单位工程技术负责人向班组长和工人交底。其内容主要包括：

①说明有关工程的各项技术要求。

②指出图样上必须注意的尺寸、轴线、标高，构造物的位置、规格和数量。

③使用材料的品种、规格等级、配合比和质量要求。

④施工方法、施工顺序，各班组及各工种之间交叉配合注意事项。

⑤工程质量要求和安全操作要求；设计变更情况等。

上述各项交底一般用口头方式，辅以图表，必要时可做示范操作或建立质量样板，以使上岗人员充分掌握要领。

（4）施工测量

工程开工前，要对业主及设计单位提供的现场控制桩等进行现场复核，确认无误后才能使用。

（5）清理现场

根据施工放样所确定的位置，清理施工现场，为施工做好充分的准备。

4. 铺筑试验路段

高速公路和一级公路或采用新工艺、新技术、新方法或缺乏施工经验的路面，在大面积施工前，应采用计划使用的机械设备和混合料配合比铺筑试验路段。通过试验路段修筑，优化拌和、运输、摊铺、碾压等施工机械设备的组合和施工工序；提出验证混合料生产配合比；明确人员的岗位职责；最后提出标准施工方法。

（二）路面施工安全与环境保护措施

公路工程施工中，为保障施工人员的人身安全、工程的安全，以及避免工程施工对周围环境的干扰，加强环境保护，应严格遵守国家的安全生产法规和环境保护法令，自觉保护劳动者生命安全，保护自然生态环境，展示生产管理的现代化综合水平。

具体做好以下几点：

1. 工程项目施工的安全管理

加强现场管理，搞好工程的保卫、防盗，搞好永久工程和临时工程安全，防止发生安全事故，在每一个工程项目中，制订安全生产的组织措施，并制订严密的安全生产规程，留有足够的安全生产费用，购置安全生产的设备和器件，保证施工生产现场的紧急事故处理的开支。

2. 加强安全生产教育和预防措施

为施工人员办理保险，并制订以下预防措施，以保证员工的安全健康：

①施工现场及其周围的高压电线、变压器等应有醒目的安全标志，对开挖地段处于交通要道处的，应派专人看守，或有明显的标志，防止过往行人或车辆大意而发生事故。

②对于基础工程或上方开挖施工，要注意预防塌方发生，及时采取防护措施：

③对材料和设备储存的库房或堆放点，施工人员生活区，特别注意防火安全，设置足够数量的灭火器具、消防水管和消防栓等，以备急需。

3. 加强工程中的环境保护管理

促使安全生产，随时清除施工场地不必要的障碍物、设备、材料，各类存储物品安全堆放，井井有条，既可保持施工现场环境的清洁整齐，又对安全生产有利。自觉遵守有关机构对卫生及劳动保护的要求，及时清洁工地上的废物、垃圾、水泥袋、废弃的模板等，在全部工程竣工移交之前，将所有场地或地表面恢复原状。减少由于不符合环境规定而导致的罚款和经济损失，创造良好的文明施工环境。

二、半刚性基层施工概述

（一）水泥稳定材料基层施工设备

必须配备齐全的施工机械和配件，开工前做好保养、试机工作，并保证在施工期间不发生有碍施工进度和质量的故障。路面底基层、基层施采用集中厂拌、摊铺机摊铺、分层施工，要求各施工单位配备足够的拌和、运输、摊铺、压实机械。每层最大压实厚度不大于 20cm。底基层、基层的施工按单幅梯队摊铺作业。

（二）水泥稳定材料基层原材料

1. 水泥

水泥稳定类结构层使用的水泥应符合国家技术标准的要求，宜采用 42.5 级的普通硅酸盐水泥等。所用水泥的初凝时间应大于 3h，终凝时间应大于 6h 且小于 10h。不应使用快硬水泥、早强水泥以及已受潮变质的水泥。掺加缓凝剂或早强剂时，应对混合料进行试验验证。

2. 集料

（1）粗集料

用作被稳定材料的粗集料宜采用各种硬质岩石或砾石加工成的碎石，也可直接采用天然砾石。

高速、一级公路极重、特重交通荷载等级基层的 4.75mm 以上粗集料应采用单一粒径的规格料。

天然砾石材料作为高速、一级公路底基层和二级及二级以下公路基层、底基层的被稳定材料，其技术要求应满足相关的要求，并应级配稳定、塑性指数不大于 9。

应选择适当的碎石加工工艺，用于破碎的原石粒径为破碎后碎石公称最大粒径的 3 倍以上。高速公路基层用碎石，应采用反击破碎的加工工艺。碎石加工中，根据筛网放置的倾斜角度和工程经验，应选择合理的筛孔尺寸。

（2）细集料

细集料应洁净、干燥、无风化、无杂质，并有适当的颗粒级配。细集料的规格应符合相关规定，且有机质含量小于 2%，硫酸盐含量不大于 0.25%，塑性指数（0.075mm 以下颗粒的）不大于 17。

对 0 ~ 3mm 和 0 ~ 5mm 的细集料应分别严格控制大于 2.36mm 和 4.75mm 的颗粒含量。对 3 ~ 5mm 的细集料应严格控制小于 2.36mm 的颗粒含量。高速、一级公路，细集料中小于 0.075mm 的颗粒含量应不大于 15％；二级以及二级以下公路，细集料中小于 0.075mm 的颗粒含量应不大于 20％。

（3）混合料推荐级配

①采用水泥稳定时，被稳定材料的液限应不大于 40％，塑性指数应不大于 17。塑性指数大于 17 时，宜采用石灰稳定或水泥和石灰综合稳定。

②采用水泥稳定时，被稳定材料中含有一定量的碎石或砾石，且小于 0.6mm 的颗粒含量在 30％以下时，塑性指数可大于 17，且土的不均匀系数应大于 5。

③采用水泥稳定，被稳定材料为粒径较均匀的砂时，宜在砂中添加适量塑性指数小于 10 的黏性土、石灰土或粉煤灰，加入比例通过击实试验确定。

3. 水

凡是饮用水（含牲畜饮用水）均可用于水泥稳定类结构层施工。

（三）水泥稳定材料基层混合料组成设计

1. 一般规定

①无机结合料材料组成设计的内容包括原材料检验、混合料的目标配合比设计、混合料的生产配合比设计和施工参数确定四部分。

原材料检验应包括结合料、被稳定材料及其他相关材料的试验。所有检测指标均应满足相关技术标准或技术文件的要求。

目标配合比设计应包括下列技术内容：选择级配范围；确定结合料类型及掺配比例；验证混合料相关的设计及施工技术指标。

生产配合比设计应包括下列技术内容：确定料仓供料比例；确定水泥稳定材料的容许延迟时间；确定结合料剂量的标定曲线；确定混合料的最佳含水率与最大干密度。

无机结合料稳定材料组成设计中的施工参数确定应包含下列技术内容：确定施工中的结合料剂量；确定施工合理含水率及最大干密度；验证混合料强度技术指标。

②确定无机结合料稳定材料最大干密度指标时，宜采用重型击实方法，也可采用振动压实方法。

③应根据材料特点和混合料设计要求，通过配合比设计选择最优的工程级配。

④用于基层的无机结合料稳定材料，强度满足要求时，还应检验其抗冲刷和抗裂性能。

⑤施工过程中，材料品质或规格发生变化、结合料品种发生变化时，应重新进行材料组成设计。

2. 强度与压实度要求

应采用 7d 龄期无侧限抗压强度作为无机结合料稳定材料施工质量控制的主要指标。高速、一级公路应验证所用材料 7d 龄期无侧限抗压强度与 90d 或 180d 龄期弯拉强度的关系。

3. 目标配合比设计

（1）方法步骤

①确定目标级配曲线和合理的变化范围。

②选择不少于 5 个混合料剂量，分别确定各剂量条件下混合料的最大干密度和最佳含水率。

③根据试验确定的最佳含水率、最大干密度和压实度要求静压法成型标准试件，验证不同结合料剂量条件下混合料的技术性能（90d 或 180d 龄期弯拉强度和抗压回弹模量、7d 无侧限抗压强度），确定满足设计要求的最佳剂量。

（2）强度试验

①试件的径高比应为 1 : 1。无机结合料稳定细粒材料的直径应为 100mm，无机结合料稳定中、粗粒材料的试件直径应为 150mm。

②强度试验时，平行试验的最少试件数量应符合表 3-1 的规定。试验结果的变异系数大于表中的规定时，应重做试验或增加试件数量。

表 3-1　平行试验最少试件数量

材料类型	变异系数		
	< 10%	10% ~ 15%	15% ~ 20%
细粒材料	6	9	——
中粒材料	6	9	13
粗粒材料	——	9	13

4. 生产配合比设计

生产配合比设计是指根据目标配合比确定的各档材料比例，对拌和设备进行调试和标定，确定合理的生产参数。实际上分两个阶段：

第一阶段：进行拌和设备的调试和标定。包括料斗称量精度的标定、结合料剂量的标定、拌和设备加水量的控制等内容，并应符合下列规定：

①绘制不少于 5 个点的结合料剂量标定曲线。

②按各档材料的比例关系，设定相应的称量装置，调整拌和设备各个料仓的进料速度。

③按设定好的施工参数进行第一阶段试生产，验证生产级配。不满足要求时，应进一步调整施工参数。

对水泥稳定材料，应进行不同成型试件条件下的混合料强度试验，绘制相应的延迟时间曲线，并根据设计要求确定容许延返时间（即在满足强度标准的前提下，水泥稳定材料拌和后至碾压成型之前所容许的最大时间间隔）。

第二阶段：分别按不同结合料剂量和含水率进行混合料试拌，并取样、试验。试验应符合下列规定：

①通过测定混合料中的实际含水率，确定施工中水流量计的设定范围；

②通过测定混合料中的实际结合料剂量，确定施工中结合料掺加的相关技术参数；

③通过击实试验，确定结合料剂量变化、含水率变化对混合料最大干密度的影响；通过抗压强度试验，确定材料实际强度水平和拌和工艺的变异水平。

5. 混合料生产参数的确定

①水泥剂量：工地实际采用的水泥剂量比室内试验确定的多 0.5% ~ 1%。集中厂拌法施工增加 0.5%，路拌法施工增加 1%。

②含水率：考虑施工过程中的气候条件，含水率可增加 0.5% ~ 1.5%。

③最大干密度：以最终合成级配击实试验的结果为标准。

（四）水泥稳定材料基层施工工艺

1. 一般规定

①水泥稳定碎（砾）石基层结构一般采用集中厂拌、摊铺机摊铺、压路机碾压密实的施工工艺。

②水泥稳定碎（砾）石基层结构压实厚度不应超过 20cm；当设计厚度超过 20cm 时，宜分层铺筑。

③在正式施工前，必须铺筑试验段，对施工工艺进行总结；试验段的质量检查频率应是正常路段的两倍。

④水泥稳定碎（砾）石的施工宜在气温较高季节组织施工。施工期的日最低气温应在 5℃以上，在有冰冻的地区，应在第一次重冰冻（-3 ~ -5℃）到来的 15 ~ 30d 之前完成施工。

⑤雨期施工时，应特别注意天气变化，避免水泥稳定碎（砾）石混合料遭受雨淋。降雨时，应停止施工，对已经摊铺的混合料应尽快碾压密实，并及时覆盖。禁止在雨天施工。

⑥无特殊情况，基层施工应连续作业，中午不得停工，尽量减少施工接缝，桥头施工应与正常路段一次成型。

⑦同一路段水泥稳定碎（砾）石左右幅施工应错开。当基层分层施工时，单幅两层连续施工完成并养护到位后，再开始另外单幅的施工。

2. 拌和

①混合料的拌和能力应与摊铺能力相匹配。

②拌和厂设置要求：应安置在地势相对较高的位置，并做好排水设施。拌和厂场地应平整并具有足够的承载能力。高速、一级公路的拌和厂场地应采用混凝土硬化，混凝土强度等级应不低于 C15，厚度应不小于 200mm。工程所需的原材料严禁混杂，应分档隔仓堆放，并有明显的标志。细集料、水泥等原材料应有覆盖。高速、一级公路上述材料严禁露天堆放，应放置于专门搭建的防雨棚内或库房内。开始拌和前，拌和厂的备料至少应能满足 5 ~ 7d 的摊铺用料。

③高速、一级公路应采用专用稳定土拌和设备拌制混合料。

④水泥料仓要求：应密闭、干燥，内部装"破拱"装置（防止水泥堵塞）。对高速

公路，水泥料仓应配备计重装置，不宜通过电机转速计量水泥添加量。气温高于30℃时，水泥进入拌缸温度不宜高于50℃（控制降温时出现温缩裂缝），否则应采取降温措施（如用冰块代替水）。气温低于15℃时，水泥进入拌缸温度不宜低于10℃。

⑤加水量的计量：应采用流量计的方式。高速、一级公路，水的流量数值应在中央控制室的控制面板上有显示。

⑥拌和机各料仓开口大小和皮带计量精度应事先标定，并在施工过程中经常检查和调整。

⑦为保证混合料拌和的均匀性，高速公路基层的混合料拌和时，宜采用两次拌和的生产工艺，也可采用间歇式拌和生产工艺，拌和时间不少于15℃。

⑧每次开始拌和前，应检查场内各处集料的含水率，计算当天的施工配合比。天气炎热或运距较远时，对稳定中、粗粒材料，混合料的含水率可高于最佳含水率0.5%~1%；对稳定细粒材料，含水率可高于最佳含水率1%~2%。

⑨拌和过程中，应实时监测各料仓的生产计量。高速、一级公路，应每10min打印各档料仓使用量。若与设计要求相差超10%时，应立即停机，正常后方可继续生产。

⑩对高速、一级公路，应从拌和厂取料，每隔2h测一次含水率；每隔4h测一次水泥剂量，并做好记录。

⑪料仓的加料应有足够数量的装载机，以确保拌和楼各仓集料充足并且相互之间数量协调。拌和楼在每天结束后应清理干净，检查并进行适当维护，尤其要注意避免水泥结块而堵塞水泥下料口。

⑫拌和机出料不应采取自由跌落式的落地成堆、装载机装料运输的办法。应配备带活门漏斗的料仓，由漏斗出料直接装车运输。

3. 运输

①运输车辆应采用车况良好的大吨位自卸车。运输车辆数量应满足拌和、出料与摊铺需要，并略有富余。

②运输车辆在每天开工前，要检验其完好情况。

③装料前应将车厢清洗干净。

④装车时车辆应前后移动，分三次装料，避免混合料离析。

⑤为减少水分损失，混合料在运输过程中必须用篷布覆盖严密，直到摊铺机前准备卸料时方可掀开。

⑥发料时，应认真填写发料单：记录车号、出料时间、吨位等。运至摊铺现场，应由收料人核对查收，并注明摊铺时间，以备检查，剔除超出延迟时间的混合料。

⑦应尽快将拌和的混合料运送到铺筑现场。如运输车辆中途出现故障，应尽快排除；如车内混合料不能在初凝时间内运到工地，或预计混合料到碾压最终完成的延迟时间超过水泥初凝时间，必须予以废弃。对高速、一级公路，水泥稳定材料从装车到运至现场，时间不宜超过1h，超过2h应作为废料处置。

4. 摊铺

①在水泥稳定碎（砾）石基层边缘设置好高程控制线支架，根据松铺系数计算松铺厚度，决定控制线高度，挂好控制线。

②下承层是稳定细粒材料时，宜先将下承层顶面拉毛或采用凸块式压路机碾压，再铺上层混合料；对于下承层是稳定中、粗粒材料时，应先清理干净下承层，并洒铺水泥净浆，再铺上层混合料。水泥净浆按水泥质量计，应为 1.0 ~ 1.5kg/m²。水泥净浆稠度以能洒布均匀为宜，洒布长度以不大于摊铺机前 30 ~ 40m 为宜。

③待等候卸料的混合料运输车多于 5 辆后开始摊铺，并应保持连续摊铺。

④现场摊铺时，宜采用两台摊铺机梯队作业的方式。在单向双车道路面施工过程中，当单台大功率摊铺机抗离析效果较好时，也可采用单机全断面摊铺的摊铺方式。

⑤采用双机梯队作业时，两台摊铺机型号应相同，前后相距不大于 10m。前台摊铺机采用路侧钢丝和设置在路中的铝合金导梁控制高程，后台摊铺机路侧采用钢丝、路中采用滑靴控制高程和厚度。前后两台摊铺机纵向重叠 300 ~ 400mm，中缝辅以人工修整，内侧一台摊铺机应采用宽度自动伸缩式摊铺机，以适应内侧宽度变化的需要。采用单机摊铺时，应采用两侧走钢丝的方法控制高程。

⑥机前应设专人组织自卸车卸料，避免撞击摊铺机。

⑦摊铺前及摊铺过程中，应检查摊铺机各部分的运转情况。

⑧摊铺机的摊铺速度宜控制在 1m/min 左右。摊铺过程中，应根据拌和能力和运输能力确定摊铺速度，中途不得随意变更摊铺速度，以避免出现摊铺机停机待料的，情况。

⑨高速、一级公路，在摊铺过程中宜设立纵向模板。

⑩摊铺机在安装、操作时，应采取混合料防离析措施。例如，摊铺机前增设橡胶挡板（防止竖向离析），底部距下承层不大于 10cm。摊铺机的螺旋布料器应有 2/3 埋入混合料中，螺旋布料器应匀速转动，避免过快或停顿。摊铺机后应设专人消除离析现象，铲除局部粗集料集中部位，并用新拌混合料填补。

⑪结构物两侧摊铺应符合以下要求：

应在施工前对结构物两侧工作面进行清理和修整，扫除松散材料和所有杂物，处理好欠压实、不平整等问题；正交结构物两侧作为起点时，应采用相应厚度的垫块起始摊铺，并严格按照设计要求衔接路面结构层和过渡板，不得采用人工摊铺；斜交结构物两侧等摊铺机无法工作的部位应采用人工摊铺，并应控制好操作时间、松铺厚度和平整度。

5. 碾压

①在摊铺、修整后，压路机紧跟摊铺机在全宽范围内进行碾压。碾压应遵循"先轻后重、先慢后快、从低到高"的原则。

②每台摊铺机后，压路机应紧跟碾压，碾压段落长度一般为 50 ~ 80m。碾压段落必须层次分明，并设置明显的分界标志。

③碾压应根据施工情况配备足够数量的碾压设备，并应符合下列规定：双向四车道高速、一级公路的半幅摊铺时，应配备不少于 4 台重型压路机；双向六车道半幅摊铺时，

应配备不少 5 台重型压路机。

④水泥稳定材料结构层施工中，应在混合料处于或略大于最佳含水率的状态下碾压。气候炎热干燥时，碾压时的含水率可比最佳含水率大 0.5% ~ 1.5%。

⑤压路机碾压时，应重叠 1/3 轮宽。压路机换挡要轻且平顺，不要拉动铺面。在第一遍初步稳压时，倒车后尽量原路返回；换挡位置应在已压好的段落上；在未碾压的一头换挡倒车位置应错开，呈齿状；出现个别鼓包时，应进行铲平处理。

⑥专人负责指挥碾压，严禁漏压、产生轮迹。成型后的表面应平整、无轮迹。对稳定细粒材料，最后碾压收面可用凸块式压路机。

⑦出现软弹现象，应及时挖出混合料，换新料碾压。

⑧碾压宜在水泥初凝前及试验确定的延迟时间内完成，并达到要求的压实度。

⑨压路机停机应错开，相互间距约 3m，且停在已碾压好的路段上。严禁压路机在正在碾压的路段或刚完成的路段上掉头。除非特殊情况，应尽可能避免紧急制动。

⑩为保证水泥稳定碎（砾）石基层边缘压实度，应有 100mm 的超宽压实；对用方木或型钢模板支撑时，超宽可适当减小。

6. 接缝

（1）纵缝

摊铺时应避免纵向接缝。两台摊铺机梯队施工时的纵向接缝应采用斜接缝，压路机跨缝碾压时一次碾压密实。

无法避免存在纵向接缝时，纵缝应垂直相接，严禁斜接，并应符合下列规定：在前一幅摊铺时，宜在靠中央的一侧用方木或钢模板做支撑，方木或钢模板的高度应与稳定材料层的压实厚度相同。摊铺另一幅前拆除支撑。

（2）横缝

①混合料摊铺时，应连续作业。若因故中断时间超过 2h，则应设横向接缝。

②每天收工之后，第二天开工的接头断面也应设置横向接缝。具体做法是：压路机碾压完，沿端头斜面行驶至下卧层上停机过夜。第二天将压路机沿斜面行驶至前一天施工的结构层上，并将已压实且高程和平整度符合要求的末端作为接缝位置，沿横向断面垂直挖除该位置至斜面下端头部分的混合料，摊铺机从接缝处起步摊铺。压路机沿接缝横向碾压，由之前的压实层逐渐推向新铺层，碾压完毕后再正常碾压。碾压完毕，接缝处纵向平整度应符合规范要求。

7. 养护及交通管制

①无机结合料稳定材料碾压完毕，经质量检查合格后，应及时养护。

②养护期应不少于 7d，宜延长至上层结构开始施工的前 2d。

③养护可采取洒水养护、薄膜覆盖养护、土工布覆盖养护、铺设湿砂养护、草帘覆盖养护、洒铺乳化沥青养护等方式。

④洒水养护时，每天洒水次数应视气候而定。高温期上、下午各 1 次。养护期应保持表面湿润。

⑤薄膜覆盖养护时，薄膜厚度应不小于 1mm。薄膜之间应搭接完整。薄膜覆盖后应用砂土堆填，养护至上层施工前 1 ~ 2d 方可掀开。对蒸发量大的地区或养护时间大于 15d 的工程应适当补水。

⑥养护期间，应封闭交通。除洒水车和小型通勤车外，严禁其他车辆通行；过冬时应采取必要的保护措施，如覆盖 10 ~ 20cm 砂土保护层，以防止低温损伤。

第二节　沥青路面施工

一、沥青路面施工设备

现今的沥青路面施工不再是以前的人工加铁锹的原始作业方式，随着科学技术的发展，大量高科技设备也应用到沥青路面施工过程中，有力地保证了沥青路面施工的高质量水平。沥青路面施工用到的主要设备有以下几类。

（一）拌和设备

沥青混合料拌和设备采用自动控制的 3000 型以上间歇式拌和机，并满足以下要求：

①拌和机的计量系统、控温系统及沥青加入量系统必须通过严格的标定校核，各系统的误差应在容许误差范围之内。施工单位必须向业主和监理单位提出机械设备的配套情况、技术性能、传感器计量精度的检查、标定报告。

计量系统应进行行动、静态的加载、卸载的全量程检测，标定时的显示误差不应超过称量度的 1%；

温度计应在 100℃、150℃、200℃的油浴中分别与标准温度计比较，误差不得超过5℃；

沥青加入量，采用已知容量的容器检查，用实际接受量与设定时间的一次喷入量比较，连续检查的数量不宜少于 1000kg，误差不超过 1%。

②混合料拌和机必须配有计算机自动打印设备，能逐盘打印集料和沥青的加热温度、混合料的拌和温度、材料用量和每盘混合料的重量等资料。

③除尘装置具有二级除尘设备，除尘一律不准回收利用，并定期检查及清理除尘管道和布袋，以防堵塞。

④宜有一个 80t 以上的成品储料仓，并具有良好的保温性能。

⑤有 4 个以上的沥青罐，不小于 380cm³，能保温储存和加热；改性沥青应配备搅拌装置，确保改性沥青处于搅拌状态。

（二）摊铺设备

若双机联铺则配置 2 台摊铺机，非接触式平衡梁 2 套（4 只）；若用单机全幅摊铺则配置 1 台摊铺机，非接触式平衡梁 1 套（2 只）。

（三）压路机

12t 以上双钢轮带振动压路机 3 台，30t 以上胶轮压路机 3 台。

（四）运输车

为了保证施工过程中混合料的连续供应，保证连续施工，必须配备足够数量的 20t 以上大吨位双桥自卸卡车。

（五）装载机

装载机 4 台以上。

（六）小型器具

①导线钢丝、导梁不少于 1000m；
②夜间照明设备；
③手推车等。

二、沥青路面施工原材料

（一）沥青

1. 基质沥青的选择

沥青路面采用的基质沥青的标号，宜按照公路等级、气候条件、交通条件、路面类型及在结构层中的层位及受力特点、施工方法等，结合当地的使用经验，经技术论证后确定。对高速公路、一级公路，夏季温度高、高温持续时间长、重载交通路段，宜采用稠度大、60℃黏度大的沥青，也可提高高温气候分区的温度水平选用沥青等级；对冬季寒冷的地区或交通量小的公路、旅游公路宜选用稠度小、低温延度大的沥青；对温度日温差、年温差大的地区宜注意选用针入度指数大的沥青。当高温要求与低温要求发生矛盾时应优先考虑满足高温性能的要求。

2. 改性沥青的选择

改性剂与基质沥青具有配伍性和相容性两种性能。

配伍性反映聚合物改性剂改性效果的好坏，相容性反映改性沥青保持改性效果的稳定性，两者既有所区别，又有必然的联系。很显然，某一种改性剂的改性效果不仅与剂量有关，还受改性剂品种与基质沥青品种的配伍性的影响。所以配伍性往往直接从改性效果的大小进行评价和判别。这对于不经过存放阶段的现场加工、现场使用的改性工艺，尤其重要。大部分聚合物改性剂与基质沥青并没有发生明显的化学反应，而是均匀地分散在沥青中，改性剂与基质沥青表面仅仅以物理吸附的方式联结，共存共融。所以对需要存放的改性沥青产品来说，不仅要改性效果好，还必须保持不离析，这就要求配伍性和相容性都要好。

　　相容性是指改性剂以微细的颗粒均匀、稳定地分散在基质沥青介质中，不发生分层、凝聚或者相互分离现象的性质。它取决于改性剂和沥青两种物质的界面上的相互作用，聚合物的溶解度参数或者分子结构越是接近的相容性就越好。相容性好，改性剂分散均匀，或者成为均匀连续的网状结构；反之，就凝聚成絮状、块状、团状，当改性沥青冷却时，改性剂便析出、分层。由于配伍性和相容性的必然联系，所以在使用上往往对配伍性和相容性并不严格区分，而统称为相容性。

（二）粗集料

　　粗集料应采用石质坚硬、清洁、不含风化颗粒、近立方体颗粒的碎石，粒径大于2.36mm，宜采用碱性或中性石料加工。沥青面层碎石生产线按以下筛网规格组装筛分装置：

　　AC-13：3mm，6mm，11mm，16mm；

　　上面层 AC-16：3mm，6mm，11mm，18mm；

　　中面层 AC-20：3mm，6mm，11mm，18mm，24mm；

　　下面层 AC-25：3mm，6mm，11mm，18mm，30mm（拌和站只有 5 个冷料仓采用）；

　　下面层 AC-25：3mm，6mm，11mm，18mm，24mm，30mm（拌和站有 6 个冷料仓采用）。

（三）细集料

　　细集料应采用坚硬、洁净、干燥、无风化、无杂质并有适当级配的石料机制砂或石屑，细集料规格和细集料的质量标准见表 3-2 和表 3-3。

表 3-2　沥青面层用细集料规格

规格	公称粒径 （/mm）	4.75	2.36	1.18	0.6	0.3	0.15	0.075
S16	0 ~ 3	100	80 ~ 100	50 ~ 100	25 ~ 60	8 ~ 45	0 ~ 25	0 ~ 15

表 3-3　沥青面层用细集料质量

项目	单位	技术要求
表观相对密度不小于	—	2.60
砂当量不小于	%	60
亚甲蓝值不小于	g/kg	25
棱角性（流动时间）不小于	S	30
坚固性（＞0.3mm 部分）不小于	%	12

（四）矿粉

　　矿粉应采用强基性岩石等憎水性石料经磨细加工得到，原石料中的泥土杂质应清除干净，必要时检验矿粉的塑性指数。沥青混凝土拌和站除尘装置回收的粉尘不得作为填料使用。若集料与沥青的黏附性不足 4 级，可在混合料中掺加消石灰，用量为矿料总量的 1%～2%，具体用量按试验确定。

三、沥青混合料配合比设计

（一）配合比设计取样

配合比设计时取样一定要有代表性：目标配合比设计阶段取样一定不能在料堆边取样，因为这都是从料堆上离析下的粗料，应该在料堆顶部不同部位，并刨除表面约 10cm 后取样。生产配合比设计取样必须取第三锅以后的材料，而且必须用装载机接料再混合均匀后四分法取料，装载机接料过程中应特别注意细集料的飞散。生产配合比检验阶段应该在摊铺机后但未碾压前取样。

沥青混合料配合比设计分三个阶段，即目标配合比设计阶段、生产配合比设计阶段、生产配合比验证阶段。

（二）生产配合比设计阶段

1. 确定各热料仓矿料和矿粉的用量

必须从二次筛分后进入各热料仓的矿料取样进行筛分，根据筛分结果，通过计算，使矿质混合料的级配接近目标配合比并符合相关的规定，以确定各热料仓矿料和矿粉的用料比例，供拌和机控制室使用，同时反复调整冷料仓进料比例，以达到供料均衡。

2. 确定最佳油石比

取目标配合比设计的最佳油石比 OAC 和 OAC±0.3%、OAC±0.6% 5 个油石比，取以上计算的矿质混合料，用试验室的小型拌和机拌制沥青混合料进行马歇尔试验，按目标配合比设计方法绘图分析，得出 QAC1 和 OAC2 后综合确定生产配合比的最佳油石比 OAC。按以上方法确定的 OAC 可能与目标配合比的 OAC 不一致，如相差不超过 0.2%，应按生产配合比确定的 OAC 进行试件拌和试铺，或分析确定试拌试铺用油石比；如相差超过 0.2%，应找出原因，进一步试验分析后确定试拌试铺用油石比。

3. 残留稳定度检验

按以上生产配合比，用室内小型拌和机拌制沥青混合料·做浸水 48h 马歇尔试验，检验残留稳定度，必须满足相应的规定。

（三）生产配合比验证阶段（试拌试铺阶段）

1. 用生产配合比进行试样，沥青混合料的技术指标合格后铺筑试铺段

取试铺用的沥青混合料进行马歇尔试验、沥青含量检验、筛分试验，检验标准配合比矿料合成级配中，至少应包括 0.075mm、2.36mm、4.75mm 及公称最大粒径筛孔的通过率接近目标配合比级配值，并避免在 0.3～0.6mm 处出现峰值。由此确定正常生产用的标准配合比。

2. 试拌试铺阶段

沥青各面层施工开工前，均须先做试铺路面。每个面层施工单位，通过合格的沥青混合料组成设计，拟定试铺路面铺筑方案，采用重新调试的正式施工机械，铺筑试铺路面。试铺路面宜选在正线直线段，长度不少于300m。

试铺路面施工分为试拌和试铺两个阶段，需要确定的内容包括：

①钻芯检测厚度，结合施工压实厚度与松铺厚度，确定摊铺机的松铺系数。

②通过试验段施工确定合理的施工机械型号、数量、组合方式，落实技术培训、技术岗位及最佳工艺流程和生产效率。

③通过试拌确定拌和机的上料速度、拌和数量与时间、拌和温度、集料变化与波动的调控手段等施工工艺。

④通过试铺确定各种混合料的摊铺温度、摊铺速度、摊铺宽度、初步振捣夯实的方法、自动找平方式等施工工艺，梯形摊铺时两台摊铺机的摊铺厚度和宽度协调方式。

⑤通过碾压确定适宜的压路机类型和数量、碾压速度、碾压顺序、碾压温度和遍数等施工工艺，施工缝处理方式等。

⑥建立健全质量保证体系，探索一套有效的质量控制方法。通过对各道工序的偏差分析，提出合理的工艺控制参数和改进措施。

⑦在试铺路面的铺筑过程中，检查施工工艺、技术措施是否符合要求，测温、观色、取样，并记录试验与检测结果，检查各种技术指标情况，对出现的问题提出改进意见。

（四）关于沥青混凝土马歇尔室内试验中的几点统一做法

①进行目标配合比设计和生产配合比设计时，制备试件的混合料，需采用小型沥青混合料拌和机拌和，以模拟生产实际情况。

②每组试件个数一律用6个。

③试件成型温度：对于普通沥青，由试验室所做出的黏温曲线图来判定拌和压实温度；对于改性沥青，由改性沥青供应商提供拌和压实温度。

④沥青混合料试件密度试验方法：沥青混合料统一用表干法的毛体积相对密度。

⑤沥青混合料理论最大相对密度，重交通沥青混合料宜采用最大理论密度仪实测法，也可以用计算法；改性沥青混合料宜采用计算法，也可以采用最大理论密度仪实测。施工过程中，最大理论密度一律采用最大理论密度仪实测。试验过程中一定要将混合料彻底分散，特别是改性沥青，否则严重影响最大理论密度和体积指标的准确性。计算法中粗集料采用毛体积相对密度，机制砂、矿粉、沥青采用表观相对密度。

⑥试件的配料、拌和均应单个进行，以确保试验结果的一致性。

四、沥青混合料施工工艺

（一）集料准备

①要注意粗细集料和填料的质量，从源头抓起，不合格的矿料，不准运进拌和厂。

②堆放各种矿料的地坪必须硬化，并具有良好的排水系统，避免材料被污染；各品种材料间应用墙体隔开，以免相互混杂。

③集料铲运方向应与其流动方向垂直，保证铲运材料均匀，减少集料离析。

④细集料及矿粉宜覆盖，细料潮湿将影响喂料数量和拌和机产量。

⑤每天开工前应检测含水率，以便调节冷料进料速度或比例，并确定集料加热时间和温度，如果集料含水率过大，不得使用。

⑥集料级配发生变化或换用新材料时，应重新进行配合比设计，确保混合料质量符合要求。

（二）沥青的准备

沥青应采用导热油加热，要求沥青温度稳定，具有一定的流动性，以便使沥青混合料拌和均匀。普通沥青加热温度不应超过165℃，改性沥青加热温度不应超过175℃。使用改性沥青时应先搅拌或循环拌和使其均匀后，方可使用，使用过程中应不断搅拌，避免改性沥青离析。随温度变化的不同稠度的沥青结合料的喷入速率必须进行标定，每次拌和喷入沥青的时间应准确。

（三）沥青混合料的拌制

①严格掌握沥青和集料的加热温度以及沥青混合料的出厂温度。集料温度应比沥青高10~15℃，热混合料成品在储料仓储存后，其温度下降不应超过10℃。

②拌和站控制室要逐盘打印沥青及各种矿料的用量和拌和温度的资料，并定期对拌和站的计量和测温进行校核；没有材料用量和温度自动记录装置的拌和机不得使用。

③拌和时间由试拌确定。必须使所有集料颗粒全部裹覆沥青结合料，并以沥青混合料拌和均匀为度。

④要注意目测检查混合料的均匀性，及时分析异常现象，如混合料有无花白、冒青烟和离析等现象。如确认是质量问题，应做废料处理并及时予以纠正。在生产开始之前，有关人员要熟悉项目所用各种混合料的外观特征，这要通过细致地观察室内试拌的混合料而取得。

⑤每台拌和机每天上午、下午各取一组混合料试样做马歇尔试验和抽提筛分试验，检验油石比、矿料级配和沥青混凝土的物理力学性质。

矿料级配与生产设计标准级配的允许差值为：

0.075mm，±2%；

≤2.36mm，±4%；

≥4.75mm，±5%。

⑥每天结束后，用拌和站打印的各料数量，进行总量控制。以各仓用量及各仓筛分结果，在线抽查矿料级配；计算平均施工级配和油石比，与设计结果进行校核；以每天产量计算平均厚度，与路面设计厚度进行校核。

（四）沥青混合料的运输

①根据运距、拌和产量配备足够的自卸汽车，要求运力必须大于拌和机产量，每台运料车装载量不小于 15t，汽车底板应涂一薄层防粘剂。

②采用数字显示插入式热电偶温度计检测沥青混合料的出厂温度和运到现场的温度。插入深度要大于 150mm，在运料卡车侧面中部设专用检测孔，孔口距车厢底面约 300mm。

③拌和机向运料车放料时，汽车应前后移动，分"前、后、中"装料，以减少粗集料的离析现象。

④沥青混合料运输车的运量应较拌和能力和摊铺速度有所富余，摊铺机前方应有 5 辆运料车等候卸料。

⑤运料车应有良好的阻燃棉篷布覆盖设施，卸料过程中继续覆盖直到卸料结束取走篷布，以起到保温或避免污染环境的作用。

⑥连续摊铺过程中，运料车在摊铺机前 10~30cm 处停住，不得撞击摊铺机，卸料过程中运料车应挂空挡，靠摊铺机推动前进。

（五）沥青混合料的摊铺

①摊铺沥青面层前，必须撒布改性乳化沥青黏层油，黏层施工质量控制见黏层作业指导书。

②可采用两台摊铺机梯队摊铺施工，亦可采用一台大功率摊铺机全幅摊铺。当采用梯队摊铺施工时，两台摊铺机距离不应超过 20m。

③摊铺机的摊铺速度应根据拌和机的产量、施工机械配套情况及摊铺厚度、摊铺宽度，按 24m/min 予以调整选择，做到缓慢、均匀、不间断地摊铺。

④施工下面层时，采用挂导线钢丝施工，按每 10m 一个断面，每个断面三个点测量下承层顶面高程，根据中线和高程测量结果挂导线，导线钢丝拉力不小于 100kg，摊铺中、上面层时，采用非接触式平衡梁控制厚度。

⑤为保证路面线性的平顺，沥青混合料摊铺时，应在路面边缘立木模。

⑥用机械摊铺的混合料未压实前，施工人员不得进入踩踏，摊铺时，一般无须人工不断地整修，只有在特殊情况下，如局部离析，须在现场主管人员指导下，用人工找补或更换混合料，缺陷较严重时应予铲除，并调整摊铺机或改进摊铺工艺。

⑦摊铺机应调整到最佳工作状态，调好螺旋布料器两端的自动料位器，并使料门开度、链板送料器的速度和螺旋布料器的转速相匹配。螺旋布料器内的混合料表面略高于螺旋布料器 2/3 为度，使熨平板的挡板前混合料的高度在全宽范围内保持一致，避免摊铺层出现离析现象。

⑧检测松铺厚铺厚度是否符合规定，以便随时进行调整：摊前熨平板应预热至规定温度。摊铺机熨平板必须拼接紧密，不许存有缝隙，防止卡入粒料将铺面拉出条痕。

⑨积极采取相应措施，尽量做到摊铺机不拢料，以减小面层离析。

⑩摊铺遇雨时，立即停止施工，并清除未压成型的混合料。遭受雨淋的混合料应废

弃，不得卸入摊铺机摊铺。

（六）沥青混合料的压实成型

①沥青混合料的压实是保证沥青面层质量的重要环节，应选择合理的压路机组合方式及碾压步骤。为保证压实度和平整度，初压应在混合料不产生推移、开裂等情况下尽量在摊铺后较高温度下进行。

②压路机应以缓慢而均匀的速度碾压，压路机的适宜碾压速度随初压、复压、终压及压路机的类型不同而有所区别。压路机的组合和遍数通过试验段确定，推荐采用2台双钢轮压路机初压和复压，2台胶轮压路机复压，1台双钢轮压路机和1台胶轮压路机收光。推荐的碾压工艺：钢轮静压1遍+钢轮振压1遍+胶轮碾压6～8遍+钢轮收光1遍+胶轮收光1遍。

③为避免碾压时混合料推挤产生壅包，碾压时应将驱动轮朝向摊铺机；碾压路线及方向不应突然改变；压路机起动、停止必须减速缓行，不准刹车制动；压路机折回不应处在同一横断面上。

④为防止胶轮压路机黏附沥青混合料，应尽可能地在高温F碾压，相邻碾压带重叠宽度为10～20cm。

⑤在当天碾压的尚未冷却的沥青混凝土层面上，不得停放压路机或其他车辆，并防止矿料、油料和杂物散落在沥青层面上。

⑥要对初压、复压、终压段落设置明显标志，便于司机辨认。对松铺厚度、碾压顺序、压路机组合、碾压遍数、碾压速度及碾压温度应设专岗管理和检查，使面层做到既不漏压也不超压。

⑦应向压路机轮上喷洒或涂刷含有隔离剂的水溶液，喷洒应呈雾状，量以不粘轮为度。

⑧压实完成12h后，方能允许施工车辆通行。

（七）施工接缝的处理

1. 纵向施工缝

采用两台摊铺机成梯队联合摊铺方式的纵向接缝，应采用斜接缝。在前部已摊铺混合料部分留下10～20cm宽暂不碾压作为后高程基准面，并有5～10cm的摊铺层重叠，以热接缝形式在最后做跨接缝碾压以消缝迹，上下层纵缝应错开15cm以上。

2. 横向施工缝

全部采用平接缝：用3m直尺沿纵向位置，在摊铺段端部的直尺呈悬臂状，以摊铺层与直尺脱离接触处定出接缝位置，用锯缝机割齐后铲除；继续摊铺时，应将摊铺层锯切时留下的灰浆擦洗干净，涂上少量黏层沥青，摊铺机熨平板从接缝处起步摊铺；碾压时用钢轮压路机进行横向压实，从先铺路面上跨缝逐渐移向新铺面层。

第三节　水泥混凝土路面施工

一、水泥混凝土路面结构层

（一）水泥混凝土路面的结构层及其基本要求

水泥混凝土路面的结构层由混凝土面层、基层、垫层及路基组成，各结构层都应满足相关的技术要求。

1. 路基

水泥混凝土的弹性模量为 $2.5 \times 10^4 \sim 4.0 \times 10^4 MPa$，因此，水泥混凝土面板具有很高的刚度和扩散荷载的能力，通过面层板传到路基顶面的荷载压应力值很小，一般不超过 0.05MPa。因此，水泥混凝土路面并不要求强度大或承载力高的路基，只要求稳定、密实、均质，对路面结构提供均匀支承的路基。然而，如果路基的稳定性不足，产生不均匀沉陷，则将给水泥混凝土面层带来很不利的影响。由于路基不均匀支承，会使面板在受荷载时底部产生过大的弯拉应力，导致水泥混凝土路面破坏。

路基支承不均匀的原因主要是填料的土质不均匀、湿度不均匀，膨胀土冻胀，湿软地基未达充分固结，排水设施不良，压实不足或不当以及新老路基交接处、填挖交界处处理不当等多种原因。为了保证路基支承的均匀性，遇到上述情况时，宜分别采取以下相应的处理措施：

（1）选择填料

根据相关的规定，高液限黏土及含有机质的细粒土不应用作高速公路和一级公路的路床填料或二级及以下公路的上路床填料；高液限粉土及塑性指数大于 16 或膨胀率大于 3% 的低液限黏土不应用作高速公路和一级公路的上路床填料。

宜选用低膨胀性土（塑性指数在 10 以下）或对冰冻不敏感的土（砂砾等）做填料；将膨胀性高或对冰冻敏感的土放在路堤的下层，而在上层用较好的填料填筑；对不同来源和性质的填料适当地进行拌和。

（2）控制压实度和压实时的含水率

在多雨潮湿地区，对于高液限土及塑性指数大于 16 或膨胀率大于 3% 的低液限黏土，压实时的含水率宜略高于最佳含水率。这时的压实土，渗透性、浸水后的膨胀量和冻胀都可减小，从而可提供体积变化小而支承均匀的路基。

（3）加强路基排水设施

尽可能提高路基设计标高或加深边沟底部深度，以增加路面同地下水位之间的距离：设置路基排水设施，以拦截浅透水层流向路基的渗透水或降低地下水位。

（4）对路基上层土进行处理

路基上层土，特别是对于湿软土层，应采用低剂量石灰、水泥或粉煤灰等结合料做稳定处理。

2. 垫层

垫层指的是设于基层以下的结构层。其主要作用是隔水、排水、防冻以改善基层和土基的工作条件。垫层为介于基层与土基之间的结构层，在土基水稳状况不良时，用以改善土基的水稳状况，提高路面结构的水稳性和抗冻胀能力，并可扩散荷载，以减少土基变形。垫层应与路基同宽，其最小厚度为 150mm。

根据相关的规定，遇下述情况时，须在基层或底基层下设置垫层：

①季节性冰冻地区，路面结构厚度小于最小防冻厚度要求时，应设置防冻垫层，其厚度为两者之差。

②水文地质条件不良的土质路堑，路床土湿度较大时，宜设置排水垫层。

3. 基层与底基层

基层和底基层应具有足够的抗冲刷能力和适当的刚度，抗变形能力强、坚实、平整、整体性好。

①基层的作用：防止或减轻由于淤泥而产生板底脱空和错台等病害；与垫层共同作用，可控制或减少路基不均匀冻胀或体积变形对混凝土面层产生的不利影响；减小路基顶面的压应力，并缓和路基不均匀变形对面层的影响；为混凝土面层施工提供稳定而坚实的工作面，改善接缝的传荷能力；提高路面结构的承载能力，延长路面的使用寿命。

②承受中等或轻交通荷载时，可不设底基层；未设垫层，且路基填料为细粒土、黏土质砂或级配不良砂（承受特重或重交通），或者上路床为细粒土（承受中等交通）时，应设置底基层。底基层可采用级配粒料、水泥稳定粒料或石灰、粉煤灰稳定粒料等。

③基层的宽度应根据混凝土面层施工方式的不同，比混凝土面层每侧至少宽出 300mm（小型机具施工时）或 500mm（轨模或摊铺机施工时）或 650mm（滑模或摊铺机施工时）。路肩采用混凝土面层，其厚度与行车道面层相同时，基层宜与路基同宽。

④各类基层和底基层结构性能、施工或排水要求不同，厚度也不同。其适宜厚度，按所选集料的公称最大粒径和压实效果的要求而定。

⑤为防止下渗水影响路基，排水基层下应设置由水泥稳定粒料或密级配粒料组成的不透水底基层，底基层顶面宜铺设沥青封层或防水土工织物。

4. 面层

由于水泥混凝土面层直接承受行车荷载的反复作用及环境因素的影响，因此要求水泥混凝土面层具有足够的强度、耐久性（抗冻性），表面抗滑、耐磨、平整。

（1）厚度

普通混凝土、钢筋混凝土、碾压混凝土或连续配筋混凝土面层所需厚度，可依据交通荷载等级、公路等级和变异水平等级。

（2）抗滑性

混凝土面层应具有较大的粗糙度，即应具备较高的抗滑性能，以提高行车的安全性。因此可采用刻槽、压槽、拉槽或拉毛等方法形成一定的构造深度。

（二）水泥混凝土路面其他主要构造

1. 接缝

为了防止温度变化引起的胀缩应力、翘曲应力以及符合施工要求，在水泥混凝土路面面板层应设置接缝。

（1）纵向接缝

根据路面宽度和施工铺筑宽度设置。一次铺筑宽度小于路面宽度时，应设置带拉杆的平缝形式的纵向施工缝。一次铺筑宽度大于 4.5m 时，应设置带拉杆的假缝形式的纵向缩缝，纵缝应与线路中线平行。

（2）横向接缝，

横向施工缝尽可能选在缩缝或胀缝处。前者采用加传力杆的平缝形式，后者同胀缝形式，特殊情况下，采用设拉杆的企口缝形式。

（3）胀缝

除夏季施工的板，且板厚大于或等于 200mm 时可不设胀缝外，其他季节施工时均应设胀缝。胀缝间距一般为 100 ~ 200m。混凝土板边与邻近桥梁等其他结构物相接触或板厚有变化或有竖曲线时，一般也要设胀缝。横向缩缝为假缝时，可等间距或变间距布置，一般不设传力杆。

对于特重及重交通等级的混凝土路面，横向胀缝、缩缝均设置传力杆。当混凝土板的自由边不能设置传力杆时，应增设边缘钢筋，自由板角上部增设角隅钢筋。

2. 路肩

路肩给路面结构提供侧向支承，供车辆紧急或临时停靠，在车行道进行修补时可作为临时车道使用，因而路肩应具有一定的承受车辆荷载的能力。路肩的层次结构和材料选择，除了考虑承载能力外，还应结合路面排水系统的布置和要求，使渗入路面的水分能由排水通道迅速排离出路面结构，为铺筑出符合质量标准的水泥混凝土路面提供基本保证。

路肩的铺面结构可选用水泥混凝土面层或沥青面层。高速公路和一级公路的水泥混凝土路肩的铺面结构和厚度应与行车道一致。路肩与行车道之间的纵缝应设置拉杆。

3. 路面排水

高速公路和一级公路的路面排水一般由路肩排水（一般设置2% ~ 3%横向坡度）、中央分隔带排水和路面表面渗入水的排除等组成。路肩必须设置边坡与板底连通的排水盲沟，以利于将路面板接缝处的渗水排出路肩。

二、水泥混凝土路面施工方式的选择

水泥混凝土路面的施工方法主要有小型机具施工、三辊轴机组施工、轨道式摊铺机施工和滑模式摊铺机施工四种方式。

（一）小型机具施工

小型机具施工是一种传统的路面施工方法。它是采用固定模板，人工布料，手持振捣棒、振动板或振捣梁振实，滚杠、修整尺、抹平刀整平的混凝土路面施工工艺。

由机械拌和水泥混凝土，人工摊铺，辅助配备一些机具进行的路面施工的方式，不需要大型设备，施工便捷，技术简单成熟；但是对劳动力数量的需求较大，因此在县级、乡镇村道路施工及中、轻交通等级路面中应用广泛。

（二）三辊轴机组施工

三辊轴机组施工是由三辊轴摊铺整平机、振捣器等机组铺筑水泥混凝土路面的施工工艺。该种施工方法适用于二、三、四级公路及县乡级公路水泥混凝土路面的施工。三辊轴机组施工技术，由于设备投入少，技术容易掌握，在还没有相应的施工技术规范前，不少地方已在使用。

三辊轴摊铺整平机以轴的直径划分型号，以轴的长度划分规格。从摊平拌和物考虑，轴的直径大比较有利；从有效密实深度考虑，轴的直径较小比较有利。目前市场上的三辊轴摊铺整平机，轴的直径有 168mm、219mm 和 240mm 等几种。根据摊铺路面的厚度选用型号，厚 200mm 以上的路面宜采用轴的直径为 168mm，桥面铺装或厚度较小的路面可采用轴的直径为 219mm。根据摊铺宽度确定规格，轴长宜比路面宽度大 600 ~ 1200mm。

振捣机有振动梁式和内部振动式两种。振动梁式振捣机适合于摊铺厚度较小的路面，振动频率为 50 ~ 100Hz，振动加速度为 40 ~ 50m/s2。内部振动式振捣机适合于摊铺厚度较大的路面，宜采用电机内装插入式振动器，振动频率为 150 ~ 200Hz，振动棒的直径为 50 ~ 70mm：振动棒的间距不大于其有效作用半径的 1.5 倍，并应不大于500mm。

水泥混凝土路面施工中，常用内部振动式振捣机振捣。振动棒以棒的直径划分型号，直径越大，有效作用半径也越大，有效作用半径一般为振动棒直径的 4 ~ 10 倍，混凝土的坍落度越大，有效作用半径越大。在路面施工中，采用较密的振动棒间距，适合振捣坍落度较小的拌和物，通过调节振动时间或振捣机的移动速度，也可用于振捣坍落度较大的拌和物。

（三）碾压混凝土路面施工

碾压水泥混凝土是一种通过振动碾压施工工艺达到高密度、高强度的刚硬性水泥混凝土，具有节约水泥、收缩小、施工速度快、强度高、开放交通早等技术经济上的优势。

施工时，采用沥青混凝土路面的主要施工机械将单位用水量较少的干硬性水泥混凝土摊铺、碾压成型。根据其材料和工艺特点，碾压混凝土路面施工的技术难点是如何实现压实度与平整度的协调统一。大量试验研究表明，碾压混凝土路面施工的技术关键可概括为：稠度稳定、摊铺均匀、碾压密实、养生充分。为了实现这一目标，重点是在做好施工机械选型与配套的基础上，合理选择拌和、摊铺、碾压及养生等关键工序的工艺参数。

（四）滑模式摊铺机施工

滑模式摊铺机施工是一种采用滑模式摊铺机摊铺水泥混凝土路面的机械化施工方式，其特征是不架设边缘固定模板，将布料、松方控制、高频振捣棒组、挤压成形滑动模板、拉杆插入、抹面等安装在一台可自行控制的机械上，通过基准线控制，能够摊铺出密实度高、动态平整度优良、外观几何形状准确的水泥混凝土路面。

滑模式施工利用成套机械设备，使路面施工达到了一个新水平，每个台班修筑路面可达 1km。特别是水泥混凝土搅拌自动化和路面摊铺的自动化推进了施工过程控制的自动化。这不仅提高了劳动生产率，而且提高了施工工序所要求的精度，提高了施工机械的可靠性和延长了使用寿命，降低了劳动强度，保证了施工安全，从而提高了路面产品的质量。

滑模式施工主要使用带滑动模板的混凝土摊铺机，该机器在牢固路基上自行并沿着样线自动转向和自动找平，一次性完成布料、振动密实、外部成型和表面抹光等工序，最终水泥混凝土路面在固定于机器上的滑动模板中生成滑出。而固模式施工是摊铺设备沿轨道模板运行，轨道模板不仅作为机器行走转向和路面找平的基准，而且作为水泥混凝土混合料的固定模板使用。滑模式施工和固模式施工在路面成型方式和机器找平和转向原理上都不同，两者施工方式相比较，具有以下特点：

①滑模式施工最初机械投资较大，但节省了轨道模板及其安装拆卸人工作业。在路面工程规模大于 10km 时，工程量越大，费用节省越多，滑模式施工的经济效益越好。因此，小规模的路面工程采用固模式施工较经济。

②滑模式施工由于消除了繁重且费时的轨道模板安装、基准调整和拆卸，故而降低了施工工作强度，大大提高了水泥混凝土路面施工的效率，其平均昼夜施工进度是固模式施工的 3 ~ 5 倍。目前国内日施工最快可达 15500m²，正常情况下，可施工 1000m²。

③固模式施工由于轨道安装误差和轨道模板下路基发生变形，会导致路面平整度差，轨道模板在路面弯道处的适应性和连续性都较差。滑模式施工依靠自动找平和自动转向系统，摊铺路面的路拱、纵坡、横坡和弯道均可通过调整摊铺装置控制机构自动实现。两、三车道的路面可以全幅施工，一次成型，提高了路面平整度和路面几何尺寸精度，能够满足更高的路面质量要求。

④滑模式施工与固模式施工相比，对水泥混凝土混合料的稠度和黏聚性、搅拌质量的均匀性、供料的连续性、机器的适应性、施工技术水平和管理水平要求较高，对施工工序控制的精度要求也高。

从经济技术角度看，滑模式施工适合于大规模的高速公路水泥混凝土路面工程，而固模式施工适合于中小规模的低等级公路水泥混凝土路面工程。

三、水泥混凝土路面施工的材料准备

水泥混凝土面层直接与行车荷载、各种大气因素接触，在荷载的重复作用和环境因素的影响下，混凝土必须要有足够的强度和耐久性，还要有耐磨、平整、抗滑的表面以确保行车的舒适和安全。因此要求水泥混凝土有合格的材料和合理的配合比。道路路面用水泥混凝土由适当级配的粗细集料、水泥、外加剂和水混合而成，其组成材料的技术要求如下。

（一）水泥混凝土原材料的技术要求

1. 水泥

特重、重交通路面宜采用旋窑道路硅酸盐水泥，也可采用旋窑硅酸盐水泥或普通硅酸盐水泥；中、轻交通的路面可采用矿渣硅酸盐水泥；低温天气施工或有快通要求的路段可采用 R 型（快硬型）水泥，此外宜采用普通型水泥。

采用机械化铺筑时，宜选用散装水泥。散装水泥的夏季出厂温度：南方不宜高于 65℃，北方不宜高于 55℃；混凝土搅拌时的水泥温度：南方不宜高于 60℃方不宜高于 50℃，且不宜低于 10℃。

2. 粗集料

粗集料应使用质地坚硬、耐久、洁净的碎石、碎卵石和卵石，并应符合相应的规定。高速公路、一级公路、二级公路及有抗盐（冻）要求的三、四级公路混凝土路面使用的粗集料级别应不低于Ⅱ级，无抗盐（冻）要求的三、四级公路混凝土路面、碾压混凝土及贫混凝土基层可使用 m 级粗集料。碎石的强度可以用岩石的抗压强度和压碎指标表示。粗集料的最大公称粒径，碎卵石不应大于 26.5mm，碎石不应大于 31.5mm，卵石不宜大于 19.0mm。

3. 细集料

水泥混凝土中细集料一般为粒径范围在 0.15 ~ 0.75mm 之间的质地坚硬、耐久、洁净的天然砂或机制砂，不宜使用再生细集料，细集料按照技术要求分为Ⅰ、Ⅱ、Ⅲ级，其各项技术指标及颗粒级配应符合设计和规范要求。

面层水泥混凝土使用的天然砂细度模数宜在 2.0 ~ 3.7 之间。路面和桥面用天然砂宜为中砂，也可使用细度模数在 2.0 ~ 3.5 之间的砂。同一配合比用砂的细度模数变化范围不应超过 0.3；否则，应分别堆放，并调整配合比中的砂率后使用。

4. 水

饮用水可直接作为混凝土搅拌和养护用水。未经处理的工业及生活废水、污水、沼泽水以及 PH 值小于 4.5 的酸性水均不能使用。对水质有疑问时，应检验下列指标，合格者方可使用：

①硫酸盐含量小于 0.0027mg/mm³。

②含盐量不得超过 0.005mg/mm³。

③pH 值不得小于 4.5。

④不得含有油污、泥和其他有害杂质。

5. 外加剂

为了改善混凝土的技术性质，可在混凝土中加入一定数量的外加剂。常用的外加剂有减水剂、早强剂、引气剂、缓凝剂、阻锈剂等。在公路路面工程建设中，掺用外加剂，可按照以下规定选用：

①各交通等级路面、桥面混凝土宜选用减水率大、坍落度损失小、可调控凝结时间的复合型减水剂。高温施工宜使用引气缓凝（保塑、高效）减水剂；低温施工宜使用引气早强（高效）减水剂。选定减水剂品种前，必须与所用的水泥进行适应性检验。

②引气剂应选用表面张力降低值大、水泥稀浆中起泡容量多而细密、泡沫稳定时间长、不溶残渣少的产品。有抗盐（冻）要求地区，各交通等级路面、桥面、路缘石、路肩及贫混凝土基层必须使用引气剂；无抗盐（冻）要求地区，二级及二级以上公路路面混凝土中应使用引气剂。

③处在海水、海风、氯离子、硫酸根离子环境或冬季须除冰（盐）的路面或桥面钢筋混凝土、钢纤维混凝土中宜掺阻锈剂。

6. 接缝材料

为了控制温度变化在混凝土路面内引起的收缩和翘曲应力，须在面层内设置各种类型的接缝。接缝材料常用的有接缝板和填缝料两类。

①接缝板有杉木板、纤维板、泡沫橡胶板、泡沫树脂板等类型。应选用能适应混凝土面板膨胀和收缩、施工时不变形、弹性复原率高、耐久性好的胀缝板。高速公路、一级公路宜采用塑胶板、橡胶泡沫板或沥青纤维板；其他公路可采用各种胀缝板。

②填缝料应具有与混凝土板壁黏结牢固，回弹性好，不溶于水，不渗水，高温时不挤出，不流淌，抗嵌入能力强，耐老化龟裂，负温拉伸量大，低温时不脆裂，耐久性好等性能，填缝料有常温施工式和加热施工式两种，常温施工式填缝料主要有聚（氨）酯、硅树脂类、氯丁橡胶、沥青橡胶类等。加热施工式填缝料主要有沥青玛碲脂类、聚氯乙烯胶泥类、改性沥青类等。高速公路、一级公路应优先使用树脂类、橡胶类或改性沥青类填缝料，并宜在填缝料中加入耐老化剂。

（二）混凝土配合比设计

路面水泥混凝土配合比设计在兼顾经济性的同时应满足工作性、弯拉强度（抗折强度）、耐久性三项基本性能的要求。混凝土配合比设计要根据工程的设计要求、材料的品质、施工工艺、操作水平及工地环境等方面，通过选择、计算和试验来确定水、水泥、细集料、粗集料、外加剂等相互之间的比例关系。配合比设计步骤如下：

1. 计算初步配合比

①按照设计要求强度等级计算混凝土的配置强度。

②计算水灰比，并按照耐久性要求校核是否满足最大水灰比规定。

③根据混凝土拌和物的坍落度及粗集料最大粒径，查相关表选定混凝土的单位用水量。

④按照强度要求计算单位水泥用量，并按照耐久性校核是否满足最小水泥用量的规定。

⑤选定砂率。

⑥计算粗、细集料的单位用量，可采用质量法或体积法计算；最后得出混凝土的初步配合比。

2. 试拌调整，确定基准配合比

按照初步配合比试拌 15L 的混凝土拌和物，检查拌和物的和易性。若不满足施工坍落度的要求，应在保持水灰比不变的条件下相应调整水泥浆用量或者砂率，反复试验，直至施工工作性满足要求为止。由此得到供混凝土强度试验用的基准配合比。

3. 检验强度，确定试验室配合比

按照基准配合比，同时配置工作性满足设计要求的、较基准配合比水灰比增大 0.03 或减小 0.03 的共三组混凝土试件，经标准养护 28d，测定其抗弯拉强度。得到工作性和强度均满足要求的配合比后，还应按照混凝土的实测密度再进行必要的校正，而后得到试验室配合比。

4. 换算工地施工配合比

在路面铺筑前，应进行大型搅拌站配合比试验检验，检验通过，其配合比方可用于摊铺。再根据施工现场材料性质、砂石材料含水率，对试验室配合比进行换算，包括微调外加剂掺量及微调加水量，得到工地施工配合比。

四、水泥混凝土拌和物的搅拌与运输

水泥混凝土依照具体要求进行搅拌，必须采用机械拌和，可以采用在工地由混凝土搅拌机拌制，或在中心搅拌站集中拌制。混凝土的运输则一般采用自卸汽车或混凝土搅拌运输车运送至工地。

（一）混凝土的搅拌

1. 现场搅拌站

搅拌站地点的设立应具备供水、供电、排水、运输道路等基本条件。搅拌站应合理布置搅拌机和砂石、水泥等材料的堆放地点，力求提高搅拌机生产率，搅拌机的容量应根据工程量的大小和施工进度配置，同时，施工工地宜有备用的搅拌机和发电机组。

拌制混凝土的供料系统应尽量采用配有电子秤的自动计量设备，有困难时，最低限度也要采用集料箱加地磅的计量方法，而体积计量法难以达到计量准确的要求，应停止使用。采用自动计量设备时，在每天开始拌和前，应按混凝土配合比要求，对水泥、水和各种集料的用量准确调试后（特别应根据天气变化情况，测定砂石材料的含水率，以调整拌制时的实际使用量），输入自动计量的控制存储器中，经试拌检验无误，再正式拌和生产。量配的精确度为：水和水泥：±1%；粗细集料：±3%；外加剂应单独计量，精确度为±2%。每一工班至少应检查两次材料量配的精确度，每半天检查两次混合料的坍落度。

搅拌机的装料顺序宜为：砂、水泥、碎（砾）石，或碎（砾）石、水泥、砂。进料后，边搅拌边加水。搅拌时间应根据搅拌机的性能和拌和物的和易性确定，混凝土拌和物的最短搅拌时间，自材料全部进入搅拌鼓起，至拌和物开始出料为止的连续搅拌时间应符合相关规定。

2. 中心搅拌站

中心搅拌站主要由搅拌主机、物料称量系统、物料输送系统、物料储存系统和控制系统等五大系统和其他附属设施组成。拌和设备按照生产方式可分为间歇式搅拌楼和连续式搅拌楼，由于间歇式搅拌楼是每锅单独称料的，搅拌精度高于连续式的，宜优先选择。连续式搅拌楼亦能够达到滑模摊铺高速公路水泥混凝土路面的要求，也可用于公路工程建设。

①搅拌时间：应根据拌和物的黏聚性、均质性及强度稳定性试拌确定最佳拌和时间。一般情况下，单立轴式搅拌机总拌和时间宜为 80～120s，全部原材料到齐后的最短纯拌和时间不宜短于 40s；行星立轴和双卧轴式搅拌机总拌和时间为 60～90s，最短纯拌和时间不宜短于 35s；连续双卧轴搅拌楼的最短拌和时间不宜短于 40s。最长总拌和时间不应超过高限值的 2 倍。

②外加剂的使用：外加剂应以稀释溶液加入，其稀释用水和原液中的水量，应从拌和加水量中扣除。使用间歇式搅拌楼时，外加剂溶液浓度应根据外加剂掺量、每盘外加剂溶液筒的容量和水泥用量计算得出。连续式搅拌楼应按流量比例控制加入外加剂。加入搅拌锅的外加剂溶液应充分溶解，并搅拌均匀。有沉淀的外加剂溶液，应每天清除一次稀释池中的沉淀物。

③拌和质量控制：施工开始及搅拌过程中都应按规定的频率检验坍落度、坍落度损失、含气量、泌水量、混凝土凝结时间、砂石料含水率及混凝土容重等。按标准方法预留规定数量的弯拉强度试件。在寒冷或炎热气候下施工，混凝土拌和机出料时的温度应分别控制在 10～35℃之间，并应加测原材料温度、拌和物的温度、坍落度损失率和凝结时间等。

混凝土拌和物应均匀一致，不得有未加水的干料、未拌匀的生料和离析等现象，干料和生料禁止用于路面摊铺。一台搅拌楼每盘之间和其他搅拌楼之间，混凝土拌和物的坍落度允许误差为试拌及滑模摊铺时的坍落度，应按最适宜滑模摊铺的坍落度值加上当时气温下运料所耗时间的坍落度损失值确定。在雨天或阵雨后，应按砂石料实际含水率及时微调加水量。

（二）混凝土的运输

应根据施工进度、运量、运距及路况，选配运输混凝土的车型和车辆总数。总运力应比总拌和能力略有富余，确保新拌和混凝土在规定时间内运到摊铺现场。

通常采用自卸汽车运输混凝土拌和物，拌和物坍落度大于5cm时应采用搅拌车运输，运输到现场的拌和物必须具有适宜摊铺的工作性。若运输时间超过规定时间限制或在夏季浇筑时，拌和过程中应加入适量的缓凝剂。运输时间过长，混凝土拌和物的水分蒸发和离析现象会增加，因此应尽量缩短混凝土拌和物的运输时间，并采取措施防止水分损失和混合料离析。

混凝土拌和物的运输除应满足上述规定外，尚应符合下列技术要求：

①运送混凝土的车辆装料前，应清净箱罐，洒水润壁，排干积水。装料时，自卸车应挪动车位，防止离析。搅拌楼卸料落差不应大于2m。

②混凝土运输过程中应防止漏浆、漏料和污染路面，途中不得随意耽搁，自卸车运输应减小颠簸，防止拌和物离析。车辆起步和停车应平稳。

③烈日、大风、雨天和低温天远距离运输时，自卸车应遮盖混凝土，罐车宜加保温隔热套。

④使用自卸车运输混凝土最远运输半径不宜超过20km。

⑤运输车辆在模板或导线区调头或错车时，严禁碰撞模板或基准线，一旦碰撞，应告知测量人员重新测量纠偏。

⑥车辆倒车及卸料时，应有专人指挥。卸料应到位，严禁碰撞摊铺机和前场施工设备及测量仪器。卸料完毕，车辆应迅速离开。

⑦碾压混凝土卸料时，车辆应在前一辆车离开后立即倒向摊铺机，并在机前10～30cm处停住，不得撞击摊铺机。然后换成空挡，并迅速升起料斗卸料，靠摊铺机推动前进。

五、水泥混凝土面层的铺筑

（一）安装模板

公路混凝土路面板、桥面板和加铺层的施工模板应采用刚度足够的槽钢、轨模或钢制边侧模板，不应使用木模板、塑料模板等其他易变形的模板。采用人工摊铺混凝土，无钢模时，也可采用木模，但厚度宜在5cm以上。

1. 测量放样

支立模板前在垫层或基层上进行模板安装及摊铺位置的测量放样，每20m布设中桩和边桩，每100m布设临时水准点，核对路面高程、面板分块、胀缝和构造物位置。测量放样的质量要求和允许偏差要符合相应测量规范的规定，且不能超出规范对模板安装精度的规定。

2. 模板安装

（1）侧模安装

模板高度应与混凝土面层板厚度相同。长度以两人能够搬动为准，一般为 3 ~ 5m，在小半径弯道可使用小于 4m 的模板；

模板顶面用水准仪检查标高，不符合要求时予以调整。施工时，要经常检查模板平面和商程，并严加控制。模板两侧铁钎打入基层固定。模板的顶面与混凝土板顶面齐平，并应与设计高程一致，模板底面应与基层顶面紧贴，局部低洼处（空隙）要事先用水泥浆铺平并充分夯实。每米模板应设置 1 处支撑固定装置。固定的作用是防止振捣机、振捣梁、三辊轴、滚杠振动和重力作用下向外发生水平位移，立好的模板在浇筑混凝土之前，其表面应涂刷皂液、废机油等防黏剂，以便拆模。

（2）端模安装

横向施工缝端模板为焊接钢制模板或槽钢模板，应按设计规定的传力杆直径和间距设置传力杆插入孔和定位套管。两边缘传力杆到自由边距离不宜小于 150mm。每米设置 1 个垂直固定孔套。

（3）模板检查

模板应安装稳固、顺直、平整，无扭曲，相邻模板连接应紧密平顺，不得有底部漏浆、前后错茬、高低错台等现象。模板应能在承受摊铺、振实、整平设备的负载行进、冲击和振动时不发生位移。严禁在基层上挖槽，嵌入安装模板。

模板安装检验合格后，与混凝土拌和物接触的表面应涂脱模剂或隔离剂；接头应粘贴胶带或塑料薄膜等密封。

模板安装完毕后，宜再检查一次模板相接处的高差和模板内侧是否有错位和不平整等情况，高差大于 3mm 或有错位和不平整的模板应拆除重新安装。

3. 模板矫正与拆除

当混凝土抗压强度不小于 8.0MPa 时方可拆模。适宜的拆模时间与当地的昼夜平均气温及所用的水泥品种有关。当路面混凝土中掺加粉煤灰时，正常气温下，一般应延长 1 ~ d 拆模，低温条件下应延长 3 ~ 5d 拆模。达不到要求，不能拆除端模时，可空出一块面板，重新起头摊铺，空出的面板待两端均可拆模后再补做。

（二）小型机具摊铺

1. 摊铺

摊铺混凝土前，应对模板的间隔、高度、润滑、支撑稳定情况和基层的平整、润湿情况，以及钢筋的位置和传力杆装置等进行全面检查。

混凝土混合料运送车辆到达摊铺地点后，一般直接倒入安装好侧模的路槽内，并用人工找补均匀，如发现有离析现象，应用铁锹翻拌。

混凝土板厚度不大于 24cm 时，可一次摊铺。大于 24cm 时，宜分两次摊铺，下层厚度宜为总厚度的 3/5。摊铺的松料厚度，应考虑振实的影响而预留一定的高度。具体数值，根据试验确定，一般可取设计厚度的 10％左右。

用铁锹摊铺时，应用"扣锹"的方法，严禁抛掷和搂耙，以防止离析。在模板附近摊铺时，用铁锹插捣几下，使灰浆捣出，以免发生蜂窝。

2. 安放加强钢筋

（1）安放钢筋网片

安放钢筋网片时，不得踩踏，应在底部先摊铺一层混凝土拌和物，摊铺高度应按钢筋网片设计位置预加一定的沉落高度。待钢筋网片安装就位后，再继续浇筑混凝土。若安放双层钢筋网片时，对厚度不大于 25cm 的板，上下两层钢筋片可事先用架立筋扎成骨架后一次安放就位。厚度大于 25cm 的，上下两层钢筋网片应分两次安放。

（2）安放角隅和边缘钢筋

安放角隅钢筋时，应先在安放钢筋的角隅处摊铺一层混凝土拌和物。摊铺高度应比钢筋设计位置预加一定的沉落度。角隅钢筋就位后，用混凝土拌和物压住。

安放边缘钢筋时，应先沿边缘铺筑一条混凝土拌和物，拍实至钢筋设置高度，然后安放边缘钢筋，在两端弯起处，用混凝土拌和物压住。

3. 振捣

摊铺好的混凝土混合料，应迅即用平板振捣器和插入式振捣器均匀地振捣。平板振捣器的有效作用深度一般为 22cm。不采用真空脱水工艺施工时，宜采用 2.2kW 的平板振捣器；采用真空脱水工艺施工时，可采用功率较小的平板振捣器。插入式振捣器主要用于振捣面板的边角部、窨井、进水口附近，以及安设钢筋的部位，施工中宜先用频率6000 次 /min 以上的振捣器。

振捣混凝土混合料时，首先应用插入式振捣器在模板边缘角隅等平板振捣器振捣不到之处振一次（如面板厚度大于 22cm，则须用插入式振捣器全面顺序插振一次），同一位置不宜少于 20s。插入式振捣器移动间距不宜大于其作用半径的 1.5 倍，其至模板的距离不应大于其作用半径的 0.5 倍，并应避免碰撞模板和钢筋。分两次摊铺的，振捣上层混凝土混合料时，插入式振捣器应插入下层混凝土混合料 5cm，上层混凝土混合料的振捣必须在下层混凝土拌和物初凝之前完成。其次，再用平板振捣器全面振捣，振捣时应重叠 10 ～ 20cm。同一位置振捣时，当水灰比小于 0.45 时，振捣时间不宜少于30s；水灰比大于 0.45 时，振捣时间不宜少于 15s，以不再冒气泡并泛出水泥浆为准。

4. 整平饰面

混凝土在全振捣后，再用振动梁进一步拖拉振实并初步整平。振动梁往返施拉 2 ～ 3遍，使表面泛浆，赶出气泡。振动梁移动的速度要缓慢而均匀，前进速度以 1.2 ～ 1.5m/mm 为宜。对不平之处，应及时辅以人工补填找平。补填时应用较细的混合料原浆，严禁用纯砂浆填补，振动梁行进时，不允许中途停留。牵引绳不可过短，以减少振动梁底部的倾斜，振动梁底面要保持平直，当弯曲超过 2mm 时应调查或更换，下班或不用时，要清洗干净，放在平整处（必要时将振动梁朝下搁放，以使其自行校正平直度），不得暴晒或雨淋。

最后再用平直的滚杠进一步滚揉表面，使表面进一步提浆并调匀。滚杠的结构一般是挺直的、直径 75 ~ 100mm 的无缝钢管，在钢管两端加焊端头板，板内镶配轴承，管端焊有两个弯头式的推拉定位销，伸出的牵引轴上穿有推拉杆。这种结构既可滚拉又可平推提浆赶浆，使表面均匀地保持 5 ~ 6mm 的砂浆层，以利密封和作面；设有路拱时，应使用路拱成形板整平。

如发现混凝土表面与拱板仍有较大高差，应重新补填找平，重新振滚平整饰面。最后挂线检查平整度，发现不符合之处应进一步处理刮平，直到平整度符合要求为止。

（三）三辊轴机组摊铺

1. 卸料及布料

布料前应将其清扫干净，并洒水润湿。

必须有专人指挥车辆均匀卸料；在摊铺宽度范围内，宜分多堆卸料。可用人工进行布料，在有条件的情况下可配备装载机或挖掘机布料。采用人工布料时，防止布料整平过的混凝土表面留下踩踏的脚印，还要防止将泥土踩踏入路面中。布料速度与摊铺速度相适应，且不宜低于 30 ~ 40m/h。

布料的松铺系数根据混凝土拌和物的坍落度和路面横坡大小确定，一般在 1.08 ~ 1.25 之间。坍落度大时．取低值；坍落度小时，取高值。超高路段，横坡高的一侧，取高值；横坡低的一侧，取低值。布料后混合料表面大致平整，不得有明显的凹陷。

2. 密排振实

混合物布料长度大于 10m 时，可开始振捣作业。振捣作业采用插入密排振捣棒组，间歇插入振捣，每次移动距离不宜超过振捣棒有效作用半径的 1.5 倍，并不得大于 0.5m，振捣时间宜为 15 ~ 30s。

3. 拉杆安装

面板振实后，立即安装纵缝拉杆。单车道摊铺的混凝土路面，在侧模预留孔中按设计要求插入拉杆。

4. 人工补料

在三辊轴滚压前，振实料位高度宜高于模板顶面 5 ~ 20mm，在滚压后进行观察，混凝土表面过高时人工铲除，过低时用混合料补平，使表面大致平整，无踩踏和混合料分层离析现象，严禁使用水泥浆找平。

5. 三辊轴整平

作业单元划分：三辊轴整平机按作业单元分段整平，作业单元长度宜为 20 ~ 30m，振捣机振实与三辊轴整平两道工序的时间间隔不宜超过 15min。

滚压方式与遍数：在一个作业单元长度内，采用前进振动、后退滚压的方式作业，宜分别进行 2 ~ 3 遍。滚压遍数与料位高差、坍落度、整平机的重量和振捣烈度有关，主要依靠经验和试铺确定。

料位的高、低控制：在作业时，要有人处理三辊轴前料位的高、低情况；过高时，人工铲除，三辊轴下有间隙时，应使用混合料补足。

6. 精平饰面

整平饰面：三辊轴摊铺的整平施工宜在混凝土初凝时间的 1/3 以内完成，并立即用刮尺进行第一遍饰面，一般在 25 ~ 30（温度小时）时进行，过退均匀效果较差。在推拉过程中，调整好刮尺底面与路面的接触角度，刮尺底面前缘离开路面。用长 3 ~ 5m 的饰面刮尺，纵向摆放，从路面以外，沿横坡方向，由板的一边向另一边拉刮，使表面砂浆沿横向均匀分布。第一遍用刮尺整平饰面，推拉刮尺的速度应均匀，刮尺在推拉方向的前缘离开浆面，使刮出的浆始终被刮尺压住，刮尺推拉方向与浆面保持一定的角度。

精平饰面：第一遍刮尺饰面后留下的浆条，必须进行第二遍刮尺饰面。第二遍或最后一遍刮尺饰面以不留下明显的浆条为宜。

（四）碾压混凝土路面摊铺

1. 一般规定

碾压工艺可用于二、三、四级公路混凝土面层与高速公路、一级公路复合式路面碾压混凝土下面层施工。

碾压铺筑应按卸料进摊铺机、摊铺机摊铺、拉杆设置、钢轮压路机初压、振动压路机复压、轮胎压路机终压、抗滑处理、养生、切缝等工艺流程进行。

碾压混凝土面层摊铺，宜选用沥青混凝土摊铺机。摊铺机应具有振动压实功能，摊铺密实度不应小于 85%。

2. 摊铺

采用沥青混凝土摊铺机摊铺时，松铺系数宜控制在 1.05 ~ 1.15 之间。采用基层摊铺机摊铺时，松铺系数宜控制在 1.15 ~ 1.25 之间。应通过试铺确定松铺系数。

摊铺前应洒水湿润基层。摊铺作业应均匀、连续，摊铺过程中不得随意变换速度或停顿。

螺旋分料器转速应与摊铺速度相适应，摊铺过程中应保证两边缘供料充足。

弯道及超高路段铺筑时，应及时调整左右两侧分料器的转速，保证两侧供料均衡、充足。

两台摊铺机前后紧随摊铺时，两幅摊铺间隔时间应控制在 1h 之内。

拉杆设置应与摊铺同步进行。采用打入法时，应根据设计间距设醒目的定位标记，准确打入拉杆。

摊铺后，应立即对所摊铺混凝土表面进行检查，局部缺料部分，应及时补料。局部粗集料聚集部位，应在碾压前挖除并用新混凝土填补。

3. 碾压

碾压段长度宜控制在 30 ~ 40m 之间。直线段碾压时，压路机应从外侧向路中心碾压；平曲线有超高路段，应由低侧向高侧、自内向外碾压。

碾压应紧随摊铺机碾压。碾压宜分初压、复压和终压三个阶段进行，并应符合下列规定：

①压路机应匀速稳定、连续行进，中间不应停顿、等候和拖延，也不得相互干扰。

②压路机起步、倒车和转向均应缓慢柔顺，碾压过程中不得中途急停、急拐、紧急起步及快速倒车。

③初压宜采用钢轮压路机或振动压路机静碾压，重叠量宜为 1/4 ~ 1/3 钢轮宽度。

④复压宜采用 10 ~ 15t 振动压路机振动碾压，重叠量宜为 1/3 ~ 1/2 振动碾宽度。复压遍数应以实测满足规定压实度值为停止复压标准。

⑤终压应采用 15 ~ 25t 轮胎压路机静碾压，以弥合表面微裂纹和消除轮迹为停压标准。碾压密实后的表面应及时喷雾、洒水，并尽早覆盖养生。

施工过程中应采取措施控制碾压混凝土表面裂纹的产生。碾压终了后的面层表面不应有可见微裂纹。

（五）滑模式摊铺机摊铺

1. 设备和机具准备

高速公路、一级公路施工，宜选配能一次摊铺不少于 2 个车道宽度（7.5m）的滑模式摊铺机；二级及二级以下公路路面的最小摊铺宽度不得小于单车道设计宽度。硬路肩的摊铺宜选配可连体摊铺路缘石的中、小型多功能滑模式摊铺机。

2. 基准线设置

设置基准线的目的是为滑模摊铺建立一个标高、纵横坡、板厚、板宽、摊铺中线、弯道及连续平整度等基本几何位置的基准参考系。基准线可为滑模式摊铺机上的 4 个水平传感器和 2 个方向传感器提供一个精确的与路面平行的水平（横坡）和直线（转弯）方向平面基准参考体系，其基准度决定着路面摊铺的几何精度和平整度。因此，基准线是滑模摊铺施工的"生命线"，是保证摊铺出的面板的标高、横坡、板厚、板宽等技术指标符合规范要求的必要条件。

（1）基准线横向支距

基准线桩固定位置到摊铺面板边缘的横向支距应根据滑模式摊铺机侧模别传感器的位置而定，一般 2 ~ 4 履带跨中摊铺，两侧路面边缘宜不小于 1m 宽度，最小不得小于 0.65m。基准线上的标高应为其所在位置的路面边缘高程计入支距横坡高度后，加上设定的架设高度。

（2）基准线横向间距

基准线的横向间距为摊铺宽度加一侧（单线）或两侧（双线）横向支距：双线式基准线的垂直横向间距应相等，单线式基准线到摊角边缘间距应相等。

（3）基准线桩纵向间距

平面直线段应小于或等于 10m，圆曲线段视弯道半径大小，一般可为 5 ~ 7m。在小半径弯道或山区极小半径回头弯道上，内侧宜为 2.5 ~ 5m，外侧宜为 3.5 ~ 7 面缓和曲线段和纵断面竖曲线段宜为 5 ~ 10m。实际设置基准线桩距离可小于上述值，但不得大于给定尺寸。

（4）基准线桩固定

基层顶面到夹线臂的高度宜为 45 ~ 75cm，自基准线所在位置的路面边缘高程算起的基准线统一架设高度宜为 25 ~ 50cm。基准线桩夹线臂夹口到桩的水平距离宜为 30cm。夹线臂到桩顶垂直距离宜为 15cm。基准线桩应牢固打入基层 15 ~ 25cm0 当打入困难时，应采用电钻钻孔后再钉牢固。

（5）基准线长度

一根基准线的最大长度不得大于 450m 3 超过此长度并需要继续摊铺时，应续接基准线，续接方式应通过同一个过渡桩的夹线臂口平顺连接。

3. 滑模摊铺前，应对施工现场准备工作进行的检查

（1）检查板厚

每 20m 垂直于两侧基准线挂横线，用钢尺单车道测 3 点、双车道测 5 点垂直高度，减去基准线设定高度，即为单个板厚，3 ~ 5 个值平均为该断面平均板厚。每 200m 10 个断面的勾值为该路段平均板厚。路段平均板厚不应小于设计板厚；断面平均板厚不应比设计板厚薄 5mm；单个板厚极小值不应比设计板厚薄 10mm，不满足上述要求时，应采取有效措施保证板厚。

（2）检查辅助施工设备机具

拉毛养生机、布料机械、发电机等应全部到场并试运转正常。端模板、手持振捣棒、搓平梁、传力杆定位支架、拉杆、拉毛耙、工作凳、拖行工具、养生剂及其喷洒工具等所有施工器具和工具应全部到位，状态良好。

（3）检查基层

基层局部破损应修补整平，基层上的裂缝应处理完毕，摊铺路面的基层及履带行走部位均应清扫干净并洒水湿润，积水应扫开。

（4）横向连接摊铺检查

前次摊铺路面纵缝的溜肩、胀宽部位应切割顺直。前次摊铺安装的侧边位杆应校正扳直，缺少的拉杆应钻孔锚固植入。纵向施工缝的上半部缝壁应涂饱满沥青。

4. 滑模式摊铺机工作参数初设

对滑模式摊铺机所有机构工作部件应进行正确施工位置的初步设定，并将这些正确施工参数通过试铺调整固定下来，正式摊铺时宜根据情况变化进行微调。

①振捣棒下缘位置应在挤压板最低点以上，横向间距不宜大于 45cm，均匀排列；两侧最边缘振捣棒与摊铺边缘距离不宜大于 20cm。

②挤压底板前倾角宜设置为 3。左右。提浆夯板位置宜在挤压底板前缘以下 5 ~ 10mm 之间。无须设前仰角的滑模式摊铺机可将挤压底板前后调水平。

③设超铺角的滑模式摊铺机两边缘超高程根据料的稠度应在 3 ~ mm 间调整。带振动搓平梁的滑模式摊铺机应将搓平梁前沿调整到与挤压板后沿高程相同，搓平梁的后沿比挤压底板后沿低 1 ~ 2mm，并与路面高程相同。

5. 滑模式摊铺机首次摊铺位置校准

首次摊铺前，应在直线路段采用钉桩或基准线法校准滑模式摊铺机挤压底板4角点高程和侧模前进方向。4个水平传感器控制挤压底板4角高程；2个方向传感器进行导向控制。按路面设计高程、横坡度或路拱测量设定 2 ~ 3 根基准线或 4 ~ 6 个桩，将6个传感器全挂上两侧基准线，并检查传感器的灵敏度和反应方向，开动滑模式摊铺机进入设好的桩位或线位，调整水平传感器立柱高度，使滑模式摊铺机挤压底板恰好落在精确测量设置好的木桩或基准线上，同时，调整好滑模式摊铺机机架前后左右的水平度。令滑模式摊铺机挂线自动行走，再返回校核 1 ~ 2 遍，正确无误后，方可开始摊铺。

6. 初始摊铺路面参数校正

在开始摊铺的5m内，必须对所摊铺出的路面标高、边缘厚度、中线、横坡度等技术参数进行复核测量。机手应根据测量结果及时缓慢地在滑模式摊铺机行进中反向的旋转滑模式摊铺机上水平传感器立柱手柄，校准挤压底板摊铺路面的高程和横坡，误差应在规定值范围内。及时调整拉杆打入深度及压力和抹平板的压力及边缘位置。检查摊铺中线时，应在设方向传感器的一侧，通过钢尺测量基准线到滑模式摊铺机侧模前后的横向距离，有误差时，缓慢微调前后两个方向传感器架立横梁伸出的水平距离，消除误差。禁止停机剧烈调整高程、中线及横坡等，以免严重影响平整度等质量指标，滑模式摊铺机 "起步—调整—正常摊铺"，应在10m内完成，并应将滑模式摊铺机工作参数设置固定保护起来，不允许非操作手更改或撞动。第二天的连接摊铺，应先检查滑模式摊铺机挤压底板4个角点的位置，再将滑模式摊铺机后退到前一天做了侧向收口工作缝的路面内，到挤压底板前缘对齐工作缝端部，开始摊铺。

7. 布料

滑模摊铺普通水泥混凝土路面，必须有专人指挥车辆均匀卸料。滑模摊铺时，机前的最高料位不得高于滑模式摊铺机前松方控制板顶面，料位的正常高度应在螺旋布料器叶片最高点以下，亦不得缺料。机前缺料或料位过高时，宜采用装载机或挖掘机适当布料和送料，布料应与摊铺速度相协调。

采用布料机施工，松铺系数应视坍落度大小由试铺确定，当坍落度在 1 ~ 5cm 时，松铺系数；宜在 1.08 ~ 1.15 之间。坍落度为3cm时，松铺系数宜控制在1.1左右。布料机与滑模式摊铺机之间的施工距离应控制在 5 ~ 10cm。热天日照强，风大，取小值；阴天湿度大，无风，可取大值。

采用布料机以外的布料方式摊铺钢筋混凝土路面、桥面或搭板时，禁止任何机械直接开上铮筋网。宜在钢筋外侧使用挖掘机或吊斗均衡卸料布料，也可使用便桥板凳加吊车汽车直接询料、挖掘机布料，但均不得缺料。

8. 滑模式摊铺机的操作要领

①机手操作滑模式摊铺机应缓慢、匀速，连续不间断地摊铺。滑模摊铺速度，根据拌和物稠度和设备性能可控制在 0.75 ~ 2.5m/mm 之间，一般宜为 1m/min 左右。当料

的稠度发生变化时，先调振捣频率，后改变摊铺速度，不得料多时追赶，然后随意停机等待，间歇摊铺。

②摊铺中，机手应随时调整松方高度控制板进料位置，开始应略设高些，以保证进料。正常状态下保持振捣仓内砂浆料位高于振捣棒 10cm 左右，料位高度上下波动宜控制在 ±4cm 之内。

③滑模式摊铺机以正常摊铺速度施工时，振捣频率可在 6000 ~ 11000/mm 之间调整，一般采用 9000r/min 左右。应防止混凝土过振、漏振、欠振。机手应随时根据混凝土的稠度大小，调整摊铺的速度和振捣频率。当混凝土偏稀时，应适当降低振捣频率，加快摊铺速度，但快不得超过 3m/min，最小振捣频率不得小于 6000r/min；当新拌混凝土偏干时，应提高振荡频率，但不得大于 11000r/mm，并减慢摊铺速度，最小摊铺速度宜控制在 0.5 ~ 1m/min；滑模式摊铺机起步时，应先开启振捣棒振捣 2 ~ 3m/mm，再推进。滑模式摊铺机脱离混凝土后，应立即关闭振捣棒。

④滑模摊铺纵坡较大的路面，上坡时，挤压底板前仰角宜适当调小，同时，适当调小抹平板压力；下坡时，前仰角宜适当调大，抹平板压力也宜调大。

⑤滑模摊铺弯道和渐变段路面时，单向横坡，使滑模式摊铺机跟线摊铺，应随时观察并调整抹平板内外侧的抹面距离，防止压垮边缘。摊铺中央路拱时，计算机控制条件下，输入弯道和渐弯段边缘及拱中几何参数，计算机自动控制生成路拱；手控条件下，机手应根据路拱消失和生成几何位置，在给定路段范围内分级逐渐消除或调成设计路拱。

⑥摊铺单车道路面，应视路面的设计要求配置一侧或双侧打纵缝拉杆的机械装置。侧向拉杆装置的正确插入位置应在挤压底板的中下或偏后部。拉杆打入分手推、液压、气压几种方式，压力应满足一次打（推）到位的要求，不允许多次打入。同时摊铺 2 个以上车道时，除侧向打拉杆装置外，还应在假纵缝位置中间配置 1 个以上中间的拉杆自动插入装置，该装置有机插和机后插两种。机前插时，应保证拉杆的设置位置；机后插时，要保证其插入部位混凝土的密实度。带振动搓平梁和振动修复的滑模式摊铺机应选择机后插入式；其他滑模式摊铺机可使用机前插入式。打入的拉杆必须处在路面板厚的中间位置。中间和侧向拉杆打入的高低误差不宜大于 ±3cm；倾斜及前后误差不宜大于 ±4cm。

⑦机手应随时密切观察所摊铺的路面效果，注意调整和控制摊铺速度，振捣频率、夯实杆、振动搓平梁和抹平板位置、速度和频率。软拉抗滑构造表面砂浆层厚度宜控制在 4mm 左右，硬刻槽路面的砂浆表层厚度宜控制在 2mm 左右。

⑧连接摊铺时，滑模式摊铺机一侧履带上前次水泥混凝土路面的时间应控制在养护 7d 以后，最短不得少于 5d。同时钢履带底部应铺橡胶垫或使用有挂胶履带的滑模式摊铺机。纵向连接摊铺路面时，应对连接纵缝部位进行人工修整，连接纵缝的横向平整度符合不同公路等级的要求。并用钢丝刷刷干净黏附在前幅路面上的砂浆，刷出粗细抗滑构造。

9. 平面交叉口变宽段和匝道路面的滑模施工

遇到平面交叉口、收费站广场或匝道变宽段路面时，只要摊铺宽度小于滑模式摊铺机固定宽度，可采用滑模式摊铺机跨一侧或两侧模板施工方式，模板顶面应粘贴橡胶垫，模板顶面高程应低于路面高程 3mm，滑模式摊铺机的振捣仓在模板上部应加隔板，施工时应关闭隔板外侧的振捣棒。

10. 滑模摊铺结束后，必须及时做的两项工作

①将滑模式摊铺机驶离工作面，先将所有传感器从基准线上脱开，并解除滑模式摊铺机上基准线自动跟踪控制，再升起机架，用水冲洗干净黏附的混凝土，已结硬在滑模式摊铺机上的混凝土，应轻敲打掉。清理干净后，应对与混凝土接触的机件喷涂废机油或吹（揩）干防锈。同时，滑模式摊铺机进行当日保养，加油加水，打润滑油等。

②设置横向施工缝。软做法：应先将从滑模式摊铺机振动仓内脱出的厚砂浆铲除丢弃，然后设置施工缝端模和侧模，插入拉杆和传力杆，并用水准仪测量面板高程和横坡。为使下次摊铺能接着施工缝开始，两侧模板应向内各收进 2 ~ 4cm，且宜大不宜小，长度与滑模式摊铺机侧模板等长或略长。还可采用第二天硬切齐施工缝端部做法：切缝部位应满足平整度、高程要求，可使用缩缝传力杆钢筋支架，上部锯开，下部凿除混凝土，也可锯开后在端部垂直面上钻眼，插入传力杆，再连接施工。连接接头施工，除应测量高程和横坡外，还应辅以人工振捣密实，应采用长度 3m 以上抄平器保证端头和结合部位的平整度。

第四章 桥梁、涵洞工程施工技术

第一节 桥梁下部结构施工技术

桥梁下部结构由基础和墩台两个部分组成，是支承支座以上全部荷载，并将其传递到地基中的传力构造物。

一、明挖基础

（一）基础知识

明挖基础又称为扩大基础，是一种直接敞坑开挖就地灌注混凝土的浅基础形式。明挖基础是在桥梁墩（台）基础位置上，从原地面线向下开挖，一直挖到设计基底标高，对基底进行清淤、换填等处理或用其他加固方法加固，然后砌筑基础。由于施工简便、造价低，只要在地质和水文条件许可的情况下，都应优先选用。明挖基础适用于无水、少水或浅水河流的基础工程，可采用人工开挖或机械开挖。明挖基础施工重点需解决的问题是敞坑边坡稳定及开挖过程中的排水。

（二）明挖基础施工

1. 测量放样

基础定位放样是根据墩台的位置和尺寸将基础的平面位置与基础各部分的标高标定

在地面上。放样时，首先定出桥梁的主轴线，然后定出墩台轴线，最后详细定出基础各部分尺寸。基础位置确定后采用钉设龙门板或测设轴线控制桩，作为基坑开挖后各阶段施工恢复轴线的依据。

2. 基坑开挖

基坑可采用垂直开挖、放坡开挖、支撑加固或其他加固的开挖方法。若基坑坑壁坡度不易稳定并有地下水影响，或放坡开挖场地受到限制，或放坡开挖工程量大，应根据设计要求进行支护。设计无要求时，应结合实际情况选择适宜的支护方案。在有地面水淹没的基坑，可修筑围堰、改河、改沟、筑坝排开地面水后再开挖基坑。

基坑开挖的工艺流程是：施工方案论证及确定→测量放线并用灰线撒出轮廓线→放坡开挖→井点降水以保持基坑内干燥→使用机械进行基坑开挖→基坑四周设置排水沟、集水坑进行排水→机械开挖至基底设计高程，并预留 30cm 的高度→人工清理找平基底→基底处理→成品验收。

3. 基底处理

为了使地基与基础接触良好，共同有效地工作，在基坑开挖至设计高程时，应针对不同地质情况，对地基面进行处理。

①未风化岩层基底处理：对未风化岩层开挖至岩层面后，应清除岩面松碎石块，凿出新鲜岩面，并用水冲洗干净，岩面不得存有淤泥、苔藓等表面附着物。岩面倾斜时，应将岩面基本凿平或凿成台阶。对基坑内岩面有部分破碎带时，应会同设计人员研究处理，采用混凝土封填或设混凝土拱等方法进行处理，以满足承载力的要求

②风化岩层基底处理：岩石的风化程度对其承载力影响很大。在开挖至风化岩层时，应会同设计人员认真观察其风化程度，检查基底是否符合设计承载力要求。按设计要求适当凿去风化表层，或清理到新鲜岩面，将基坑填满封闭，防止岩层继续风化。

③碎石或砂类土层基底处理：将基底修理平整并夯实，砌筑基础混凝土时，应先铺一层 2cm 厚水泥砂浆

④黏土基底处理：基坑开挖时，留 20～30cm 深度不挖，以防止地面、地下水渗流至基面，浸泡基面，降低强度；砌筑前，用铁锹加以铲平。如基底原状土含水量较大或在施工中浸水泡软，可向基坑中夯入 10cm 以上厚度的碎石，但碎石顶面不得高于设计高程。对于基底土质不均，部分软土层厚度不大时，可挖除后换填砂土，并分层夯实。

⑤湿陷性黄土基底处理：湿陷性黄土地基开挖时，必须保持基坑不受水浸泡，并尽量避免在雨期施工，否则应有专门的防洪排水降水设施，并应按设计要求采用重锤夯实、换填或挤密桩法进行加固。

⑥软土层基底处理：软土地基应按设计要求进行加固，可采用换土、砂井、砂桩或其他软土地基处理方法。在软土地基上修建桥梁时，应按设计预留沉降量。采用砂井加固的软土地基，按设计要求采取预压。桥涵主体必须分期均匀施工。在砌筑墩台、填土和架梁工程中，随时观测软土地基的沉降量，控制施工进度，使软土地基缓慢平均受载，防止发生剧烈变化或不均匀下沉。

4. 绑扎钢筋

在绑扎钢筋前，先进行基础的平面位置放样，在垫层混凝土面上标出每根底层钢筋的平面位置，准确安放钢筋。钢筋绑扎时，在钢筋的交叉点处，用扎丝交错扎结（呈八字形）。安装钢筋时要保证其在模型中的正确位置，不得倾斜、扭曲，不得变更保护层的厚度。基础钢筋网置于基础底面上，保护层、钢筋间距满足设计要求。

5. 混凝土浇筑

混凝土浇筑前应将模板内的杂物和钢筋上的油污等清理干净；当模板有缝隙和孔洞时，应予堵塞，不得漏浆。仔细检查钢筋，模板，支架，预埋件的紧固程度，保护层垫块的位置、数量。

振动棒与侧模板应保持 50～100mm 的距离，应避免碰撞钢筋、模板，不得直接或间接地通过钢筋施加振动。每一振点的振捣时间宜为 20～30s，以混凝土不再沉落、不出现气泡、表面泛浆为度，防止过振漏振。混凝土在浇筑振捣过程中产生的部分泌水，应及时排除。浇筑完成后，应及时修整、抹平混凝土裸露面。

6. 混凝土养护

混凝土浇筑完成后，12h 内必须覆盖和洒水，直至规定养护时间。操作时不得使混凝土受到污染和损伤。混凝土养护用水可以使用拌和水，不得用海水。混凝土养护期间，混凝土内部温度与表面温度之差、表面温度与环境温度之差不宜大于20℃。

7. 拆模及基坑回填

混凝土强度达到 2.5MPa 以上时，且其表面及棱角不会因拆模而受损时才可以拆除模板。拆模的顺序按立模顺序逆向而行，拆模时注意不得撬损基础混凝土棱角。拆模后及时回填基坑，回填土须分层夯实。将余土推平，达到现场文明施工要求。

二、钻孔灌注桩基础施工

（一）基础知识

钻孔灌注桩是在桩位处采用钻孔机械（或人工）将地层钻挖成预定孔径和深度的桩孔后，将预制钢筋龙骨架放入孔内，然后灌注混凝土而形成桩基。钻孔灌注桩能将作用于桩顶的荷载传递到较深的土体中，承载力大，适用于水中和"干处"及各类地层施工；但成孔质量和水下混凝土施工质量较难控制，孔壁坍塌处理和孔底沉淀清除较为困难。

（二）钻孔灌注桩基础施工工艺流程

钻孔场地设备准备→测放桩位→埋设护筒→钻机就位→钻孔→一次渭孔一吊放钢筋笼、声测管→安装导管→二次清孔→灌注水下混凝土→凿除桩头→桩基检测。

1. 测放桩位、埋设护筒

首先对桩位进行炮灰处理，待土体达到一定强度后，测放桩位。钢护桶采用壁厚1cm 的钢管，φ1.2m 桩的钢护桶选用 φ1.4m 的钢管，φ1.5m 桩的钢护桶选用 φ1.7m

的钢管。护桶长度根据桩底面标高、桩顶标高计算确定。护桶插打完成后，将上部割齐，由测量人员测出护桶顶标高，并对施工队进行交底。

2. 钻机就位

钻机采用起重机吊装就位，就位后进行中心位置和水平度检查。

3. 钻孔

钻孔施工时，根据设计资料绘制的地质剖面图，选用适当的钻机和泥浆参数。钻机安装后的底座和顶端应平稳，在钻进中不应产生位移和沉陷，否则应及时处理。钻孔作业应分班连续进行，填写钻孔施工记录，交接班时应交代钻进情况及下一班应注意事项。应经常对钻孔泥浆进行检测和试验，不合要求时，应随时改正。应经常注意地层变化，在地层变化处均应捞取渣样，判明后记入记录表中并与地质剖面图核对。

4. 第一次清孔

钻孔至设计高程，经过检查，孔深、孔径、孔的偏斜符合要求后，将钻渣抽净。进行第一次清孔。清孔采用换浆法，在钻进至设计深度后，稍稍提起钻头，同时保持原有的泥浆密度进行循环浮渣，随着残存钻渣的不断浮出，孔内泥浆密度和含量不断降低，然后注入清水继续循环置换，随时检查清孔质量；个别孔底沉渣采用泥浆泵吸出的方式进行清孔。

5. 钢筋笼绑扎

钢筋笼严格按设计和规范要求制作。钢筋骨架的保护层，通过用螺旋筋穿入中心开孔，用厚5cm的工字形水泥砂浆（水灰比＜0.4）垫块来保证保护层的厚度，砂浆垫块按竖向每隔2m设一道，横向圆周不少于4个，最后安装和固定声测管。骨架顶端应设置吊环，吊环长度根据护桶顶标高和桩顶标高计算确定。钢筋笼应分段焊接，每段长度不超过20m，钢筋笼主筋采用双面搭接焊。

6. 声测管安装

声测管在钢筋笼加工过程中安装，按设计要求用加强筋固定。钢筋笼分段吊装过程中，声测管必须对正，用"中φ68mm×3.5mm"的接头连接。安装声测管时每个接头必须焊好并用胶带封严密合，防止灌注混凝土时进入声测管内，使桩基无法检测。声测管连接完毕后灌水进行检查，以增强声测管抗压能力，方便桩基检测。

7. 钢筋笼吊装

在确认清孔完成并符合设计要求后，将焊接好的钢筋笼骨架分段用汽车式起重机吊入桩孔，吊入下段后将其临时固定在孔口位置，再吊放上段钢筋笼，并在孔口与下段钢筋笼进行对接；钢筋笼对接采用双帮条搭接，并在下段小筋上焊好帮条，在上、下段钢筋笼对位固定好后进行焊接。对接完成后下放至设计深度，并在孔口牢固定位，以免在灌注混凝土过程中发生浮笼现象。钢筋笼吊装。

8. 导管安装

导管长度要求下口距孔底 30～50cm，上口超出护桶 50cm，每节长 2.0m，根据桩长配 1～2 节长短管，由管端粗丝扣、法兰螺栓连接，接头处用橡胶圈密封防水，并对导管做水压和接头抗拉试验，保证不漏水。安装导管时不得与钢筋笼相碰。

9. 第二次清孔

在第一次清孔达到要求后，由于要安放钢筋笼及导管，导致浇筑混凝土的时间间隙较长，孔底又会产生沉渣，所以待安放钢筋笼及导管就绪后，再利用导管进行第二次清孔。清孔的方法是在导管顶部安装一个弯头和皮笼，用泵将泥浆压入导管内，再从孔底沿着导管外置换沉渣。要求：孔深达到设计要求，泥浆相对密度不大于 1：1，泥浆黏度为 17～20s，含砂率不大于 2%，胶体率不小于 98%，沉渣厚度不大于 200mm，沉渣厚度检测采用测锤法。待质检工程师、监理检测合格后灌注混凝土。

10. 水下混凝土灌注

混凝土拌和物运至灌注地点时，应检查其均匀性和坍落度等，如不符合要求，应进行第二次拌和，二次拌和仍不符合要求时，不得使用。为防止钢筋骨架上浮，当灌注的混凝土顶面距钢筋骨架底端 1m 左右时，应降低混凝土的灌注速度。当混凝土拌和物上升至骨架底口 4m 以上时，提升导管，使其底口高于骨架底部 2m 以上，即可恢复正常灌注速度。

三、桥梁承台施工概述

（一）基础知识

钢筋混凝土平台，也是基础工程；一般采用钢筋混凝土结构，通过其承上传下的作用，把墩身荷载传到基桩上。

（二）承台施工工艺

施工测量放样→机械开挖基坑→人工清理基底→凿除桩头→垫层施工—安装钢筋及模板→承台混凝土浇筑→混凝土养护、拆模→基坑回填。

（三）桥梁承台施工

1. 测量放线

根据导线控制点测出承台中心及四周边线，用石灰作标记，同时测出承台底与原地面的高差，确定开挖深度及放坡后开挖边线。控制桩应打在距承台开挖边线 100cm 处的四个角上，并标明高程（同时注明开挖深度）及距承台开挖边线位置。控制桩打设深度不小于 25cm（根据现场地基情况定）。

2. 基坑的开挖

灌注桩施工完成后，先初步放样，标记出承台边界。采用机械配合人工方式开挖基坑。先用机械开挖至设计基底以上 10 ~ 20cm 后，再用人工开挖至设计基底，开挖放坡 1 ∶ 0.5，基坑长宽方向要比承台设计长宽方向各加 1m，其中设 40cm 排水沟，另 60cm 为支承模板的作业空间，严禁超挖回填。用潜水泵将基底水排出基坑以外。开挖完毕后清除基坑底脏乱杂物，进行平整处理，保证无淤泥及杂物。

3. 钢筋施工

在垫层上进行钢筋绑扎。绑扎钢筋前检查钢筋种类、直径、长度是否与设计图一致。然后，进行有序的绑扎，绑扎要依据设计及规范要求进行，注意钢筋位置、搭接长度及接头的错开。施工完毕自检合格后方可进行模板施工。

4. 模板施工

承台的模板采用透水模板衬里的渗透性模板。为提高承台的浇筑质量，应保证模板的平面光滑，拼缝严密。模板用方木支撑，上、下两层用对销螺栓紧固，钢模板外侧立双根直径 5cm 的钢管，横向用直径 5cm 的钢管横放，用 φ16mm 拉杆拉紧。所有钢管必须双根拼用，拉杆分上、下两层，横向间距为 1.2m，在模板的外围用规格为 10cm × 15cm 方木支顶在基坑四侧坡上，以保证模板的垂直稳定性。模板之间夹海绵条，防止漏浆，以保证混凝土的外观质量。

5. 肋板式桥台钢筋预埋

浇筑混凝土前测量人员给出肋板式桥台钢筋位置，将肋板式桥台钢筋准确插入承台中，与承台主筋焊接定位。钢筋上端与钢管架子绑紧，以保证肋板式桥台钢筋的位置准确。

6. 混凝土浇筑及养护

承台混凝土浇筑完毕后用木抹子抹面。混凝土初凝开始后开始养护，用麻袋片覆盖并浇水以保持湿润。浇水养护 7d 后经监理检验合格后方可用土回填，以土壤水分进行自然养护。

7. 拆模板

在保证承台的质量的同时尽量减少破坏模板，使模板保持完整，确保模板的可再利用性。

刚拆模的承台。拆模必须保证承台体的完整性，拆模时杜绝破坏承台的保护层，切割拉杆时必须保证不损害主筋。

8. 刷防腐涂料

承台侧面、顶面均涂刷环氧煤沥青，厚度为 250μm。

四、桥梁墩台施工概述

（一）基础知识

桥梁墩台施工方法通常分为两大类：

1. 现场就地浇筑与砌筑

优点是工序简便，机具较少，技术操作难度较小；缺点是施工期限较长，需耗费较多的人力与物力。

2. 拼装预制的混凝土砌块、钢筋混凝土或预应力混凝土构件

特点是依赖于施工机械（起重机械、混凝土泵送机械及运输机械）的应用，既可确保施工质量、减轻工人劳动强度，又可加快工程进度、提高工程效益。

（二）墩台施工工艺流程

施工准备→基顶放线墩底定位→墩台身钢筋绑扎→模板安装→自检后报监理审批→浇筑混凝土→混凝土养护、拆模。

（三）桥梁墩台施工

1. 测量放线

墩柱和台身施工前应按图纸测量放线，检查基础平面位置、高程及墩台预埋钢筋位置。

2. 搭设脚手架

脚手架搭设前应对地基进行处理，地基应平整坚实，排水顺畅；脚手架应搭设在墩台四周并环形闭合，以增加稳定性。

3. 钢筋加工及绑扎

墩、台身钢筋加工应符合一般钢筋混凝土构筑物钢筋加工的基本要求，严格按设计和配料单进行。

4. 混凝土浇筑

根据墩、台所处位置、混凝土用量、拌和设备等情况合理选用混凝土运输和浇筑方法。

五、盖梁施工概述

（一）基础知识

盖梁指的是为支承、分布和传递上部结构的荷载，在排架桩墩顶部设置的横梁，又称帽梁。在桥墩（台）或在排桩上设置钢筋混凝土或少筋混凝土的横梁，主要作用是支承桥梁上部结构，并将全部荷载传到下部结构。有桥桩直接连接盖梁的，也有桥桩接立柱后再连接盖梁的。

（二）盖梁施工工艺流程

施工准备→测量放样→底模安装→安装盖梁钢筋→安装侧模→混凝土浇筑→养生→拆侧模→拆底模。

（三）盖梁施工

1．施工准备

将墩柱顶混凝土浮浆全部凿除，至裸露新鲜集料为止，并用清水冲刷干净，以保证墩柱与盖梁混凝土结合面良好。

2．施工放样

测量人员将盖梁轴线放出后，施工人员根据盖梁轴线和盖梁标高安装底模，并调整盖梁底模达到设计标高。消除由于承重工字梁受荷载作用而引起下挠曲。盖梁底模标高安装施工误差不大于5mm，轴线偏位不大于10mm。模板接缝间垫约3mm厚的橡胶条或粘胶带，防止接缝漏浆造成混凝土麻面。模板安装后均匀涂刷脱模剂。

3．安装盖梁钢筋

盖梁骨架钢筋可先在钢筋棚加工成骨架，然后吊到盖梁底

4．安装侧模

安装前，应均匀涂刷脱模剂。侧模与底模之间要接缝严密，以保证不漏浆。模板各部位支撑牢固，模板上口横向设置拉杆，可用 φ25m，间距不大于1.0m。

5．混凝土浇筑

浇筑前，报请现场监理工程师检查模板各部位尺寸是否正接缝是否严密，支撑、拉杆是否牢固，钢筋绑扎、预埋件位置是否正确，以上各项满足设计及规范要求后方可施工。

6．拆侧模

混凝土强度达到2.5MPa后，在不损坏混凝土角边情况下，即可拆侧模，拆除后，用土工布或塑料布覆盖，洒水养生。

7．拆底模

混凝土强度达到80%以上时，方可拆除底模。混凝土底模拆除

六、质量通病和注意事项

①系梁基坑超挖或欠挖。应对开挖班组进行基底标高施工要求交底。
②系梁基坑浸水。应设置排水沟和集水坑以及时排出积水。
③桩基检测管堵塞。检测管端头应封闭，采用高压水枪疏通。
④钢筋笼或钢筋骨架偏位。测量放样应准确，定位后采取适当措施避免扰动。
⑤模板偏位或错台，接缝不严密。应准确定位模板边线，采取适当措施避免扰动，模板接缝应采用双面胶保证严密。
⑥未设置保护层垫块。应按要求设置保护层垫块。
⑦混凝土浇筑完成后表面存在蜂窝麻面和水纹。浇筑过程中应加强振捣。
⑧墩柱底部出现烂根。混凝土浇筑过程中加强对底部的振捣。

⑨未进行养护或养护不及时。应按要求进行覆盖洒水养护。

第二节　桥梁上部结构施工技术

桥梁上部结构体系较多，如拱式桥、梁式桥（含简支梁、连续梁、悬臂梁）、刚构桥、斜拉桥、悬索桥和组合体系等，桥型设计时应根据实际地形、地质与水文、跨越对象、荷载大小、公路等级等条件，进行技术经济比较后确定。

一、预制梁板施工概述

（一）预制梁板施工工艺流程

清理底模、施工放样→绑扎底、腹板钢筋→安装预应力管道→安装侧及凿毛→张拉、压浆→移梁→梁体封端。

（二）预制梁板施工

1. 清理底模、施工放样

梁板底模采用不小于 C30 的混凝土浇筑，厚度不小于 30cm，上铺 3mm 厚钢板，经过受力验算，各项指标均要满足规范要求，钢底模清理干净后，底模上加粘 2mm 厚 PVC 板。底模两侧与侧模接触面安装橡胶条，防止漏浆。橡胶条与底模顶面平行，接缝平整。底模清理干净，表面无残存物，且线形平顺，表面平整。均匀涂抹脱模剂。按梁板的几何尺寸进行放样并弹线标识。

2. 绑扎底、腹板钢筋

根据放样结果，安装绑扎卡具，在绑扎卡具上先安装腹板外侧水平钢筋，然后将腹板箍筋和水平筋进行绑扎。在钢筋绑扎卡具上摆放底板箍筋，将底板箍筋与腹板箍筋对应进行绑扎。穿梭底板主筋和水平筋并与箍筋进行绑扎。底板钢筋绑扎完成后，检查钢筋保护层厚度，杜绝钢筋贴近模板而造成露筋现象的出现。

3. 穿预应力管道

首先定位预应力（波纹）管道坐标，焊定位钢筋，定位钢筋直线段每隔 1m 固定，曲线段每隔 0.5m 固定，然后沿位置穿预应力（波纹）管道并与定位筋顶部绑扎牢固，此工序必须符合图纸及规范的要求。管道线型平顺，在张拉锚板处，沿管道切线方向与锚板平面保持垂直状态。在管道内穿外径稍小的塑料衬管，以防漏浆堵塞管道。

4. 安装侧模

侧模应预先在别处分段拼装好，其中箱梁侧模表面应加粘 2mm 厚 PVC 板，清理干净后均匀涂抹隔离剂，把预先拼装好的两侧模板通过横穿底座的对拉螺栓连接，并在底胎预先埋设好的地锚或钢筋与侧模之间打入木楔。当侧模自带托架时，应将支腿处用钢板或木楔钉牢。模板接缝应平顺、严密，无错台，模内长、宽、高尺寸符合设计图纸及施工规范的要求，对拉螺杆齐全、紧拉，支撑稳固。侧模与底模之间、侧模与侧模之间接缝不严密处用原子灰或透明玻璃胶填补，确保模板接缝不漏浆。

5. 浇筑混凝土

混凝土施工在侧模、底板钢筋、腹板钢筋、预应力管道、内模安装完毕通过自检并抽检合格后，方可浇筑。一般采用一次性浇筑底板、腹板和顶板混凝土，施工中不间断，浇筑从一端开始持续到另一端。

6. 拆模及凿毛

拆除端模和侧模，拆除时用锤子敲掉木楔，松掉对拉螺栓的螺母，拆除端模模板，再自上而下抽出对拉螺杆，拆除分块侧模模板之间的连接螺丝。模板拆除时，要保证混凝土表面及棱角不因拆除模板受到损坏。侧模应优先考虑整体拆除，便于整体转移后，重复进行整体安装。拆下的模板应及时清理粘连物，用手砂轮打磨干净，涂刷脱模剂，拆下的扣件及时收集管理。模板拆除后应及时用手工或电动凿毛锤对混凝土表面加密凿毛，凿毛时清除混凝土表面浮浆，露出新鲜的混凝土。确保以后在进行桥面施工时，梁板之间能有效地连结成整体。

7. 预应力张拉

①钢绞线应梳整、分根、编号、编束，每隔 1.5m 左右绑扎铁丝，使编扎成束、顺直不扭转。

②穿束前用压力水冲洗孔道内杂物，观测孔道有无串孔现象，再用空气压缩机吹干孔道内水分。

③孔口锚下垫板应与管道垂直。预应力筋束的搬运，应无损坏、无污染、无锈蚀。

④穿束用人工进行，从一端送入即可，如若困难可采用卷扬机牵引，后端用人工协助。钢绞线采用卷扬机牵引穿束，每束钢绞线前端焊成弹头状用塑料胶带包裹以减小阻力，并焊一钢挂钩，用卷扬机钢丝绳牵引缓慢穿入。

8. 浇筑封端混凝土

对于非连续梁端，上梁前应浇筑梁端封锚混凝土。孔道压浆后应立即将梁端水泥浆冲洗干净，并将端面混凝土凿毛。按设计要求绑扎端部钢筋网。固定封端模板，立模后，校核梁体全长，其长度应在允许误差范围内。封端混凝土，其配合比及强度要求应与梁体混凝土完全相同。灌注封端混凝土时，要仔细操作并认真捣固，务使锚具处的混凝土密实。静置 1～2h，带模浇水养护，脱模后继续浇水养护。

二、模板与支座安装

（一）模板

由于混凝土拌和初期，其状态介于固体和液体之间，不具有强度，所以混凝土工程施工中要以模板作为临时承重结构物。模板不仅控制着构件的形状和尺寸，还直接影响混凝土工程进度及工程造价。

1. 模板的种类

①木模板。木模板采用木材拼接出所需要的形状和尺寸，其一般由模板、肋木、立柱或由模板、直枋、横枋组成。模板厚度通常为 3 ~ 5cm，板宽为 15 ~ 20cm，木模板制作容易，且可做成任意形状，但对木材的损耗大，成本高且施工效率低，故木模板常应用在定型模板（如钢模）不易实现的混凝土构件中。

②钢模。目前，桥梁构件的尺寸趋向模数化，这给使用定型组合模板提供了机会。钢模板通常是根据国家相应规范制作出的具有一定规格尺寸的模板，亦可根据实际工程进行制作。

小模板是以钢板作为模板，以角钢代替肋木和立柱，通常钢板厚为 4mm。钢模板造价虽高，但由于周转次数多，实际成本低，而且其接缝严密，能承受强烈振捣，浇筑后的混凝土质量好，所以目前被广泛应用于桥梁建设中。

③钢木结合模。肋木、立柱采用角钢，将木模板用平头开槽螺栓固定于角钢上。这种模板节约木材，成本低，而且具有较大的刚度和稳定性。

④纤维板或塑料板模板。以木材或钢材作为内架，以纤维板或塑料板作为模板，这种模板容易拼接，浇筑后混凝土表面平整。目前，采用该模板日益增多。

2. 模板的安装

模板安装前应在模板上涂刷脱模剂，便于脱模。模板的安装应与钢筋安装工作配合进行，妨碍钢筋绑扎的模板应待钢筋安装完毕后安装。安装模板时，应防止模板移位，可设置必要的支撑。模板安装完毕后应对其平面位置、顶部高程、节点联系及纵横向稳定性进行检查，合格后方可浇筑混凝土。浇筑时若发现模板超过允许偏差变形，应及时纠正。

3. 模板的拆除

模板的拆除期限应根据工程特点、模板位置及混凝土所达到的强度来决定，非承重模板一般应在混凝土抗压强度达到 2.5MPa 时方可拆除；芯模应在混凝土强度能保证其表面不发生塌陷和裂缝时拆除，一般混凝土强度应达到 0.4 ~ 0.8MPa；钢筋混凝土的承重模板，应在混凝土强度能承受其自重及其他可能的荷载时拆除，跨径不大于 4m 及大于 4m，其混凝土强度符合设计强度标准值的 50% 及 75% 后方可拆除。

模板的拆除应按一定顺序进行，现浇钢筋混凝土桥的落架工作，应从挠度最大的支架上开始卸落，然后对称地向支点展开，务必使整个承重结构逐渐受力，以免突然受力而遭受损害。

（二）支座

目前桥梁上使用较多的是橡胶支座，类型有板式橡胶支座和盆式橡胶支座。板式橡胶支座用于反力较小的中、小跨径桥梁，盆式支座用于反力较大的大跨径桥梁。

1. 板式橡胶支座的安装

板式橡胶支座在安装前的检查和力学性能检验，包括支座长、宽、厚、硬度、允许荷载、允许最大温差以及外观检查等，如不符合设计要求，不得使用。支座安装时，支座中心应对准梁的计算支点，必须使整个橡胶支座的承压面上受力均匀。为此，应注意下列事项：

（1）支座下设置的承垫石，混凝土强度应符合设计要求，顶面标高准确、表面平整，在平坡情况下同一片梁两端支承垫石水平面应尽量处于同一平面内，其相对误差不得超过 3mm，避免支座发生偏斜、不均匀受力和脱空现象。

（2）安装前应将墩、台支座支垫处和梁底面清洗干净，去除油污，用水灰比不大于 0.5 的 1∶3 水泥砂浆抹平，使其顶面标高符合设计要求。

（3）支座安装尽可能安排接近年平均气温的季节里进行，以减少由于温差变化大而引起的剪切变形。

（4）当墩台两端标高不同，顺桥向有纵坡时，支座安装方法应按设计规定执行。

（5）梁、板安放时，必须细致稳妥，使梁、板就位准确且与支座密贴，就位不准或支座与梁、板不密贴时，必须吊起，采取措施垫钢板和使支座位置限制在允许偏差内，不得用撬棍移动梁、板。

2. 盆式橡胶支座安装

盆式橡胶支座顶、底面积大，支座下埋设在墩顶的钢垫板面积也较大，浇筑墩顶混凝土必须密实。盆式橡胶支座的规格和质量应符合设计要求，支座组装时其底面与顶面（埋置于墩顶和梁底面）的钢垫板，必须埋置密实。垫板与支座间平整密贴，支座四周不得有 0.3mm 的缝隙，严格保持清洁。活动支座的聚四氟乙烯板和不锈钢板不得有刮伤、撞伤。氯丁橡胶板块密封在钢盆内，安装时应排除空气，保持紧密。施工时应注意下列事项：

①安装前应将支座的各相对滑移面用酒精或丙酮擦洗干净，擦净后在"四氟滑板"的储油槽内注满硅脂类润滑剂并保洁。

②支座的顶板和底板可用焊接或锚固螺栓接在梁体底面和墩台顶面的预埋钢板上；采用焊接时，应防止烧坏混凝土；安装锚固螺栓时，其外露螺杆的高度不得大于螺母的厚度；支座安装顺序，宜先将上座板固定在大梁上，然后根据其位置确定底盘在墩台的位置，最后予以固定。

③支座的安装标高应符合设计要求，中心线要与梁的轴线重合；水平最大位置偏差不大于 2mm。

④安装固定支座时，上、下各部件的纵轴线必须对正；安装活动支座时上、下纵轴线必须对正，横轴线应根据安装时的温度与年平均温度的差值，由计算确定其错位的距

离；支座的上、下导向挡块必须平行，最大偏差的交叉角不得大于5、

三、钢筋

由于钢筋在结构中所起的作用及所处的位置不同，桥梁工程中使用的钢筋存在着使用规格多、成品形状复杂的特点，这就决定了钢筋工艺在桥梁施工中的复杂性和重要性。随着桥梁施工预制装配化的发展，钢筋加工一般集中在钢筋加工厂，实现钢筋加工的专业化，从而有利于提高钢筋加工的机械化程度，同时提高了生产效率，为确保工程质量提供了有利的条件。

（一）准备工作

1. 钢筋的检验与保存

钢筋进场后，应检查出厂试验证明书，若未附有适当的证明文件或对钢筋质量有疑问，应作拉力和冷弯试验。如钢筋需要焊接，需加作可焊性试验，试验应符合下列规定：

①钢筋试验应分批进行，每批重量不能超过200kN。

②每批钢筋中取试件9根，其中，3根作拉力试验（确定屈服点、极限强度和伸长率），3根作冷弯试验，3根作电弧焊接工艺试验。

③作拉力试验时，应同时确定抗拉强度、屈服点和伸长率三个指标。在第一次拉力试验时，如果有一个指标不符合规定，即作为拉力试验项目不合格，应再作拉力试验，重新测定三个指标。第二次试验中，如仍有一个指标不符合规定，不论这个指标在第一次试验中是否合格，拉力试验项目即作为不合格。

④作冷弯试验时，应按要求将试件绕一定直径的芯棒弯曲至规定角度，其背后不发生裂纹、鳞落、断裂等现象为合格。

⑤若有任何一项试验结果不合格，允许重作该项试验，重作试验时应另从其他钢筋中选取试件，试件数量应为第一次试件数量的2倍。第二次的重作试验仍有不合格时，则认为该批钢筋是不合格的。

⑥钢筋进场后，应注意妥善保管，钢筋应严格按照钢筋类型、直径大小、钢号、批号等条件分别堆放，不得混淆；不要和酸、盐、油类物品一起存放，以免污染；堆放场地宜选择在地势较高处。

2. 钢筋的调制

为便于钢筋的运输与保管，钢筋在出厂时，直径10mm以下的 I 级钢筋常卷成盘形，粗钢筋常弯成"发卡"形或截断成8～10m长。因此钢筋在使用前，必须予以调直，然后加工弯制。

钢筋调直的方法常用的有三种：

①用绞车或卷扬机调直钢筋。将盘形钢筋放开，将其截成30～40m的长度，一端固定，另一端用绞车或卷扬机拉伸，调直钢筋时要控制伸长率不大于2%，用这种方法调直钢筋，具有设备简单、操作方便、易控制伸长率等特点，但调直后的钢筋屈服极限

上升很少。

②冷拉调直钢筋。在常温下，对钢筋进行拉伸，使钢筋拉应力超过本身的屈服极限且小于抗拉极限强度。这种方法调直的钢筋，其屈服极限有所上升，并使钢筋有所伸长，所以可以达到节约钢材的目的；同时还可以检验钢筋焊接质量，避免了钢筋在张拉过程中接头突然断裂；并可对钢筋进行除锈工作，简化了加工工序。

③冷拔调直钢筋。冷拔工艺是以强力拉拔的方法，将直径为 6 ~ 8mm 的 I 级光圆钢筋，在常温下通过比其直径小 0.5 ~ 1mm 的拔丝模，从而抽拔成比原直径小的钢丝。钢筋调直后，塑性降低，呈硬钢性质，无明显的屈服台阶，弹性模量变化不大，但强度提高，从而可以节约钢材 30% 左右。

（二）钢筋加工

①钢筋接长。钢筋配料中，当长度不能满足需要时，就需将钢筋接长。接长方法有闪光接触对焊、竖向钢筋电渣压力焊接、电弧焊（搭接焊、绑条焊）、螺套及套筒挤压连接和绑扎 5 种。一般钢筋连接均应使用焊接接头；当结构钢筋特别长，无法运输，接头。

②钢筋骨架的焊接。为减少在现场的钢筋安装工作，构件内的钢筋宜预先在工厂或工地制成平面或立体骨架，当跨径较大时，可采用分段制成骨架。钢筋骨架的焊接一般采用电弧焊，先焊成单片平面骨架，然后再将平面骨架组焊成立体骨架。制作骨架时应焊接坚固，使骨架有足够的刚度，以便吊装和运输。

（三）钢筋安装

钢筋安装的顺序可根据钢筋混凝土构件的形状、钢筋配置情况、混凝土浇筑的先后而定，一般可依下列次序进行。

①基础钢筋的安装。在安装钢筋之前，先在模板侧壁上以粉笔标明主筋位置，然后将主筋置于基坑底上，其次把分布钢筋每隔 3 ~ 4 根安装 1 根，并用钢丝把分布钢筋与主筋紧密绑扎以固定主筋位置，再安装其余的分布钢筋，最后进行全部绑扎工作，如有伸入构件的竖直预留钢筋应绑扎固定。

②墩台钢筋安装。桥墩、桥台的钢筋，应事先根据施工图纸在平地预制成钢筋骨架，然后整个安装；有些水下混凝土工程所需安装的钢筋，一般在陆地整体安装后，用起重机械将钢筋骨架整体起吊至模板内；若无起重机械，可将配制好的钢筋在模板内现场绑扎；对于大型桥墩、桥台有时采用边安装钢筋边浇筑混凝土的方法。

③上部结构钢筋的安装。上部结构的钢筋一般采用主梁、横梁、副纵梁和桥面板这样的顺序来安装。对有些上部结构可采用预制构件的方法，逐步拼装。

④其他混凝土构件的钢筋安装。对于桩、立柱和装配式钢筋混凝土构件，通常是预先做好钢筋骨架，然后安装于模板内。

为了加速钢筋安装工作和保证安装质量，可根据结构形状、起重和运输条件，尽可能预先制成立体骨架的平面网，再放入模板内进行绑扎或焊接。制成的骨架应注意有足够的刚度，以便运输和吊装，在钢筋的交叉点最好采用焊接。

四、桥面铺装

常用的桥面铺装有水泥混凝土和沥青混凝土两类。水泥混凝土面层的耐久性好，但养生期长，维修较麻烦；沥青混凝土面层施工速度快，维修养护方便，但易老化、变形，在引桥纵坡较大处易出现推移、壅包等常见弊病。

（一）水泥混凝土桥面铺装

水泥混凝土桥面铺装施工要经历备料、运料、安装模板、铺设钢筋、摊铺、振捣、接缝施工、表面整修、养护等过程。施工中必须注意振捣要密实，接缝要平整，养护要及时、充分。

混凝土运至施工场地后，均匀卸成若干堆。铲运时采用"扣锹法"，禁止抛甩，以减少混凝土出现离析的可能。

振捣时，先用插入式振捣器沿模板边角均匀插捣；然后用平板振捣器对中间部分混凝土振捣，直至混凝土不再下沉；最后用振动梁进行粗平、提浆。

接缝施工是水泥混凝土面层施工的关键，其施工质量极大影响整个铺装层的使用和耐久性。接缝中最多的是缩缝。缩缝通常采用切缝法施工。切缝时要注意时机，使缝口平整，并及时灌注填缝料。

浇筑完后应及时养生。常用养生方法有：覆盖草麻袋、草帘，薄膜覆盖，洒水等。

（二）沥青混凝土桥面铺装

沥青混凝土桥面铺装施工包括：混合料的制备、运输、摊铺、碾压、养生等步骤。施工中必须注意控制好混合料各阶段的温度、碾压的密实度、面层的平整度和抗滑性等关键技术和指标。

沥青面层宜采用高温稳定性好的中粒式热拌热铺沥青混凝土铺筑。

沥青混凝土摊铺时应控制环境温度在 10℃ 以上。混合料各阶段温度控制在规范允许范围内。

摊铺后要及时碾压。碾压不得采用大型振动压路机，以免破坏桥梁结构。压路机行驶速度要缓慢、均匀，在纵坡较大的地方不允许急转和刹车。

碾压成形后，必须待沥青温度降至 50℃ 以下方可开放交通。

五、桥梁伸缩装置

（一）基础知识

在气温变化、混凝土徐变及收缩、汽车动荷载作用、桥梁墩台的沉降及梁体长度变化等因素影响下，桥梁构造会产生变形，从而使梁端产生位移。为适用这种位移并保持桥上行驶车辆的平顺性，保证行车安全、舒适，就需要在桥面上的两梁端之间以及梁端与桥台背墙之间设置伸缩缝（亦称为变形缝）。桥梁伸缩装置是桥梁梁端之间的重要连接部件，对桥梁端部伸缩及防水性能起重要作用，其质量和性能将直接影响整座桥梁的耐久性。

伸缩装置的构造应满足下列要求：

①在平行、垂直于桥梁轴线的两个方向，均能自由伸缩。

②装置本身及其与结构的连接牢固可靠。

③车辆驶过时应平顺，无突跳与噪声。

④可防止雨水和垃圾泥土渗入阻塞。

⑤安装、检查、养护、清污均简易方便。

（二）伸缩装置分类

到目前为止，公路桥梁和城市桥梁工程上使用的伸缩装置种类很多，要把这些伸缩装置很明确地加以划分是相当困难的。常见的桥梁伸缩装置按结构和材料组成可分为梳形钢板伸缩装置、橡胶伸缩装置、模数式伸缩装置、弹塑体材料填充式伸缩装置、复合改性沥青填充式伸缩装置等几类。

1. 梳形钢板伸缩装置

梳形钢板伸缩装置设计允许伸缩量为 40～1000mm，适用于各种不同梁体结构、不同跨度的新建桥梁和老桥改建，伸缩量大，使用范围广。装置整件结构高度为 30～40mm，不用改变原梁端结构，浅埋设就能达到有效的锚固强度；另外由于结构的特殊处理，梳齿伸缩间隙位于单侧梁的端面上，同时梳形底面有不锈钢滑板垫层，灰渣和硬物只能留在表面，这样能借助梳形钢板的伸缩过程和车辆行驶的作用，自动将灰渣、硬物排出伸缩间隙，从而不会造成堵塞，不需人工清理，不影响梁体的正常伸缩。

梳形钢板伸缩装置是将钢板做成梳齿状，跨越伸缩缝间隙后搭在另一端预埋钢板上，伸缩量达 40mm 以上。这种装置结构本身刚度较大，抗冲击力强，因此在中、大跨桥梁中广泛采用。其缺点是防水性稍差，影响使用效果，也较费钢材。

2. 橡胶伸缩装置

橡胶伸缩装置是以橡胶带作为跨缝材料，可分为橡胶带（板）伸缩缝和组合伸缩缝两类。通常使用氯丁橡胶制成具有两个或三个圆孔的橡胶带伸缩缝。当梁架好后，在梁端面预埋件上焊上角钢，涂上胶后，将此橡胶带嵌入即可。橡胶带富有弹性，易于胶粘，因此能满足变形与防水的要求，且又是厂制成品，使用也很方便。这种伸缩缝构造虽然不复杂，但目前还不适应较大变形量要求，仅用于伸缩量要求为 20～60mm 的工程，一般用于低等级公路中、小跨桥梁。

3. 复合改性沥青填充式伸缩装置

伸缩体由复合改性沥青及碎石混合而成，填充于伸缩缝内，称为复合改性沥青填充式伸缩装置。它适用于伸缩量小于 50mm 的中、小跨公路桥梁工程，适用温度为 -30～70℃。复合改性沥青应符合产品有关规定，其加热熔化温度要控制在 170℃ 以内。

不管采用哪种伸缩装置，都要满足自由伸缩、平坦牢固、施工方便、排水防水好、承担荷载强、维修方便、经济价廉等要求。

（三）伸缩装置安装施工工序

伸缩装置（简称伸缩缝）安装按照施工顺序可分为："先装缝后铺路"和"先铺路后装缝"两种工艺。"先铺路后装缝"的安装工艺为：首先在桥梁伸缩缝处先行铺筑沥青路面，待压路机充分压实达到通车条件后，再切除伸缩缝部位的路面并安装伸缩缝。这一工艺较"先装缝后铺路"工艺更能保证伸缩缝的平顺，能克服临近伸缩缝两侧的不易密实的问题。

1. 梳形钢板伸缩装置施工工序

梳形钢板伸缩装置的施工工序为：桥面整体铺装→切缝→槽缝表面清理→将构件放入槽内→用定位角钢固定构件位置及高程→布设、焊接锚固钢筋→浇筑混凝土→拆除定位角钢→混凝土养生。

2. 橡胶伸缩装置施工工序

橡胶伸缩装置施工的方法有很多种，大致步骤如下：

①梁吊装就位后，检查梁端缝隙及预埋件。

②在梁端缝隙上加盖板，防止杂物掉进梁端缝隙。

③用切缝机将过渡段桥面铺装层切开，清除杂物，用泡沫塑料将梁缝填塞满。

④根据安装时的环境温度计算出伸缩装置的模板宽度和螺栓间距，在槽口预埋钢板上安装、焊接锚固钢筋和螺栓，架设模板。

⑤浇筑过渡段混凝土，混凝土养生。

⑥将混凝土表面找平，经清洁后，涂防水胶粘材料，嵌入橡胶板，用螺帽拧紧，在螺栓孔内灌注防腐剂（沥青或牛油），盖上螺母盖。

3. 复合改性沥青填充式伸缩装置施工工序

①按设计图纸预留或切割槽口，并对槽口作好清理工作。

②在伸缩缝间隙填入泡沫嵌条。

③采用跨缝板盖住缝口，在跨缝板中央位置钉入定位铁钉。

④采用热黏合剂均匀涂刷槽壁一遍，把调配、加热好的弹性混合料浇入槽口。

⑤在热混合料上面铺一层米石作为磨耗层，压实、冷却后可开放交通。

该伸缩装置的使用性能受混合料配比和施工质量的影响很大，通常要由专业施工队伍施工。

六、防水层

桥面的常用构造层有铺装层、防水层。防水层设置在铺装层下，可以防止雨水渗入主梁中引起钢筋的锈蚀。常用的防水层有：卷材防水层、涂料防水层、水泥砂浆防水层等。

防水层施工前应保持桥面板平整、干燥、清洁。在桥面板上预先撒布粘层沥青或涂刷冷底子油，使其与防水层紧密相连。

铺贴沥青卷材时，除预制梁拼缝两侧 5 ~ 10cm 范围内不粘贴外，均应用胶粘剂或防水涂料将卷材与基面密贴，并用滚筒碾平压实。应沿水流方向将上层卷材压住下层卷材，上、下层的搭接缝应错开半幅，纵缝搭接长度应为 8 ~ 10cm，横缝搭接不应少于 10cm。接缝处应填充接缝材料。相邻两幅横缝错开的距离应大于每卷长度的 1/3。

涂料防水层是以涂刷各种高分子聚合物防水涂料以形成防水层。防水涂料的配合比应按照设计规定或涂料说明书执行。配制时应搅拌均匀。防水涂料可用手工涂刷或喷涂，要求厚度应均匀一致。第一层涂料涂刷完毕，必须干燥结膜后方可涂刷下一层，一般涂刷 2 ~ 3 层。如涂料防水层中夹有各类纤维布时，应在涂刷一遍涂料后，逐条紧贴纤维布。要求使涂料吃透布料，不得起鼓、翘边、皱折。

为防止损伤防水层，宜在防水层上铺设保护层。保护层可采用沥青砂或单层沥青表面铺筑。

第三节　大跨径桥梁施工

一、斜拉桥施工

（一）基础知识

斜拉桥总体上由塔、梁、索三部分构成。用高强钢材制成的斜缆索将主梁多点吊起，并将主梁的恒载和车辆荷载传至塔柱，再通过塔柱基础传至地基。其主要特点是主梁建筑高度低，跨越能力大。

索面布置：斜缆索沿桥纵向最常用的布置形式有辐射形、扇形、竖琴形和星形。沿桥的横向一般分为单索面、双索面。

1. 斜拉桥类型

按主梁材料可分为：钢斜拉桥、混凝土斜拉桥、钢—混结合梁斜拉桥以及混合型斜拉桥；按主梁跨数分为：独塔双跨、双塔三跨和多塔多跨等。

2. 斜拉桥约束体系

斜拉桥的约束体系一般分为全固结体系、全漂浮体系、半漂浮体系。

全固结体系：全固结体系是指塔、梁、墩三者刚性固结，一般独塔或单索面的混凝土斜拉桥较常采用，以提高全桥整体刚度。

全漂浮体系：全漂浮体系是指主梁与主塔交接处的主梁底板不设任何竖向或水平约束。采用该体系可有效减小主梁负弯矩，但主梁施工过程中需要进行体系转换，工序繁杂。

半漂浮体系：半漂浮体系介于上述两种之间，一般主梁竖向设置刚性支撑，纵向放松或设置弹性水平约束。

（二）梁体施工方法

斜拉桥的主梁制作与安装几乎可采用任何一种梁式桥的施工方法，采用何种施工方法，要根据桥梁的结构特点、施工技术、施工设备、现场条件、施工成本等因素综合分析确定。下面介绍几种常用的施工方法。

1. 悬臂法

悬臂法是架设大跨径斜拉桥主梁最常用的方法。

悬臂拼装施工流程如下：

①基础及塔墩施工；主梁节段预制。

②搭设主梁 0 号块施工膺架，完成主梁 0 号块施工，并在其顶面拼装架梁起重机。

③利用桥面架梁起重机，对称悬臂拼装主梁节段，混凝土梁需张拉主梁预应力（钢梁需安装连接螺栓）。

④对称挂设张拉斜拉索。

⑤进行索力、主梁线形、主塔偏位及应力测试，根据测试结果分析判断是否需要进行调索。

⑥重复上述步骤直至边跨合龙，其间可根据现场测试结果，决定是否需要进行全桥调索。

⑦继续重复上述步骤，直至最后，至此对斜拉索张拉完成。

⑧主跨合龙。

2. 支架法

支架法是一种经典施工方法，当桥梁跨度或规模不大，桥下净空不高，位于岸上或水深较浅、不通航的河段，一般可采用支架法施工。主梁在支架上浇筑完毕，开始挂设斜拉索。该方法可根据需要多点开工，方便快捷。

3. 顶推法

顶推法施工与连续梁所用的顶推法大致相同，当然，要增加索塔与拉索的制质、安装工作。在钢斜拉桥的施工中，有将完成的整座结构（指索塔与梁固结的形成）一起顶推的成功经验，特别是将主梁节段用滚轴或聚 CF2 板顶推已有许多实例。

4. 平转法

平转法与拱桥中采用的平转法相似，即是将上部结构分为两半，在沿河岸顺河流方向的矮支架上制作，然后以桥墩为圆心旋转到桥位合龙。此法修建的斜拉桥跨径不大，其施工工序如下：

①建造主墩与上下转盘并试转。

②在岸上浇筑或拼装全桥的主梁。

③浇筑索塔。

④安装拉索，张拉并调高程与拉力。

⑤平转就位。

⑥校核高程，必要时再作最后调整。

⑦封填转盘。

（三）斜拉索施工

1. 施工工艺流程

运索至桥面→塔式起重机放索→安装塔端冷铸锚头、连接器、牵引杆→安装梁端冷铸锚、连接器、张拉杆一塔式起重机吊塔端索，固定就位→塔式起重机、卷扬机吊梁端索固定就位→安装张拉设备（千斤顶标定）→梁上斜拉索张拉（测桥面高程、塔柱偏位）→监测索力→调整索力→测桥面高程、塔柱偏位→预测下段立模高程，支模。

2. 施工准备

①需提前加工施工所用的放索盘、小平车、索夹、张拉杆、牵引杆、张拉杆螺母、牵引杆螺母等挂索附属设备。

②放置好 5t 卷扬机及穿好转向滑轮和动滑轮。

③对索导管内水泥砂浆焊孔处毛刺进行清除打磨。

④清除锚板上的砂浆、焊渣等，保证锚固螺母与锚板能紧密连接。

3. 展索

成品索在工厂上盘后，由汽车运到施工现场，塔式起重机吊至桥，斜拉索盘放置在自制的放索盘上。塔式起重机吊钢丝绳将梁上张拉端冷铸锚头部从索盘上抽出，锚头处缠包的包装物应清除，清理防护油脂，将锚具螺母旋到头，检查旋转是否自如，然后将锚具螺母退出，装上吊具。索头抽出后，放置并固定在自制小车上。

4. 挂索

首先挂塔上锚固端。先用索夹夹住斜拉索，夹具内垫 10mm 厚橡胶皮，索夹离锚头 6～8m 距离。塔式起重机吊住索上升。当前端引进杆靠近索导管口处，用导链拉住斜拉索。在向塔内牵引时，塔外脚手架上人员应仔细观察，指挥塔上吊点，调整好张拉杆的锚头入射角，避免碰坏锚头外螺纹和 PE 套。

在索导管锚箱垫板处沿索导管口方向设置一个三角撑。并用导链拉住麻绳，顺索导管向下。当牵引杆头离索导管 50cm 处时再进入放下，通过索导管放下的麻绳拴住牵引杆，人工用导链拉住绳子。在牵引杆快进索导管时，应用人工辅助牵引杆，使与冷铸锚头连接的牵引杆顺利进入索导管，挂索过程中塔式起重机应随着索的上升而跟进。

5. 张拉

张拉斜拉索在梁上进行，待 8 根索挂设好后即可进行张拉工作。张拉工作平台为梁上支架上的平台。

①由指挥者发出信号，8 根索同时张拉，分 10 级张拉，每级为 10%，同时张拉。

②在张拉过程中，技术人员应注意情况变化，若发生异常及时报告，马上处理，以

免造成事故。

③张拉完毕后，上紧螺母，油泵回油，然后监控小组测索力，决定对索力是否进行调整。

④若不能及时决定是否调整索力，则千斤顶卸载油泵回油至 5MPa，以防千斤顶反力架与索导管轴心偏移。

二、悬索桥施工

（一）基础知识

悬索桥指的是以通过索塔悬挂并锚固于两岸（或桥两端）的缆索（或钢链）作为上部结构主要承重构件的桥梁。从缆索垂下许多吊杆，把桥面吊住，在桥面和吊杆之间常设置加劲梁，同缆索形成组合体系，以减小荷载所引起的挠度变形。悬索桥主要由主缆、吊索、梁、塔、鞍座和锚碇组成。以主缆为主要支撑结构，主缆承受拉力。悬索桥为目前跨越能力最大的桥型，以悬吊的主梁孔跨数划分，主要有双塔单跨式、双塔两跨式、双塔三跨式及多塔多跨式等类型，其中以双塔三跨式较为常见。

（二）悬索桥特点

①相对于其他桥梁结构，悬索桥可以使用比较少的物料来跨越比较长的距离。

悬索桥可以造得比较高，允许船在下面通过，在造桥时没有必要在桥中心建立暂时的桥墩，因此悬索桥可以在比较深或比较急的水流上建造。

②悬索桥比较灵活，因此适用于大风和地震区，如果采用比较稳定的桥，在这些地区这些桥就必须设计得更加坚固和沉重。

③悬索桥的坚固性不强，在大风情况下交通必须暂时被中断。

④悬索桥不宜作为重型铁路桥梁。

⑤悬索桥的塔架对地面施加非常大的力，因此假如地面本身比较软的话，塔架的地基必须非常大，这将相当昂贵。

⑥悬索桥的悬索锈蚀后不容易更换。

（三）悬索桥的施工

悬索桥的施工主要分四部分：主塔施工、鞍部施工、主梁施工和索部施工。

1. 主塔施工

悬索桥一般主塔较高，塔身大多采用翻模法分段浇筑，在主塔连结板的部位要注意预留钢筋及模板支撑预埋件。对于索鞍孔道顶部的混凝土要在主缆架设完成后浇筑，以方便索鞍及缆索的施工。主塔的施工控制主要是垂直度监控，每段混凝土施工完毕后，在第二天早晨 8：00 至 9：00 间温度相对稳定时，利用全站仪对塔身垂直度进行监控，以便调整塔身混凝土施工，应避免在温度变化剧烈时段进行测试，同时随时观测混凝土质量，及时对混凝土配合比进行调整。

2. 鞍部施工

检查钢板顶面标高，符合设计要求后清理表面和四周的销孔，吊装就位，对齐销孔使底座与钢板销接。在底座表面进行涂油处理，安装索鞍主体。索鞍由索座、底板、索盖部分组成，索鞍整体吊装和就位困难；可用起重机或卷扬设备分块吊运组装。索鞍安装误差控制在横向轴线误差最大值 3mm、标高误差最大值 3mm。吊装入座后，穿入销钉定位，要求鞍体底面与底座密贴，四周缝隙用油填实。

3. 主梁施工

主梁混凝土的浇筑同普通桥一样，首先梁体标高的控制必须准确，要通过精确的计算预留支架的沉降变形；其次，梁体预埋件的预埋要求有较高的精度，特别是拉杆的预留孔道要有准确的位置及良好的垂直度，以保证在正常的张拉过程中拉杆始终位于孔道的正中心。

主梁浇筑顺序应从两端对称向中间施工，防止偏载产生的支架偏移，施工时以水准仪观测支架沉降值，并详细记录。待成型后立即复测梁体线型，将实际线型与设计线型进行比较，及时反馈信息，以调整下一步施工。

4. 索部施工

（1）主缆架设

根据结构特点，主缆架设可以采取在便桥或已浇筑桥面外侧直接展开，用卷扬机配合长臂汽车式起重机从主梁的侧面起吊安装就位。

缆索的支撑：为避免形成绞，将成圈索放在可以旋转的支架上。在桥面每隔 4～5m，设置索托辊（或敷设草包等柔性材料），以保证索纵向移动时不会与桥面直接摩擦造成索护套损坏。因锚端重量较大，在牵引过程中采用小车承载索锚端。

缆索的牵引：牵引采用卷扬机，为避免牵引钢丝绳过长，索的纵向移动可分段进行，索的移动分三段，分别在两座桥塔和索终点共设三台卷扬机。

缆索的起吊：在塔的两侧设置导向滑车，卷扬机固定在引桥桥面上主桥索塔附近，卷扬机配合放索器将索在桥面上展开。主要用起重机起吊，提升时避免索与桥塔侧面相摩擦。当索提升到塔尖时将索吊入索鞍。在主索安装时，在桥侧配置了 3 台起重机，即锚固区提升起重机、主索塔顶就位起重机和提升倒链。

当拉索锚固端牵引到位时，用锚固区提升起重机安装主索锚具，并一次锚固到设计位置，起重机起重力在 5t 以上；主索塔顶就位起重机是在两座塔的两侧安置提升高度大于 25m 时起重力大于 45t 的汽车式起重机，用于将主索直接吊上塔顶索鞍就位，在吊装过程中为避免索的损伤，索上吊点采用专用索夹保护；主索在提升到塔顶时，由于主跨的索段比较长，为确保起重机稳定，可在适当的时候用塔上提升倒链协助吊装。

（2）主缆调整

在制作过程中要在缆上进行准确标记。标记点包括锚固点、索夹、索鞍及跨中位置等。安装前按设计要求核对各项控制值，经设计单位同意后进行调整，按照调整后的控制值进行安装，调整一般在夜间温度比较稳定的时间进行。调整工作包括测定跨长、索鞍标高、索鞍预偏量、主索垂直度标高、索鞍位移量以及外界温度，然后计算出各控制点标高。

主缆的调整采用75t千斤顶在锚固区张拉。先调整主跨跨中缆的垂直标高，完成索鞍处固定。调整时应参照主缆上的标记以保证索的调整范围。主跨调整完毕后，边跨根据设计提供的索力将主缆张拉到位。

（3）索夹安装

为避免索夹的扭转，索夹在主索安装完成后进行。首先复核工厂所标示的索夹安装位置，确认后将该处的PE护套剥除。索夹安装采用工作篮作为工作平台，将工作篮安装在主缆上（或同普通悬索桥一样搭设猫道），承载安装人员在其上进行操作。索夹起吊采用汽车式起重机，索夹安装的关键是螺栓的坚固，要分两次进行。索夹安装就位时用扳手预紧，然后用扭力扳手第一次坚固，吊杆索力加载完毕后用扭力板手第二次紧固。索夹安装顺序是中跨从跨中向塔顶进行，边跨从锚固点附近向塔顶进行。

（4）吊杆安装及加载

吊杆在索夹安装完成后立即安装。小型吊杆采用人工安装，大型吊杆采用起重机配合安装。

由于自锚式悬索桥在荷载的作用下呈现出明显的几何非线性，因此吊杆的加载是一个复杂的过程。主缆相对于主梁而言刚度很小。如果吊杆一次直接锚固到位，无论是张拉设备的行程或者张拉力都很难控制而全桥吊杆同时张拉调整在经济上是不可行的。

第四节　涵洞工程施工技术

涵洞是公路或铁路与沟渠相交的地方使水从路下流过的通道，作用与桥相同，但一般跨径较小。桥与涵洞技术上是以跨径为划分标准的，跨径大于5m称为桥，小于或等于5m则称为涵洞。

由于涵洞是处于自然环境和行车荷载的作用下，设计时除了应满足行车、排水、净空等要求外，还必须具备如下特点：满足排泄洪水能力；具有足够的整体强度和稳定性；具有较高的可靠性和耐久性。

一、圆管涵、箱涵

（一）圆管涵基础知识

管涵由洞身及洞口两部分组成。洞身是过水孔道的主体，主要由管身、基础、接缝组成。洞口是洞身、路基和水流三者的连接部位，主要有八字墙和一字墙两种洞口形式。

管涵的管身通常由钢筋混凝土构成，管径的大小根据排水要求选择，最小填土厚度为50cm，受力情况良好，坊工数量小，造价较低。圆管涵节多为工厂、现场集中预制，再运至工点铺设，预制长度通常为 2m。在有条件集中预制和运输比较方便的地段多采用钢筋混凝土圆管涵。对已经运营的铁路增建涵洞时，采用"涵"，可用顶入法施工，不影响正常运行。

（二）圆管涵施工步骤

1. 测量放样

开挖前由测量组对圆管涵的桩号、角度和底标高与设计图纸进行认真核对。

2. 基坑开挖

基坑开挖前根据地下水位情况考虑降水，在涵洞周边布设砂管井，管径不得小于 30cm，降水井深度应大于基坑开挖深度 6～8m，间距不超过 5m。降水井完成后，用大功率水泵 24h 不间断抽水。当降水时间不少于 3d 时，为保证降水不对施工造成影响，输水带应放在地面下的波纹管中。

按放样的边线进行基坑开挖，超过 5m 的深基坑报专项施工方案，经监理批准后方可施工。深基坑施工时严格按照监理批复的施工方案开挖放坡并设台阶，开挖出的土方应及时外运，以免两边土压力增加而导致开挖面坍陷。机械开挖应防止超挖，机械开挖至标高 20cm 左右，并应用人工修平。

3. 基础施工

基础开挖完成后进行基底允许承载力检测，允许承载力不低于设计值，符合设计要求后按照设计高程进行基地平整。

浇筑混凝土基础前，必须对中心桩位进行复测，检查基坑底的标高和基础底部的平整度。合格后，方可在管身端部铺筑 30cm、在管身中部铺筑 10cm 的砂垫层，砂垫层必须压实，确保厚度、顶面标高和平整度达到要求。

砂垫层铺筑好后，即可安装基础模板，模板采用木模板，模板安装时必须保证模内尺寸和中线偏位。基础分两次浇筑，第一次浇筑至管节底部位置，第二次待管节安装后再浇筑管底以上部分。

4. 钢筋混凝土圆管的制作

管节由监理认可的预制厂制作。管节所用钢筋和混凝土满足图纸和规范要求，管节所用混凝土及原材料满足规范与设计要求。钢筋混凝土圆管成品满足设计规范与要求。

5. 管节安装

安装管节前，管节应凿毛并检查管基顶面标高和平整度，并进行中线放样，之后在管基上弹出墨斗线与每节管节的位置。管节安装必须严格按放样线进行，同时控制管节相接处的错口。

安放管节采用人工配合起重机安装的方式，安装时从下游开始，使接头面向上游，每节涵管应紧贴于基座上，让管节受力均匀，所有管节应按正确的轴线和图纸所示坡度敷设，敷设时保证内壁整齐。

6. 端墙、八字墙砌筑

管节安装好后，即可砌筑端墙和八字墙。

砂浆采用机械拌和，计量要准确，应具有适当的流动性和良好的和易性。片石应分层砌筑，宜以 2 ~ 3 层砌块组成一个工作层，每一工作层的水平缝大致找平。中途停工时，石块缝隙内应填满砂浆，但该层上表面须待继续砌筑时再铺砂浆。砌至设计高度时，应使用平整的大石块压顶并用水泥砂浆全面找平。各工作层竖缝应相互错开，不得贯通。

7. 台背回填

完成上道工序并通过监理验收后，应及时地进行回填。宜采取两侧对称地分层，使用 6% 的石灰土回填，压实度 > 96%。

每层的填筑厚度（每层厚度不大于 25cm）：台背回填材料运至现场经监理验收后，严格地按每层的松铺厚度压实，压路机碾压不到的局部采用小型压实机具夯实。

（三）箱涵基础知识

箱涵的盖板及涵身、基础是用钢筋混凝土浇筑起来的一个整体，可用来排水、供人及车辆通过。箱涵适用于软土地基，但造价相对高。

（四）箱涵施工步骤

1. 测量放样

开挖前由测量队对涵洞的桩号、角度及底标高与设计图纸进行认真核对。无误后，根据设计图纸进行施工放样，测量原地面高程，计算开挖深度，放出开挖边线。

2. 基坑开挖

按放样的边线进行基坑开挖，超过 5m 的深基坑报专项施工方案，经监理批准后方可施工。深基坑施工时严格按照监理批复的施工方案开挖放坡并设台阶，开挖出的土方应及时外运，并做好基坑防护工作。

3. 片块石换填

基础开挖完成后进行基底允许承载力检测，允许承载力不低于设计值且符合设计要求后按照设计高程进行基底整平，然后按设计厚度进行片块石回填。片块石顶部用碎石灌缝，整平密实后方可进行下一步工序。

4. 混凝土垫层施工

垫层混凝土的标号为 C25，设计厚度为 10cm。混凝土采用拌和站集中拌和，混土"罐车"运送到现场，起重机配合料斗混凝土装入模板中。采用插入式振捣棒振捣。要注意沉降缝的保护，必须使沉降缝模板竖直且在水平方向顺直。振捣完成后，由专人根据设计高程进行找平并收面，确保混凝土表面平整，以便涵身底板模板的安装。

5.钢筋混凝土底板施工

（1）测量放样

采用 GPS 在基础上放出箱涵底板四个角的位置，并用墨斗精确弹出箱涵的底板边线。

（2）涵身底板钢筋加工及安装

钢筋要根据设计图纸和基础沉降缝的设置进行加工，涵身沉降缝贯穿整个涵身，沉降缝控制在 1 ~ 2cm，缝内用沥青麻絮填塞。

（3）涵身底板模板制作安装

模板采用现场加工制作的方式，使用竹胶板，其表面平整光滑、接缝严密，不漏浆，模板支撑要牢固，立模前必须在与混凝土接触面的部位涂刷脱模剂。

在腹板钢筋绑扎完成后，支好箱涵涵身内模。在涵身腹板、顶板钢筋全部绑扎完后，安装腹板外模。模板支护要牢固，腹板内、外模要设拉杆和支撑，并对拉丝模板缝隙进行检查，防止漏浆，以控制截面尺寸及平整度。

（4）涵身腹板、顶板混凝土浇筑

涵身腹板、顶板混凝土的标号为 C30。混凝土采用拌和站集中拌和，混凝土"罐车"运送到现场。由于混凝土方量较大，为减少浇筑时间，采用泵车浇筑。混凝土浇筑完后应及时覆盖，并保持其表面湿润，养护时间不得少于 7d。要注意沉降缝的保护，必须使沉降缝模板竖直且水平方向顺直。混凝土浇筑完后应及时洒水养生，并保持其表面湿润，按规范要求制作混凝土试块检测强度。

二、盖板涵、拱涵

（一）盖板涵基础知识

盖板涵构造简单、受力明确、施工方便，主要由盖板、涵台及基础等部分组成。盖板涵与单跨简支板梁桥的结构形式基本相同，只是盖板涵的跨径较小。盖板涵多采用钢筋混凝土，由于钢筋混凝土盖板涵建筑高度低，适于低路基地段使用，一般用作明涵。在超高、加宽的曲线路面上设置盖板明涵时，由于施工比较烦琐，所以可做成低填土的盖板明涵；当洞身较短时，也可以调整桥台及桥面上的铺装高度，以适应纵坡和超高的要求。

（二）盖板涵施工步骤

1.测量放样

开挖前由测量队对盖板涵的桩号、角度和底标高与设计图纸进行认真核对。无误后，再根据设计图纸进行施工放样，测量原地面高程，计算开挖深度，放出开挖边线。

2.基坑开挖

基坑开挖前根据地下水位情况考虑降水，在涵洞周边布设砂管井，管径不小于

50cm，降水井深度应大于基坑开挖深度 6～8m，间距不超过 5m。降水井完成后，用大功率水泵 24h 不间断抽水。

按放样的边线进行基坑开挖，深基坑施工时要严格按照监理批复的施工方案开挖放坡并设台阶，做好基坑防护工作。

3. 换填片块石

基础开挖完成后进行基底允许承载力检测，允许承载力不低于设计值（120kPa）。符合设计要求后再按照设计高程进行基底整平，然后按设计厚度进行片块石回填。片块石顶部用碎石、铣刨料等细粒材料灌缝，整平密实后方可进行下一步工序。

4. 基础施工

按照设计图纸尺寸数量绑扎钢筋。按基础的几何尺寸在四周立好模板并加固定。模板采用竹胶板。基础顶面整平压实抹光，墙身处的混凝土进行凿毛。浇筑基础时注意预埋墙身防裂钢筋。

①墙身、台帽模板采用竹胶板，背楞竖向采用方木，间距 25cm，横向背楞采用双拼钢管，上下间距 50cm，对拉螺杆采用两端"车丝"，每端用双层蝴蝶卡或 2cm 厚钢垫片固定。模板内、外侧用方木或钢管支撑。

②混凝土拌和运输。混凝土拌和按实验室提供的施工配合比由搅拌站集中拌和后，再由混凝土"罐车"运输至工地。

③混凝土浇筑。浇筑混凝土前，应对模板、支撑、钢筋等进行全面认真检查，模板内的杂物，积水和钢筋上的污垢必须清理干净。混凝土浇筑采用泵车或汽车式起重机吊运配料斗。在浇筑涵身时，混凝土应按一定厚度、顺序和方向分层左右对称浇筑，应在下层混凝土初凝或能重塑前浇筑完成上层混凝土。混凝土分层浇筑厚度在 30cm 左右。浇筑混凝土期间，应安排专人检查支架、模板、钢筋等的稳固情况，若发现有松动、变形和移位，应及时处理。

④混凝土养护。混凝土的洒水养护时间一般为 7d，每天洒水次数以保持混凝土表面经常处于湿润状态为宜。

⑤支架模板的拆除。浇筑完成后，必须让混凝土的强度符合设计强度标准值的 85%后，方可拆除。

5. 盖板施工

盖板采用场地预制，预制好的盖板采用起重机吊装。

①按设计图纸和公路桥涵施工技术规范进行钢筋的加工与安装。钢筋按设计尺寸和形状加工成型，施工前，将钢筋表面的油渍、漆皮、鳞锈等清除干净，保持表面洁净。钢筋下料时应严格执行配料单制度，必须按施工图纸复核无误后方可下料。

②任何构件的钢筋绑扎、安装完成后，经监理检查认可同意后方可浇筑混凝土。

③模板工程。侧模板采用组合钢模板拼装，模板应具有足够的刚度和强度。模板安装时必须加固，底部利用台座作为支撑，上部用钢管作内撑，拉杆拉紧，在混凝土浇筑时不得有"跑模漏浆"的现象。

模板及钢筋加工安装完毕后，请监理检查验收，合格后进行混凝土浇筑，如不合格，则重新安装，直至合格后方能进入下道工序。

④混凝土采用搅拌站集中拌和，用插入式振捣棒进行振捣，振捣时，不得有漏振或过振，需确保盖板底面光滑，不得有蜂窝麻面。

⑤混凝土浇筑完后采用土工布覆盖浇水养护，保证混凝土面水分充足。养护期不得少于7d。

⑥盖板支撑处用M7.5砂浆抹平，盖板顶、台帽顶防水层热涂沥青两道，每道约1.5mm，两道间铺油毡纸一层。

⑦盖板安装完成后，必须清扫、冲洗，充分湿润后再在板与墩之间、板与板之间的缝内用小石子和M10水泥砂浆填塞、顶紧，需在涵身外层防水层施工后方可进行下一步施工工序。

6. 台背回填

①盖板吊装、防水层及八字墙施工完成并通过监理验收后，应及时进行台背回填。台背回填应在混凝土强度达到设计强度的85%后进行，并同时在两侧对称分层进行，采用6%的石灰土回填，填筑的压实度应不小于96%。

②用油漆在台背上标出每层的填筑厚度，台背回填材料运至现场后，经监理验收后严格按每层的松铺厚度夯实，压路机碾压不到的局部部位采用小型压实机具夯实。

③在涵洞上填土时，第一层的最小摊铺厚度不得小于30cm，并防止剧烈的冲击。涵洞顶上填土厚度大于0.5m时，方可通行车辆和机械。

（三）拱涵基础知识

拱涵是指洞身顶部呈拱形的涵洞，一般超载潜力较大，砌筑技术容易掌握，便于人工修建，是一种普遍的涵洞形式。

由于拱涵要求地基均匀和有较大的承载力，所以河底纵坡大于15%时应采用阶梯式拱涵；当沟底自然坡度变化较大，也可将涵底分段，做成缓坡段或陡坡段。拱涵的涵身由拱圈、边墙及基础组成，可以用石砌、混凝土砌筑或混凝土浇筑而成，拱圈通常采用圆弧形。

（四）拱涵施工步骤

1. 内拱支架搭设

内拱支架采用满堂支架搭设，竖向和横向间距均为0.6m，设置层高为1.2m。拱圈采用10#槽钢定制而成，拱圈内采用10#槽钢支撑，支撑架与拱圈和水平杆焊接牢固，拱圈分两片制作，两片之间采取巾12螺栓连接牢固，每片拱圈设置在支架上托上。在拱圈顶纵向采用50mm×100mm的方木，以固定模板用。每根方木两侧各纵向铺设一根钢管，用铁丝绑定在角钢或方木上，用于拱部模板加固。

2. 拱圈底模、外模、端模安装

拱架搭设完成后，在其上铺设12mm厚的饰面板，作为拱圈底模，采用铁钉固定在

拱架方木上。纵向方向每端底模应宽出 20cm，以方便端模安装。模板接缝处应平齐，并用胶带粘贴。

外模采用聚氨酯木模板，用拉杆固定在拱圈上，下脚与墙身连接牢固，外侧用钢管斜撑牢固，在拱顶位置预留 50cm 宽的通槽作为混凝土的入模口，在拱圈下口起拱线位置高 50cm 处间隔 Im 预留一个 30×30cm 小槽，以方便浇筑时对拱圈底部混凝土的捣固。在混凝土浇筑到指定标高后，封闭预留槽。

3. 钢筋安装

拱顶底模安装完成后，进行拱圈钢筋安装。安装前先将涵台预留钢筋校正，使其位置精准。拱圈钢筋应与已预留的涵台钢筋绑扎成形，并绑扎牢固，连接采取绑扎搭接，搭接长度满足规范要求（35d），然后绑扎纵向水平筋，钢筋安装时严格控制钢筋间距和保护层厚度，钢筋交叉点绑扎时绑扎方向成梅花形布置。

4. 拱圈混凝土浇筑

拱圈模板、钢筋经监理检查验收合格后，即进行拱圈混凝土浇筑作业。混凝土采用商品混凝土，"罐车"运输至现场后采用汽车泵入模，水平分层浇筑，层厚不超过 50cm。采用振捣器捣固，混凝土捣固方法同前。浇筑顺序为先从拱脚处开始，两侧对称浇筑，浇筑过程中注意保持两侧混凝土高度相同，防止支架受力不均匀变形。

5. 养护、脱模

混凝土终凝后即浇水养护，养护采用自来水，养护期不少于 7d。外膜及端模在保证混凝土不变形、不掉角情况下可进行顶模拆除，待混凝土强度达到设计强的 85% 后，再拆除拱架、底模。

6. 沉降缝处理

拱涵每隔 10m 设置一道沉降缝，端部可根据实际长度调整沉降缝位置。沉降缝缝宽 2cm，缝内采用钢带橡胶止水带。并保证整个变形缝竖直且在一个截面上。

7. 护拱砌筑

护拱采用 M7.5 浆砌筑 Mu25# 块石，砂浆采用砂浆拌和机拌制。砌筑作业自下而上分层砌筑，石料间砂浆需饱满，不得留有空隙。

8. 涵侧、涵顶土回填

待涵洞混凝土强度达到设计强度的 90% 后，即可进行涵侧回填。涵侧回填采用透水性良好的砂、卵石材料，涵侧回填须两边对称均匀进行，分层夯实，每层压实度须达到 95% 以上。涵顶以上采用砂性土、沙砾或碎砾石等材料。台背 1.5m 范围内不宜采用压路机械碾压，机械碾压容易造成机械与墙身的碰撞及剪切裂缝，影响涵洞的质量，因此，该部分采用小型机具人工夯实，夯实层厚 15cm，涵顶 50cm 以内不允许重型机械通过，严禁采用压路机碾压设备对涵顶范围内的填土进行碾压。

第五章　公路隧道施工技术

第一节　隧道施工方法

一、概述

（一）隧道的基本概念

隧道工程是指在交通线路修建过程中为穿越山体或河流、海洋或既有建筑物或构筑物而修筑具有出入口供汽车、火车、行人通行的地下建筑物。

国际经济合作与发展组织（OECD）对隧道所下的定义为："以任何方式修建，最终使用于地表以下的条形建筑物，其空洞内部净空断面在 $2m^2$ 以上者均为隧道。"

与地面结构物相比，隧道工程具有以下特点：

①隧道工程埋设在地层中，一旦建成就难以更改，在施工过程中主要受到工程地质条件和水文地质条件的影响。

②由于隧道工程的施工穿越地层的地质条件复杂多变，遇到的意外情况比较多，工程的定位、设计和施工方法都必须随时做相应的调整，要求有关规划、勘测、设计、施工和使用管理部门密切配合。

③隧道工程承受爆炸荷载和地震荷载的能力比地面结构强，许多国防、民防工程及抗震和各类防护工程都可采用。

④隧道工程埋设于地下，施工对地面影响较小，可以不受或少受昼夜更替、季节变换、气候变化等自然因素的影响，有助于稳定地安排施工。

⑤隧道工程施工期限长，施工环境较差，施工作业面较窄，可容纳的劳力和机械都受限制，因此施工条件可能极其恶劣。例如，爆破产生粉尘和有害气体、施工噪声、生产废水等，必须采取通风、防尘、照明、消音、隔音、排水等措施，使施工场地条件改善，确保施工人员的身体健康，提高劳动生产率。

⑥隧道工程能穿越天然高程或平面障碍，分担地面交通和人流负荷，节约公路工程用地。

⑦隧道工程造价昂贵，只有在论证它有充分的战略地位、技术条件和经济效益时才宜兴建。

⑧隧道施工会产生大量废土、碎石，须妥善处理，及时外运。但新建隧道往往远离既有交通线路、运输不便，必须加强规划和部署。

（二）隧道的分类

隧道工程所涉及的工程范围较为广泛，可以根据不同的分类方法将隧道分为不同种类，具体分类内容如下所示：

①根据隧道顶部上覆围岩能否形成压力拱（自然拱），将隧道分为浅埋隧道和深埋隧道。不同种类岩石的临界深度也是不一样的，一般采用塌方平均高度加的 2 ~ 2.5 倍为深浅埋的临界高度。

②按照隧道所处地理位置可分为山岭隧道、浅埋及软土隧道、水底隧道等。

③按照隧道所处的地层情况可分为岩石隧道或岩质隧道、土质隧道或软土隧道。

④按照隧道用途分类可分为交通隧道、市政隧道、水工隧道和矿山隧道等。

⑤按隧道断面形式分为圆形断面隧道、多心圆断面隧道、马蹄形断面隧道、矩形断面隧道等。

⑥按隧道的长度分类：隧道长度是指进出口洞门端墙面之间的距离，以端墙面或斜切式洞门的斜切面与设计内轨顶面的交线同线路中线的交点计算。公路隧道按其长度可分为 4 类：全长 3000m 以上为特长隧道；全长 1000m 以上至 3000m 为长隧道；全长 500m 以上至 1000m 为中隧道；全长 500m 以下为短隧道。

⑦按上下行隧洞间的距离可分为分离式隧道、小净距隧道和连拱隧道。

（三）隧道的结构及其组成

隧道结构由主体结构和附属结构组成。其中主体结构包括隧道洞门及洞身衬砌部分。为了满足隧道的使用功能，隧道除应有主体结构外，还应具有其他的一些设施，包括紧急停车带、人行横道、洞内排水系统、电力电缆系统、通风系统等。

1. 主体结构

（1）洞门

隧道两端洞口处的结构部分称为洞门。它是在隧道洞口用以保护洞口稳定、引离地表水并对周围环境起到装饰作用的支挡结构物。其主要作用是减少洞口土石方的开挖量，稳定边仰坡，引离地表水及装饰洞口。

洞门通常按照其结构构造分为端墙式洞门、翼墙式洞门、削竹式洞门、柱式洞门、环框式洞门及遮光棚式洞门等。

（2）洞身衬砌

隧道开挖后，为了避免隧道变形或岩石风化，都需要修建支护结构，即衬砌。根据隧道衬砌施工工艺不同，将隧道衬砌的形式分为喷锚支护、装配式衬砌及整体式衬砌。

①喷锚支护。喷锚支护常用的材料有喷射混凝土（有时加钢筋网或钢纤维）、锚杆和钢拱架。一般可根据地质条件和结构形式的变化组合使用。

喷射混凝土。喷射混凝土以压缩空气为动力，将掺有速凝剂的混凝土拌合料与水合成为浆状，喷射到坑道岩壁上凝结而成。

锚杆或锚索。锚杆或锚索是用金属或其他抗拉强度较高材料制成的一种杆状构件，并使用某些机械装置或黏结介质，将其安设在隧道及地下工程的围岩体或其他工程结构体中，利用杆端锚头的膨胀作用，或利用灌浆黏结，增加岩体的强度和抗变形能力从而提高围岩的自稳能力。

②装配式衬砌。装配式衬砌是构件在现场或工厂预制，然后将构件运进坑道内再进行拼装成一环接着一环的衬砌。其特点是衬砌拼装后能够立即受力，便于机械化施工，改善劳动条件，节省劳力。目前多在盾构法施工的隧道内使用。

③整体式衬砌。整体式衬砌是指就地灌注混凝土施工衬砌，也称模筑混凝土衬砌。其施工工艺流程为：立模→浇筑→养护→拆模。模筑衬砌的特点：对地质条件的适应性强，易于按需要成形，整体性好，抗渗性强，并适用于多种施工条件，如可用木模板、钢模板或衬砌模板台车等。整体式衬砌按照不同的围岩类别采用不同的衬砌厚度。

④复合式衬砌。目前，公路隧道均采用以"初期支护、防水层及二次衬砌（整体式衬砌）"组成的复合式结构。

初期支护。隧道是埋藏于地面以下的条形建筑物，被岩土体围绕。在隧道周围一定范围内，对洞身的稳定有影响的岩（土）体，即由于受开挖影响而发生应力状态改变的岩（土）体，称为围岩。

隧道在岩土体开挖后，自身很难保持稳定。为了达到洞室稳定及施工安全的目的，而在洞室开挖后对洞室围岩采取支撑、加强作用的构件和其他处理措施总称为支护。

现代隧道施工技术采取的支护手段通常有喷射混凝土、挂网喷射混凝土、钢拱架、锚杆喷射混凝土及其联合支护。

防水层。防水层为不透水表面光滑的高分子防水卷材，它不但起到将地层渗水拒于二次衬砌之外的防水作用，而且对初期喷射混凝土及二次衬砌模筑混凝土来说，还起到隔离与润滑作用，使初期支护喷射混凝土对二次衬砌混凝土的约束应力减少，从而避免模筑混凝土产生裂缝，提高了二次衬砌混凝土的防水抗渗能力。防水层通常由两部分组成，缓冲垫层与防水板。防水板采用厚度 1.5mm 以上的 EVA（乙烯 - 乙酸乙烯共聚物）或 ECB（乙烯、乙酸乙烯与沥青共聚物），缓冲垫层一般采用质量大于 400g/m² 无纺布。

二次衬砌。二次衬砌一般采用整体式钢筋混凝土衬砌。

仰拱填充。隧道仰拱通常是弧形，而车辆行驶面是有一定斜率的平面，因此需要采用建筑材料将仰拱上方和路面结构间的空间进行填充，常用的仰拱填充材料为水泥混凝土。

路面结构。路面结构主要有两种，即水泥混凝土路面和沥青混合料路面。

2. 附属结构

（1）紧急停车带

在较长的公路隧道内，需要设置紧急停车带作为避让车道，避免车辆抛锚长时间占据行车道，故障车必须尽快离开干道，否则会引起阻塞，甚至导致交通事故。为避免发生交通事故，引起混乱，影响通行能力而专供紧急停车使用的停车位置即为紧急停车带。

紧急停车带的间隔，主要根据故障车的可能推动距离确定。一般很难确定距离的大小，如小车较卡车滑行距离长，人力推动也较省力；下坡较上坡滑行距离长，推动也省力。在隧道内一般取 500 ~ 800m。汽车专用隧道取 500m，隧道长度大于 600m 时应在中间设置一处。混合交通隧道取 800m，隧道长度大于 900m 时应在中间设置一处。

紧急停车带的有效长度应满足停放车辆进入所需的长度，一般进入需 20m，最低值为 15m，宽度一般为 3.0m。

（2）行车横道和行人横洞

行车横道与隧道正洞应该形成一个小于 90。夹角，单向交通的隧道采用 45° ~ 60° 夹角。隧道长度在 1000 ~ 1500m 时，宜在隧道中间设一处。

行人横洞是在分离式单向交通的双洞隧道中，一个隧道内发生事故时，汽车无法立即疏散，事故内车辆的乘客可通过行人横洞疏散。行人横洞净空为 2.5m（高）x2m（宽），设置间距可取 250m，且不得大于 500m。

（3）防排水系统

隧道防排水系统主要是为了保证隧道在运营过程中避免水害带来的影响，以保证结构物和设备的正常使用和行车安全。隧道内的防排水是隧道施工和运营中的一个重要问题，现代隧道通常以"防、排、截、堵相结合，因地制宜，综合治理"的原则设置隧道防排水系统，以达到防水可靠、排水通畅、底部无积水、经济合理的目的。

①防水措施。常用的防水措施有喷射混凝土、塑料防水板防水、模筑混凝土衬砌防水、防水涂料防水等。模筑混凝土衬砌防水是指内层衬砌采用就地浇筑混凝土本身具有防水功能。塑料防水板防水是指在内外层衬砌之间敷软聚氯乙薄膜、聚异丁烯片等防水卷材，塑料板防水一般厚度为 1.2mm。防水层接缝处一般用热气焊接，也可采用适当的溶剂做溶解焊接，以达到防水的目的。防水涂料防水是指在隧道内表面涂刷防水涂料，如乳化沥青、环氧焦油等，使在隧道内表面形成不透水的薄膜。防水砂浆抹面是在普通砂浆中掺入防水剂，从而提高砂浆抹面的防水性能。目前，应用较多的是防水砂浆主要有氯化铁砂浆和氯化钙防水砂浆。

②排水。排水常利用"排水盲沟→泄水管→排水沟"的形式进行隧道排水。这种方

法主要是将衬砌背后的水引入盲沟内汇集，然后通过与盲沟连接的泄水管将水从盲沟引入隧道内的排水沟，最后从排水沟排走。

③截水。截水是将流向隧道的地表水或地下水截断，从而使水改路。对于地表水，应设置地表排水沟、截水沟将水引离隧道；对于地下水，主要采用设置导坑、泄水洞或井点降水等方法。

目前，采用的主要截水措施有以下几种：

在洞口仰坡边缘 5m 以外设置天沟，并加以铺砌。当岩石外露、地面坡度较陡时，可不设天沟。仰坡上可种植草皮、喷抹灰浆或加以铺砌。

对洞顶天然沟槽加以整治，使山洪宣泄畅通。

对洞顶地表的陷穴、深坑加以回填，对裂缝进行堵塞。处理隧道地表水时，要有全局观点，不应妨害当地农田水利规划，做到因地制宜，一改多利。

在地表水上游设截水导流沟，地下水上游设泄水洞、洞外井点降水或洞内井点降水。

④堵水。在隧道施工、运营过程中，有渗漏水时，常采用喷射混凝土、注浆和防水混凝土衬砌等方法进行堵水。

（4）施工缝、变形缝

施工缝，也称循环缝。隧道衬砌混凝土施工所产生的冷接缝，是防水薄弱环节之一，也是隧道中最易发生渗漏的位置。隧道衬砌施工缝处理不好，不仅会造成衬砌混凝土裂缝及洞内漏水，严重影响隧道的正常使用和行车安全，还会降低结构的强度和耐久性。为防止由于衬砌不均匀下沉而引起的裂损，在地质条件变化显著、衬砌受力不匀地段，应设置沉降缝；为防止由于温度变化剧烈或混凝土凝结收缩影响而引起的衬砌开裂，应设置伸缩缝，以上两种结构缝统称为变形缝。变形缝应采用柔性材料做防水处理。

（5）通风设施

公路隧道的通风方式大体可分为自然通风和机械通风两种。自然通风是利用洞内的天然风流和汽车运行所引起的活塞风（交通风）来达到通风目的。机械通风则是在自然通风不能满足要求时，设置一系列通风机械，通过送入或排出空气来达到通风目的。

（6）隧道内部装饰

在公路隧道或城市地铁内，为了使隧道内更美观，提高能见度，吸收噪声和改变隧道内的环境，内部装饰有时非常必要。

内部装饰具有保持隧道内的亮度、减少衬砌对汽车尾气的吸收、防止衬砌的腐蚀、吸收噪声等作用。

常见的内部装饰类型有粉刷、涂料、塑料装饰或粘贴各种装饰材料等。

二、隧道施工方法概述

（一）施工概述

隧道施工是指修建隧道及地下洞室的施工方法、施工技术和施工管理的总称。

隧道施工方法是开挖与支护等工序的组合。隧道施工过程通常包括在地层内挖出土石，形成符合设计断面的坑道，进行必要的支护和衬砌，控制坑道围岩变形，保证隧道施工安全和长期安全使用。

隧道施工技术主要研究解决上述各种隧道施工方法所需的技术方案和措施（如开挖掘进、支护和衬砌施工方案与措施）；隧道穿越特殊地质地段时（如膨胀土、黄土、溶洞塌方、流沙、高地温、岩爆、瓦斯地层等）的施工手段；隧道施工过程中的通风、防尘及防有害气体的方式方法和对围岩变化的量测监控方法。

隧道施工管理主要解决施工组织设计（如施工方案选择、施工技术措施、场地布置、进度控制、材料供应、劳力及机具安排等）和施工中的技术管理、计划管理、质量管理、经济管理、安全管理等问题。

隧道施工和工程实践有密切联系，因此应理论与生产实践紧密结合。必须指出，由于地质勘探的局限性和地质条件的复杂性及多变性，隧道施工过程中经常会遇到突然变化的地质条件、意外情况（如塌方、涌水等），原制订的施工方案、施工技术措施和施工进度计划等也必须随之变更。因此，必须学会结合工程实践经验掌握综合运用这些知识的能力，以便正确处理隧道施工中遇到的各种实际问题。

（二）隧道施工方法的选择

1. 常用的公路隧道施工方法

目前，常用的公路隧道施工方法见图 5-1。

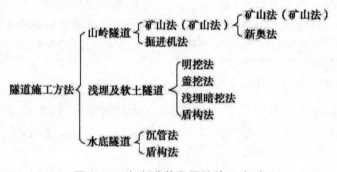

图 5-1　公路隧道常用的施工方法

2. 施工方法的选择

针对具体的隧道工程，采用何种施工方法，不仅取决于围岩工程地质和水文地质条件，还受到隧道工程结构条件和工程施工条件的影响，而从工程技术的角度来看，隧道围岩工程地质和水文地质条件是影响施工方法选择的最关键因素。

在确定隧道的围岩级别的基础上，根据隧道工程建筑要求、机具设备、施工技术条件、施工技术水平、施工经验等多种因素和千变万化的地质情况等，参考表 5-1 选择与隧道断面大小、形状以及洞室的组合情况相适应，并能够满足施工安全、作业空间、施工速度、施工成本控制、工程质量、环境保护、施工组织和管理方面要求的一种或多种施工方法。

表 5-1　各种施工方法的适用范围

地质条件	矿山法	新奥法	浅埋暗挖	明挖法	盖挖法	盾构法	掘进机法	沉埋法	冻结法
浅埋隧道（软岩、土质）	可用	加特殊措施适用	常用	常用	适用	适用	—	—	可用
深埋隧道	适用	适用、最常用	浅埋段适用	浅埋段适用	—	软岩段适用	适用	—	—
水下隧道（水下地层中）	—	硬岩段适用	—	—	—	软岩段适用	—	—	可用
水底隧道（水下河床上）	—	—	—	—	—	—	—	适用	—

　　浅埋隧道往往采用先将地面开挖，修筑完成支护结构以后再回填土石的明挖法施工。深埋隧道则采用不开挖地面的暗挖法施工，即在地下开挖及修筑支护结构。目前，在长大公路隧道施工过程中，采用小直径 TBM 掘进机，先行完成导坑开挖，然后再采用"新奥法"扩大为正洞，已经成为推荐的组合型施工方法。

　　应当指出的是，隧道工程施工是在应力岩体中开拓地下空间。由于地质条件的复杂性和多变性，以及地质勘探、施工技术和人们对工程问题认识的局限性，人们在隧道施工过程中不可避免地会遇到预料之外的地质条件，甚至发生如流变、塌方、流沙、突泥、涌水、岩爆等工程事故。所以，隧道施工人员应当根据隧道工程具体条件加以综合考虑、反复比较，选择最经济、最合理的施工方法，一般是多种方法、多种技术综合利用：另一方面应密切关注施工过程中各种因素变化，及时根据实际情况调整施工方案、施工方法、施工技术和施工进度等各项计划。这是一个受多种因素影响的动态择优过程。

第二节　隧道新奥法施工技术

一、施工技术概述

（一）定义

　　新奥法简称为 NATM，即新奥地利隧道施工方法，它以隧道工程经验和岩体力学理论为基础，将锚杆和喷射混凝土组合在一起，作为主要支护手段的一种施工方法，经过一些国家的许多实践和理论研究，于 20 世纪 60 年代取得专利权并正式命名。NATM 于 20 世纪 60 年代传到我国，70 年代末 80 年代初在我国得到迅速发展。可以说，目前我国几乎所有重点、难点的地下工程都使用了新奥法。新奥法几乎成为在软弱破碎围岩地段修筑隧道的一种基本方法。

（二）新奥法施工工艺特点

1. 新奥法与传统支护理念的区别

传统支护理念认为隧道围岩是一种荷载，应使用加强的衬砌结构支护松动围岩。而新奥法将围岩视为隧道承载构件的一部分，围岩既是荷载，又是承载结构；构筑薄壁、柔性、与围岩紧贴的支护结构（以喷射混凝土、锚杆为主要手段），使围岩与支护结构共同形成承载体系来承受外荷载，并最大限度地保持围岩稳定，因而不致松动破坏。

新奥法将锚杆、喷射混凝土适当进行组合，形成比较薄的衬砌层，即用锚杆和喷射混凝土来支护围岩，使喷射层与围岩紧密结合，形成围岩—支护系统，保持两者的共同变形，故而可以最大限度地利用围岩本身的承载力。

2. 保护隧道围岩自身的承载能力

新奥法施工在隧道开挖后采取了一系列综合性措施，如构筑防水层、围岩巷道排水，给支护留变形余量，开挖后及时做好支护、封闭围岩等，都是为保护巷道围岩的自身承载能力，使其与人工支护结构共同承受巷道压力。

3. 允许围岩发生一定的变形

新奥法允许围岩有一定量的变形，以利于发挥围岩的承载能力。同时巷道的支护结构也应具有预定的可压缩量，以缓和隧道结构所受的压力。围岩的变形须控制在一定范围内，必须避免围岩变形过大，导致围岩强度削弱而引起垮落、失稳。支护结构应具有一定的变形量，允许巷道围岩产生一定的变形，以缓和来自巷道的巨大压力，更进一步减轻支护荷载。

4. 重视超前地质预报、现场围岩分级和监控量测工作

新奥法施工过程就是一个信息反馈的过程。围岩情况决定着支护参数的选取，通过分析超前地质预报预估围岩的变化情况，以便对不良地质段落提前做好应对准备；通过对每个开挖循环掌子面的围岩进行现场确认，以保证支护措施选取的正确性；通过对已经支护的段落进行监控量测，以便发现危险段落及对支护参数的合理性进行复核。3种信息手段分工协作，共同用于指导隧道现场施工。

5. 新奥法适用范围

虽然新奥法有广泛的应用，但并非所有的隧道都适合采用新奥法设计施工。新奥法设计施工的隧道主要适合以下围岩：

①具有较长自稳时间的中等岩体；

②弱胶结的砂和石砾以及不稳定的砾岩；

③强风化的岩石；

④刚塑性的黏土泥质灰岩和泥质灰岩；

⑤坚硬黏土，也有带坚硬夹层的黏土；

⑥微裂隙但很少黏土的岩体；

⑦在很高的初应力场条件下，坚硬的和可变坚硬的岩石。

在下述条件下应用新奥法时，必须与一些辅助方法相配合：

①有强烈地压显现的岩体；

②膨胀性岩体（要与仰拱与底部锚杆相配合）；

③在一些松散岩体中，要与钢背板相配合；

④在蠕动性岩体中，要与冻结法或预加固法等相配合。

在下列围岩中应慎用新奥法：

①大量涌水的岩体；

②由于涌水会产生流沙现象的围岩；

③极为破碎，锚杆钻孔、安装都极为困难的岩体；

④开挖面完全不能自稳的岩体等。

（三）优缺点

①各工序的组合和调整的灵活性很大，尤其是当地质条件发生变化时，它依然表现出很强的适应性。长期的实践已使人们积累了丰富宝贵的施工经验，形成了较为科学合理、完整成熟的施工方案，这些是普遍认同的优势。

②与传统矿山法的钢木构件临时支撑相比较，新奥法的锚喷初期支护具有显著的灵活性、及时性、密贴性、深入性、柔韧性、封闭性等工程特点。

③施工机械和设备的配套比较灵活，且多数是常规设备，其组装设备简单、转移方便，重复利用率高。

④现代隧道工程使用的钢拱架和内层衬砌是力学意义上的承载环，其设计计算方法仍沿用并改进了传统松弛荷载理论的设计计算方法。

值得注意的是，钢拱架、超前管棚、混凝土或钢筋混凝土等刚性构件的作用简明直观、行之有效，且具有较好的耐久性。而锚喷初期支护的支护能力和功效虽然并不亚于刚性构件，但其理论需要专门的培训，对其实施准则的认识和掌握还需要在实践中加以总结和积累。就耐久性而言，因为锚喷支护毕竟是一种松散结构，其耐久性并非是最理想且在不同的围岩条件下，其功效大小也不尽相同，还需要用时间来检验。

二、施工原则

根据对隧道及地下工程的基本问题——"开挖与支护关系"的认识，对围岩的"三位一体特性"的认识，以及对支护的"加固和维护作用"的认识，现代围岩承载理论认为"围岩是工程加固的对象，是不可替代的；支护是加固的手段，是可以选择的"。围岩承载理论在"新奥法"成功应用的基础上，运用岩体力学分析方法，充分考虑围岩在施工过程中的动态变化，逐步形成了"以维护和利用围岩的自承能力为基本出发点，锚杆和喷射混凝土为主要支护措施，对围岩和支护的变形和应力进行测量为监视控制手段，来指导隧道和地下工程设计施工"的基本思路，并进一步总结出提供支护帮助的基本原则，即"围岩不稳，支护帮助，遇强则弱，遇弱则强，按需提供，先柔后刚，监控量测，动态调整"。

根据以上解决问题的基本思路和支护设计的基本原则，作为一种施工方法，新奥法施工的基本原则可以归纳为"少扰动，早锚喷，勤量测，紧封闭"。

少扰动：在进行隧道开挖时，要尽量减少对围岩的扰动次数、扰动强度、扰动范围和扰动持续时间。因此，隧道施工应根据围岩级别，选择合理的开挖方法、掘进进尺和作业循环。具体措施：能用机械开挖的就不用钻爆法开挖；采用钻爆法开挖时，要严格地进行控制爆破；尽量采用大断面开挖，以减少对围岩的扰动次数；对自稳性差的围岩，宜采用分部开挖，小循环作业，并且掘进进尺应短一些；最好采用机械开挖，必要时可采用松动爆破；支护要尽量紧跟开挖面，以缩短围岩应力松弛时间。

早锚喷：开挖后及时做初期锚喷支护，使岩变形进入受控制状态。这样做一方面使围岩不致因变形过度而产生坍塌失稳；另一方面使围岩变形适度发展，以充分发挥围岩的自承能力。必要时，可采取超前预支护，甚至注浆加固（地层改良）措施。具体措施：根据围岩级别采用喷射混凝土、锚杆、钢拱架等不同组合形式的初期支护，及时调整支护时机、支护参数，以求达到最佳支护效果。

勤量测：以直观、可靠的量测方法获得量测数据来判断围岩（或围岩加支护）的稳定状态及动态发展趋势，评价支护的作用和效果，以便及时调整支护时机、支护参数、开挖方法、施工速度，确保施工安全和顺利进行。具体措施：在隧道施工中，对围岩进行地质素描、拱顶下沉观测、水平收敛观测、仰拱隆起观测及锚杆抗拔力测试等。量测是掌握围岩动态变化过程的手段和修改支护参数、调整施工措施的依据，也是现代隧道及地下工程理论的重要标志之一。

紧封闭：一方面是采用喷射混凝土等防护措施，避免围岩长时间暴露导致强度和稳定性衰减，尤其是对于易风化的软弱围岩。另一方面，更为重要的是要适时对围岩施做封闭性支护，使之形成"力学意义上的封闭的承载环"，即围岩 + 支护 = 无薄弱部位且整体稳定的环状（筒状）结构物。这样做不仅可以及时阻止围岩的过度变形，保证隧道稳定，而且可以使支护和围岩能进入良好的共同工作状态，以有效地发挥支护体系的作用。具体措施：在一般破碎围岩地段施工中，及时加固薄弱部位；而在软弱破碎围岩地段施工中，采用短台阶或超短台阶法开挖，及时修筑仰拱，使初期支护尽早形成封闭的承载环。值得注意的是，在一般围岩条件下，模筑混凝土内层衬砌原则上在初期支护与围岩共同工作并已达成基本稳定（变形收敛）的条件下修筑。因而内层衬砌的作用是承受围岩后期压力和提供安全储备。但在围岩自稳能力很弱并具有较强流变特性时，及时采用刚度较大的强支护措施就显得非常必要。

三、施工工艺流程

（一）洞口施工与进洞方法

隧道洞口段常处于浅埋段，大多穿越山体表层，地质条件复杂，岩石风化严重，岩石破碎、孔隙较大，土质松散，强度低，渗水，稳定性差，易发生坍塌、冒顶等施工事故，洞口施工人员、机械安全风险较大，因此隧道洞口及进洞施工需要引起高度重视，合理选择进洞方法，杜绝施工安全质量事故。

常见的隧道进洞方法有超前小导管进洞和超前管棚进洞两种，无论采用哪种进洞方法都必须先在洞口位置设置钢筋混凝土套拱，并在套拱内按设计要求预埋导管（孔口管），以便向洞内施做小导管或长管棚。

（二）超前地质预报

隧道穿越的地层千变万化，可能遇到各种各样的地质状况。隧道勘察的局限性导致地质资料不能完全反映实际的地质情况。因此，在施工过程中为了保证施工安全，需要通过超前地质预报对前方围岩状况进行预测，对可能出现的灾害进行合理评估，并提前采取应对措施，以避免发生灾害。

在隧道工程施工中，前方可能常常遇到危险的地质结构，如采空区、断层破碎带、岩溶带、煤与瓦斯突出的危险地段。这些段落的地质结构通过一般的检测仪器难以发现，需要采用特殊的专业技术手段进行超前地质预报，以提前发现不良地质并采取应对措施，保证工程施工安全。

常用的超前地质预报方法主要有隧道地震预报法（简称 TSP）和地质雷达法。

1. TSP 超前地质预报

TSP 超前地质预报系统是利用人工制造系列轻微震源，产生地震波信号，地震波信号在隧道周围岩体内传播，当其遇到地层层面、节理面特别是断层破碎带界面和溶洞、暗河等不良地质界面时，会发生反射。界面两侧围岩的岩性差别越大，反射信号越强。通过传感器和记录仪采集、记录反射波信号，然后将其传输至微机由分析软件进行分析、计算，形成反映地质界面的象点图，供分析人员解译。

2. 地质雷达法

地质雷达是利用无线电波检测地下介质分布和对不可见目标或地下界面进行扫描，以确定其内部形态和位置的电磁技术。其理论基础为高频电磁波理论，利用高频电磁波以宽频带短脉冲形式由地面通过发射天线送入地下，经地下不连续体或目的体反射后返回地面为接收天线所接收，反射电磁波经过一系列的处理和分析之后可以得到探测介质的有关信息（如节理、裂隙、断裂等解译）。

从反射波的连续性特点看，电磁波在正常衰减过程中遇到较强的反射界面时，波幅会骤然增加，同相轴明显之后恢复正常变化规律。反之，若目标体中存在许多杂乱无章的界面，雷达接收到的这些界面的反射回波信号时波幅小、波形杂乱无章，同相轴将很不连续。

地质雷达系统主要由控制单元、发射机、接收机及电源、光缆、通信电缆、触发盒、测量轮等辅助元件组成。

（三）超前支护

由于初期喷锚支护强度的增长不能满足洞体稳定的要求，可能导致洞体失稳，或由于大面积淋水、涌水，难以保证洞体稳定时，在隧道开挖前可采用超前支护措施对围岩进行加固。

超前支护措施应视围岩地质条件、地下水情况、施工方法、环境要求等具体情况而选用，并尽量与常规施工方法相结合，进行充分的技术经济比较，选择一种或几种同时使用。施工中应经常观测地形、地貌的变化以及地质和地下水的变异情况，制定相关的安全施工细则，预防突发事故发生。必须坚持"先支护（或强支护）、后开挖、短进度、弱爆破、快封闭、勤测量"的施工原则，并做好详细的施工记录。

1. 超前锚杆锚固前方围岩

①构造组成。超前锚杆是沿开挖轮廓线，以稍大的外插角，向开挖面前方安装锚杆，形成对前方围岩的预锚固，在提前形成的围岩锚固圈保护下进行开挖作业。

②性能特点及适用条件。超前锚杆支护的柔性较大，整体刚度较小。虽然可以与系统锚杆焊接以增强其整体性，但对于围岩应力较大时，其后期支护刚度有些不足。此类超前支护主要适用于地应力不大、地下水较少的软弱围岩的隧道工程中，如土砂质地层、弱膨胀性地层、流变性较小的地层、裂隙发育的岩体及断层破碎等，浅埋无显著偏压的隧道，也适宜采用中小型机械施工。

③设计、施工要点：

超前锚杆的超前量、环向间距、外插角等参数，应视围岩地质条件、施工断面大小、开挖循环进尺和施工条件而定。一般超前长度为循环进尺的 3 ~ 5 倍，长 3 ~ 5m，环向间距 0.3 ~ 1.0m；外插角宜用 10° ~ 30°；搭接长度宜为超前长度的 40% ~ 60%，即大致形成双层或双排锚杆。

超前锚杆宜用砂浆全黏结式锚杆，锚杆材料可用直径不小于 22mm 的螺纹钢筋。

超前锚杆安装误差，一般要求孔位偏差不超过 10cm，外插角不超过 2°，锚入长度不小于设计长度的 90%。

开挖时应注意保留前方有一定长度的锚固区，使超前锚杆前端有一个稳定的支点，其尾端应尽可能多地与系统锚杆及钢筋网焊连。若掌子面出现滑塌现象，则应及时喷射混凝土封闭开挖面，并尽快打入下一排超前锚杆，然后才能继续开挖。

开挖后及时喷射混凝土，并尽快封闭环形初期支护。

开挖过程中应密切注意观察锚杆变形及喷射混凝土层的开裂、起鼓等情况，以掌握围岩动态，及时调整开挖及支护参数，如遇地下水则可钻孔引排。

2. 管棚超前支护前方围岩

①构造组成。管棚支护是利用钢拱架沿开挖轮廓线以较小的外插角，向开挖面前方打入钢管或钢插板构成的棚架来形成对开挖面前方围岩预支护的一种支护方式。采用长度小于 10m 的钢管称为短管棚；采用长度为 10 ~ 45m 且较粗的钢管称为长管棚；采用钢插板（长度小于 10m）的称为板棚。

②性能特点及适用条件。管棚因采用钢管或钢插板作纵向预支撑，又采用钢拱架作环向支撑，其整体刚度较大，对围岩变形的限制能力较强，且能提前承受早期围岩压力。因此，管棚法特别适用于围岩压力来得快、来得大、对围岩变形及地表下沉有较严格要

求的软弱破碎围岩隧道工程，如土砂质地层、强膨胀性地层、强流变性地层、裂隙发育的岩体、断层破碎带、浅埋有显著偏压等围岩的隧道中。此外，在一般无胶结的土及砂质围岩中，采用插板封闭较为有效；当遇到流塑状岩体或岩溶严重流泥地段或地下水丰富的岩层，采用管棚与围岩内注浆相结合的手段加固围岩，也是行之有效的方法。短管棚一次超前量少，基本上与开挖作业交替进行，占用循环时间较长，但钻孔安装较容易。长管棚一次超前量大，虽然增加了单次钻孔或打入长钢管的作业时间，但减少了安装钢管的次数，减少了与开挖作业之间的干扰。在长钢管的有效超前区段内，基本上可以进行连续开挖，也更适用于采用大中型机械进行大断面开挖。

③设计、施工要点：

管棚的各项技术参数要视围岩地质条件和施工条件而定。长管棚长度不宜小于 10m，一般为 10～45m；管径 70～180mm，孔径比管径大 20～30mm，环向间距 0.2～0.8m；外插角 1°～2°；两组管棚间的纵向搭接长度不小于 1.5m，钢拱架常采用工字钢拱架或格栅钢架。

钢拱架应安装稳，其垂直度允许误差为 ±2°，中线及高程允许误差为 ±5cm；钢管应从工字钢腹板圆孔穿过，或穿过钢拱架；钻孔方向应用测斜仪监测控制，钢管不得侵入开挖轮廓线。钻孔平面误差不大于 15cm，角度误差不小于 0.5°。

第一节钢管前端要加工成尖锥状，以便于导向插入。施工时按打一眼、装一管、由上而下的顺序进行。

长钢管应用 4～6m 管节逐段接长，打入一节，再连接后一节，连接头应采用厚壁管箍，上满丝扣，丝扣长度不应小于 15cm；为保证受力均匀，钢管接头应纵向错开，一般按编号，偶数第一节用 4m，奇数第一节用 6m，以后各节均采用 6m。

当需增加管棚刚度时，可在安装好的钢管内注入水泥砂浆，一般在第一节管前段管壁交错钻若干个深 10～15mm 孔，以便于排气和出浆，或在管内安装出气导管，浆液注满后方可停止压注。

水泥砂浆强度等级可用 M20～M30，并适当加大灰砂比。

钻孔时如出现卡钻或塌孔，应注浆后再钻，有些土质地层则可直接将钢管顶入。

3. 超前小导管注浆

①构造组成。超前小导管注浆是在开挖前，先用喷射混凝土将开挖面 5m 范围内的坑道封闭，然后沿坑道周边向前方围岩内打入带孔小导管，并通过小导管向围岩压注起胶结作用的浆液，待浆液硬化后，坑道周围岩体就形成了有一定厚度的加固圈。在此加固圈的保护下即可安全地进行开挖作业。若小导管前端焊一个简易钻头，则可钻孔、插管一次完成，称为自进式注浆锚杆。

②性能特点及适用条件。超前小导管注浆支护是通过小导管对围岩进行注浆加固，浆液被压注到岩体裂隙中并硬化后，不仅将岩块或颗粒胶结为整体起到了加固作用，而且填塞了裂隙，阻隔了地下水向坑道渗流通道，起到了堵水作用。因此，超前小导管注浆不仅适用于一般软弱破碎围岩，也适用于地下水丰富的软弱破碎围岩。

③小导管布置和安装：

小导管钻孔安装前，对开挖面及 5m 范围内的坑道喷射 5 ~ 10m 厚混凝土封闭。

小导管一般采用直径 32mm 焊接管或 42mm 无缝钢管制作，长度宜为 3 ~ 6m，前端做成尖锥形，前段管壁上每隔 10 ~ 20cm 交错钻眼，眼孔直径宜为 6 ~ 8mm。

钻孔直径应较管径大 20mm 以上，环向间距应按地层条件而定，渗透系数大的，间距亦应加大，一般采用 20 ~ 50cm；外插角应控制在 10° ~ 30°，一般采用 15°。

Ⅴ级围岩劈裂、压密注浆时采用单排管；Ⅵ级围岩或塌方时可采用双排管；地下水丰富的松软层，可采用双排以上的多排管；渗入性注浆宜采用单排管；大断面或注浆效果差时，可采用双排管。

小导管插入后应外露一定长度，以便连接注浆管，并用塑胶泥将导管周围孔隙封堵密实。

④注浆施工要点：

小导管注浆孔口最高压力应严格控制在允许范围内，以防压裂开挖面。注浆压力一般为 0.5 ~ 1.0MPa，止浆塞应能经受注浆压力。注浆压力与地层条件及注浆范围要求有关，一般要求单管注浆能扩散到管周 0.5 ~ 1.0m 半径范围内。

要控制注浆量，每根导管内已达到规定注入量即可结束；如孔口压力已达到规定压力值，但注入量仍不足，亦应停止注浆。

注浆结束后，应做一定数量的钻孔检查或用声波探测仪检查注浆效果。如未达到要求，应进行补注浆。

注浆后应视浆液种类，等待 4 ~ 8h 方可开挖。开挖长度应按设计循环进尺的规定，以保留一定长度的止浆墙（即超前注浆的最短超前量）。

自进式注浆锚杆是将超前锚杆与超前小导管注浆相结合的一种先进的超前支护措施。它主要做了以下几点改进：其一，它在小导管前端焊接了一个简易的一次性钻头或尖端，从而将钻孔和定管同时完成，缩短了导管安装时间；尤其适用于钻孔易坍塌的地层；其二，对于可以采用水泥浆的地层，它改用水泥砂浆压注，可进一步降低造价；其三，导管采用波纹或变径外形，以增加黏结力和锚固力，增强了加固效果。

（四）隧道开挖

1. 隧道开挖方法

在隧道开挖过程中，不同的开挖方法对保持围岩的稳定状态有直接而重要的影响。正确的开挖方法能够很好地适应地质条件及其变化，并能保持围岩的稳定。新奥法常用的开挖方法有全断面法、台阶法、环形开挖留核心土法、CD 法（中隔墙法）、CRD 法（交叉中隔壁法）和侧壁导坑法。

①全断面法。全断面法主要适用于较好围岩，施工操作比较简单。为了减少对地层的扰动次数，在采取局部注浆等辅助施工措施加固地层后，也可采用全断面法施工。全断面法有较大的作业空间，有利于采用大型配套机械化作业，提高施工速度，且工序少，便于施工组织和管理。但由于开挖面较大，围岩稳定性降低，且每个循环工作量较大，

对于岩质隧道每次深孔爆破引起的震动较大，因此要求进行精心的钻爆设计，并严格控制爆破作业。

②台阶法。台阶法是隧道施工最为常用的一种方法，因其开挖步序少，施工速度快而易于为工程技术人员所采用。

根据台阶长度不同，又划分为长台阶法、短台阶法和微台阶法 3 种。施工中采用哪一种台阶法，要根据两个条件来决定：第一是对初期支护形成闭合断面的时间要求，围岩越差，要求闭合时间越短；第二是对上部断面施工所采用的开挖、支护、出渣等机械设备需要施工场地大小的要求。对软弱围岩，主要考虑前者，以确保施工安全；对较好围岩，主要考虑如何更好地发挥机械设备的效率，保证施工中的经济效益，因此只考虑后一条件。

③环形开挖留核心土法。环形开挖留核心土法常用于Ⅵ级围岩单线和Ⅴ级围岩双线隧道掘进。施工顺序为：人工或单臂掘进机开挖环形拱部→架立钢支撑→挂钢丝网→喷射混凝土。在拱部初期支护保护下，开挖核心土和下半部，随即接长边墙钢支撑，挂网喷射混凝土，并进行封底。根据围岩变形，适时施做二次衬砌。

环形开挖留核心土法施工开挖工作面稳定性好，施工较安全，但施工干扰大、工效低。在土质及软弱围岩中使用较多，在大秦线军都山隧道黄土段等隧道施工中均有应用。

④ CD 法和 CRD 法。CD 法也称中隔墙法，主要适用于地层较差和不稳定 Ⅴ ～ Ⅵ 级岩体，且地面沉降要求严格的地下工程施工。当 CD 法仍不能满足要求时，可在 CD 法的基础上加设临时仰拱，即所谓的 CRD 法（也称交叉中隔墙法）。CRD 法的最大特点是将大断面施工化成小断面施工，各个局部封闭成环的时间短，控制早期沉降好，每个步序受力体系完整。因此，结构受力均匀，形变小。另外，由于支护刚度大，施工时隧道整体下沉微弱，地层沉降量不大，而且容易控制。

⑤侧壁导坑法。侧壁导坑法分单侧壁导坑和双侧壁导坑，以双侧壁导坑法为例来说明。双侧壁导坑法也称眼镜工法，是变大跨度为小跨度的施工方法。其实质是将大跨度分成 3 个小跨度进行作业，主要适用于地层较差、断面很大的公路隧道及地下工程。该法工序较复杂，导坑支护拆除困难，有可能由于测量误差而引起钢架连接困难，从而加大了下沉值，而且成本较高，进度较慢。一般采用人工和机械混合开挖，人工和机械混合出渣。

实践证明：选择合理的施工方法，可以安全地施工隧道，并将地表沉降控制在设计要求范围内。因此，选择一种合理的施工方法是工程成败的关键。综合国内外施工经验，基于经济性及工期考虑，其施工方法选择的顺序为：全断面法→台阶法→环形开挖预留核心土法 CD 法→CRD 法→侧壁导坑法。从安全性角度考虑，顺序正好相反。工程实践中，应根据地质条件、断面大小、地面环境等因素从施工方法的可实现性、安全性、工期、适应性、技术性和经济性 6 个方面综合考虑，选择施工方法。

2. 隧道开挖方式

开挖方式是指对隧道范围内岩体的挖除方式（破岩方式），常用的公路隧道开挖方式有人工开挖、机械挖掘及钻眼爆破开挖 3 种。

①人工开挖。人工开挖是采用十字镐、风镐等简易工具来挖除岩体。人工开挖对围岩的扰动破坏小，有利于保持围岩原有的稳定能力，但人工开挖速度较慢，劳动强度较大，安全性差，故一般适用于围岩稳定性较差的土质隧道或软岩隧道中。如在不能采用爆破开挖的软弱破碎围岩和土质隧道中，若隧道工程量不大，工期要求不太紧，又无机械或不宜采用机械开挖时，则可以采用人工开挖。人工开挖时，尤其应做好安全防护措施，并安排专人负责工作面的安全观察。

②机械挖掘。机械挖掘有两方面含义：大型综合机械和一般机械。大型综合机械指的是 TBM 与盾构，一般机械常见的是挖掘机和独臂钻。它们均采用机械方式切削破碎岩土并挖除坑道范围内的岩土。

（五）初期支护

隧道开挖后，为了有效约束和控制围岩变形，增强围岩稳定性，保证施工安全，以及为了确保运营过程中的稳定、耐久，减少阻力和美观，均须施做必要的结构作为支护，通常称为初期支护。

初期支护一般有喷射混凝土、锚杆、钢拱架、钢筋网等以及其组合形式，其应紧跟隧道开挖作业面及时施做，结合监控量测成果，及时封闭成环，保证施工安全。

1. 喷射混凝土施工

喷射混凝土是在地下工程施工中，为尽快使开挖土体面稳定的一种支护措施。它借助喷射机械，利用压缩空气作动力，将水泥、砂、石子、水配合的拌和料，并掺加速凝剂，通过高压管高速喷射到受喷面上，依靠高速喷射时集料的反复连续撞击压密混凝土硬化而成，使喷射的混凝土能够在几分钟内终凝，且强度增长快，并与其他支护措施如锚杆、钢筋网联合形成支护整体共同承受拉应力和剪应力，大幅度地提高工作面土体的承载力，并快速稳定。

①喷射混凝土施工工艺。喷射混凝土施工工艺常有干喷工艺、湿喷工艺及潮喷工艺 3 种，它们之间的主要区别是各工艺流程的投料程序不同，尤其是加水和速凝剂的时机不同。干喷工艺是将骨料、水泥和速凝剂按一定的比例干拌均匀，然后装入喷射机，用压缩空气使干集料在软管内呈悬浮状态送到喷枪，再在喷嘴处与高压水混合，以较高速度喷射到岩面上。湿喷工艺是将集料、水泥和水按设计的比例拌和均匀，用湿式喷射机压送拌和好的混凝土混合料到喷头处，再在喷头上添加速凝剂喷出。潮喷工艺是将骨料预加少量水，使之呈潮湿状，喷射时在喷射口再加剩余的大部分水。在公路工程隧道施工中，应优先选用湿喷，不得使用干喷。

②喷射混凝土用机械设备。为保证喷射混凝土质量，减少粉尘和回弹量，施工中所使用的主要机具设备有喷射机、喷射机械手、强制式搅拌机（拌和机）、压力水泵、压风机（压缩空气机）、上料机等。喷射混凝土施工机具应符合下列规定：

A. 密封性良好，不漏水、不漏气。

B. 生产能力（混合料）为 3 ~ 5m³/h。

C.输送连续、均匀；允许输送的集料最大粒径为 2.5cm；输送距离（干混合料）：水平方向为 10m，垂直方向为 30m。

D.喷射混凝土所选用的空压机，应满足喷射机作业风压和耗风量的要求，作业效率高。

E.混合料拌和应采用强制式拌和机。喷射机应具有较大的混凝土流动性能。

F.压风机要求风管不翻风，压力水泵要求水管不漏水，并应经过试运转，检查工作状态是否良好。机械及管路要求检修完好，管路和接头要保持良好；输料管在使用过程中应注意转向连接良好，以减少管道磨损等。

G.喷射混凝土施工时应对其质量进行检查，混凝土表面应平整，无空鼓、裂缝、酥松并用喷射混凝土（或砂浆）对基面进行找平处理，平整度用 2m 靠尺检查，表面平整度允许偏差般为 10cm。

2. 钢筋网施工

在喷射混凝土中增设钢筋网，可以防止受喷面由于承受喷射力而塌落，减少回弹量、喷射混凝土层开裂，增强初期支护的整体作用，通常与锚杆或钢架焊接成一体。

钢筋网铺设应符合下列要求：

①钢筋网宜在初喷混凝土后铺挂，使其与喷射混凝土形成一体，底层喷射混凝土厚度不宜小于 4cm。

②砂土层地段应先铺挂钢筋网，沿环向压紧后再喷混凝土。

③采用双层钢筋网时，第二层钢筋网应在第一层钢筋网被混凝土覆盖后铺设，其覆盖厚度不应小于 3cm。

④钢筋网可利用风钻气腿顶撑，以便贴近岩面，钢筋网应与锚杆或其他固定装置连接牢固，与钢架绑扎时，应绑在靠近岩面一侧。

⑤喷射混凝土时，应调整喷头与受喷面的距离、喷射角度，以减少钢筋振动，降低回弹量，并保证钢筋网喷射混凝土保护层厚度不小于 4cm。

⑥喷射中如有脱落的石块或混凝土块被钢筋网卡住时，应及时清除。

3. 锚杆施工

锚杆是用金属或其他高抗拉性能材料制作的一种杆状构件。锚杆是喷锚支护中的一个重要组成部分，在喷锚联合支护中起着主要作用。锚杆除了与喷射混凝土联合使用外，也可以单独使用。在隧道开挖过程中，用锚杆作为保证施工安全临时支护很方便。在一些小跨度隧道中，为了简化施工工序，节省材料，也常常单独采用锚杆支护，此时为防止两根锚杆之间岩块掉落可辅以铁丝网、横梁、背板等。隧道开挖后，应尽快安设锚杆，以确保隧道围岩稳定和施工安全。

4. 钢拱架施工

钢拱架是在隧道开挖初期支护期间，为使围岩保持稳定而按照隧道开挖轮廓线布设的由钢筋格栅或型钢、钢轨等制成的支护骨架结构。钢拱架安装后可达到支撑围岩稳定、限制围岩变形的目的，它通常与钢筋网、喷射混凝土等结合共同受力。目前，公路工程隧道施工中采用的钢拱架主要以格栅拱架和型钢拱架为主。

钢拱架施工应符合下列要求：

①制作。钢拱架应按照设计图纸分节制作，所用钢材规格、型号、材质应满足设计要求和国家有关现有技术标准规定。

②安装：

钢拱架应在初喷混凝土后及时架设。

安装前应清除底脚虚渣及杂物。当拱脚开挖超深时，加设钢板或混凝土垫块，安装后利用锁脚锚杆定位固定。

钢架安装时，应严格控制其内轮廓尺寸，且预留沉降量，防止侵入衬砌净空。钢架与围岩间的间隙必须用喷射混凝土充填密实；钢架应全部被喷射混凝土覆盖，保护层厚度不得小于40mm。

钢架外缘应与基面密贴，如有缝隙，应每隔2m用钢楔或混凝土预制块楔紧。

各节钢架间应以螺栓连接，连接板应密切，连接板局部缝隙不得超过2mm。

安装允许偏差：横向和高程为±5cm，垂直度为±2°。

钢架之间宜用直径为22mm钢筋采用焊接方式连接，环向间距应符合设计要求。

（六）仰拱和仰拱填充施工

仰拱是指二次衬砌的底部，仰拱填充是为行车道建立的一个基础平台。仰拱及仰拱填充通常初期支护后施工，且宜超前拱墙混凝土施工，其超前距离宜保持在3倍以上拱墙循环作业长度。

仰拱施做时一般应全幅施工，全幅灌注，仰拱、填充应分别浇筑。仰拱和底板混凝土强度达到5MPa后，行人方可通行。达到设计强度的100%后，车辆方可通行。施工中为减少仰拱施工与出渣运输干扰，现在一般采用仰拱栈桥。

1. 施工程序

仰拱施工时，首先开挖仰拱土石方。在铺设仰拱栈桥，对仰拱底部进行清理并施做防水隔离层后，立模板（仰拱和填充层在施工缝处错开50cm，预埋接茬钢筋，拆模后施工缝进行凿毛处理）并浇筑混凝土，混凝土从轨行式或轮式混凝土输送车直接输入，插入式振捣器捣固密实；待混凝土养护到设计强度后，将仰拱移至下一幅施工。仰拱填充及铺底超前拱墙衬砌台车，为拱墙衬砌台车轨道铺设提供条件。

2. 施工技术措施及要点

①测量放线。根据设计图纸放出高程和中线控制线。

②仰拱混凝土浇筑前应清除积水、杂物、虚渣等。对于超挖部分，超挖在允许范围内时，应采用与衬砌相同强度等级的混凝土进行浇筑；超挖大于规定时，应按设计要求回填，不得用洞渣随意回填，严禁片石侵入仰拱断面。

③仰拱混凝土浇筑必须使用模板，混凝土应振捣密实。

④仰拱施工缝和变形缝处应按设计要求进行防水处理。

⑤仰拱填充严禁与仰拱同时施工，宜在仰拱混凝土终凝后施做 9

（七）防水隔离层

防水隔离层是隧道防水构造中的关键层位，其施工质量的优劣直接关系到隧道营运期间的正常使用。

一般隧道防水隔离层的主要施工程序：基面处理→缓冲层施工→防水板铺设→防水板焊接→质量检验。

1. 基面处理

①喷射混凝土基面的表面应平整。两凸出体的高度与间距之比，拱部不大于 1/8，其他部位不大于 1/6，否则应进行基面处理。

②拱墙部分自拱顶向两侧将基面外露的钢筋头、铁丝、锚杆、排水管等尖锐物切除锤平，并用砂浆抹成圆曲面。

③欠挖超过 5cm 部分需做处理。

④仰拱部分用风镐修凿，清除回填渣土和喷射混凝土回填料。

⑤隧道断面变化或突然转弯时，阴角应抹成半径大于 10cm 圆弧，阳角应抹成半径大于 5cm 圆弧。

⑥检查各种预埋件是否完好。

⑦喷射混凝土强度要求达到设计强度。

2. 缓冲垫层的铺设

常用的缓冲材料有土工布和聚乙烯泡沫塑料，铺设过程如下：

①将垫衬横向中线与隧道中线对齐。

②由拱顶向两侧边墙铺设。

③采用与防水板同材质的 φ80mm 专用塑料垫圈压在垫衬上，采用射钉或胀管螺丝锚固。

④衬垫缝搭接宽度不小于 5cm。

⑤锚固点应垂直基面且不得超出垫圈平面，锚固点呈梅花形布置。锚固点间距，拱部为 0.5 ~ 0.7m，边墙为 1.0 ~ 1.2m，凹凸处应适当增加锚固点。

3. 防水板铺设

防水板铺设多采用无钉（暗钉）铺设法。无钉铺设法是先在喷混凝土基面用明钉铺设法固定缓冲层，然后将防水板热焊或黏合在缓冲层垫圈上，使防水板无穿透钉孔。其铺设要点如下：

①防水板需环向铺设，相邻两幅接缝错开，结构转角处错开不小于规定值。

②防水板短长边搭接均以搭接线为准。防水板搭接处采用双焊缝焊接，焊接宽度不小于 10mm，且均匀连续，不得有假焊、漏焊、焊焦、焊穿等现象。

③防水板铺设应自上而下进行，铺设时根据基面平整度的不同，应留出足够的富余，防止浇筑混凝土衬砌时因防水板绷得太紧而拉坏防水材料或使衬砌背后形成积水。

④检查焊接质量和修补质量时，严禁在热的情况下进行，更不能用手撕。

⑤防水板铺设可采用半自动铺挂台车或自制台车进行。

4. 防水板搭接

防水板搭接是保证防水层防水效果的关键环节，通常采用自动爬行热合机双焊缝焊接。

采用无射钉施工防水隔离层时，防水板是焊接在热熔垫片表面。

焊接前首先将防水板铺设平整、舒展，并将焊接部位的灰尘、油污、水滴擦拭干净。焊缝接头处不得有气泡、褶皱及空隙，而且接头处要牢固，强度不得小于同一种材料。焊接时，严格掌握焊接速度和焊接时间，防止过焊或焊穿防水材料；防水板之间搭接宽度为 10cm，双焊缝每条缝宽 1cm，两条焊缝间留不小于 1.5cm 宽空腔做充气检查用。焊缝处不允许有漏焊、假焊，凡烤焦、焊穿处必须用同种材料片焊接覆盖。防水板搭接要求呈鱼鳞状，以便于排水。

5. 质量检验

①在洞外检查防水板及土工布的颜色、厚度、合格证是否符合要求。

用手将已固定好的防水板上托或挤压，检查其是否与喷混凝土层密贴，检查防水板有无破损、断裂、小孔，吊挂点是否牢固，焊缝有无烤焦、焊穿、假焊和漏焊现象，搭接宽度是否符合设计，焊缝表面是否平整光滑，有无波形断面。

防水板安装后至混凝土浇筑前这段时间的施工非常容易损伤防水卷材，从而影响整体的防水效果。如果防水卷材两面的颜色是对比色，裂痕或损伤会明显地表现出卷材内层较深的颜色。这样可直接看出安装好的卷材整体质量，对破损处可通过焊接同材质的材料进行修补。

②防水板焊接质量检测。防水板铺设应均匀连续，焊缝宽度不小于 20mm，搭接宽度不小于 100mm，焊缝应平顺、无褶皱、均匀连续，无假焊、漏焊、焊过、焊穿或夹层等现象。检查方法有压气检查、压缩空气枪检查、焊缝拉伸强度、抗剥离强度检查等。

检查出防水板上有破坏之处时，必须立即做出明显标记，以便毫不遗漏地把破损处修补好，补后一般用真空检查法检查修补质量。补丁不得过小，离破坏孔边缘不小于 7cm。补丁要剪成圆角，不要有正方形、长方形、三角形等尖角。

6. 混凝土施工防水板保护

①底板防水层可使用细石混凝土保护。

②衬砌结构钢筋绑扎时不得划伤或戳穿防水板，钢筋头采用塑料帽保护。焊接钢筋时，用非燃物物（如石棉板）隔离。

③浇筑混凝土时，振捣棒不得接触防水层。

（八）模筑二次衬砌拱墙

1. 施工条件

隧道初期支护完成后，为防止围岩不致因暴露时间过长而风化、松动和坍落，降低围岩稳定性，需要开展二次衬砌拱墙施工。

二次衬砌拱墙的施做，一般情况下应在围岩和初期支护变形基本稳定后进行。变形基本稳定应符合以下条件：隧道周边变形速率明显下降并趋于缓和；或水平收敛（拱脚附近 7d 平均值）小于 0.2mm/d，拱部下沉速度小于 0.15mm/d；施做二次衬砌前的累计位移值，已达到极限。

2. 施工设备

二次衬砌拱墙常采用整体式液压衬砌台车进行施工，台车长度一般为 8 ~ 12m。

3. 施工工艺流程

模筑二次衬砌拱墙的施工工艺流程主要是：监控量测确定施做二次衬砌时间→断面检查→布设衬砌台车轨道→钢筋安装→台车就位→台车净空、衬砌厚度检查→台车面板整修→台车加固→挡头板安装→混凝土浇筑→拆模、养护→衬砌内净空检查、外观检查。

①监控量测。根据设计资料，对隧道拱顶下沉量、仰拱顶隆起量及隧道周边位移进行监控测量。通过以上监控测量数据，判定围岩及隧道稳定性、支护参数合理性，为二次衬砌拱墙浇筑时间提供依据。

②断面检查。根据隧道中线和水平测量，检查开挖断面是否符合设计要求，欠挖部分按规范要求进行修凿，并做好断面检查记录墙脚地基应挖至设计标高。在浇筑前清除虚渣，排除积水，找平支承面。

③钢筋安装。若设计文件中有衬砌钢筋，则应按照设计文件进行加工和安装，其施工质量符合相关的要求，重点是严格控制保护层厚度。安装钢筋时小心损伤防水层，若防水层损坏，必须将防水层修补好，严防漏水、渗水。

4. 布设台车轨道

根据隧道中线、高程、断面尺寸及台车构造，确定台车轨道。轨道铺设应稳固，其位移和沉降量均应符合施工误差要求。

5. 台车模板定位

台车模板定位一般采用五点定位法，即以衬砌圆心为原点建立平面坐标系，通过控制顶模中心点、顶模与侧模的钌接点、侧模的底脚点来精确控制台车就位。

曲线隧道应考虑内外弧长差引起的左右侧搭接长度变化，以使弧线圆顺，减少接缝错台。台车模板应与混凝土有适当的搭接（≥10cm，曲线地段指内侧），撑开就位后检查台车各节点连接是否牢固，有无错动移位情况，模板是否翘曲或扭动，位置是否准确，保证衬砌净空。为避免在浇筑拱墙混凝土时台车上浮，还须在台车顶部加设木撑或千斤顶。同时检查工作窗状况是否良好。

轨道布设和台车就位后，根据隧道中线、标高及断面尺寸，进行台车位置、尺寸、净空及衬砌厚度检查。为保证隧道净空，模板放样时，将设计的衬砌轮廓线扩大 5cm。拱顶预留 2 ~ 3cm 的沉降量，每次台车就位，模板放样均控制在此范围内，以保证模板拼接缝的连续、顺直。

⑥混凝土制备与运输。由于洞内空间狭小，混凝土多在洞外拌制好后，用运输工具运送到工作面再浇筑。其实际待用时间中主要是运输时间，隧道长大和运距较远时，运输工具选择应注意装卸方便，运输快速，保证拌好的混凝土在运输过程中不发生漏浆、离析泌水。坍落度损失和初凝等现象可结合工程情况，选用各种斗车、罐式混凝土运输车或输送泵等机械。

⑦混凝土浇筑。在做好上述准备工作后，即可进行混凝土浇筑。隧道衬砌混凝土的浇筑应注意以下几点：

保证捣固密实，使衬砌具有良好的抗渗防水性能，尤其应处理好施工缝。

整体模筑时，应注意对称浇筑，两侧同时或交替进行，以防止未凝混凝土对拱架模板产生偏压而使衬砌尺寸不合要求。

若因故不能连续浇筑，则应按规定进行接茬处理。衬砌接茬应为半径方向。

边墙基底以上 1m 范围内的超挖，宜用同级混凝土同时浇筑。其余部分的超、欠挖应按设计要求及有关规定处理。

衬砌的分段施工缝应与设计沉降缝、伸缩缝及设备洞位置统一考虑，合理确定位置。

封口方法。当衬砌混凝土浇筑到拱部时，需改为沿隧道纵向进行浇筑，边浇筑边铺封口模板，并进行人工捣固，最后堵头，这种封口称为"活封口"。两段衬砌相接时，纵向活封口受到限制，此时只能在拱顶中央留出一个 50cm×50cm 缺口，待后进行"死封口"。采用整体式模板台车配以混凝土输送泵时，可以简化封口。

⑧养护。隧道施工过程中，多数情况下洞内湿度能够满足混凝土的养护条件。但在干燥无水的地下时，则应注意进行洒水养护。采用普通硅酸盐水泥拌制的混凝土，其养护时间一般不少于 7d；掺有外加剂或有抗渗要求的混凝土，其养护时间一般不少于 14d。养护用水的温度应与环境温度基本相同。

⑨拆模。二次衬砌拆模时间应符合以下要求：

在初期支护变形稳定后施工的二次衬砌混凝土强度应达到 8MPa 以上。

初期支护未稳定，二次衬砌提前施做时，混凝土强度应达到设计强度的 100% 以上。

特殊情况下，应根据试验及监控量测结果确定拆模时间。

（九）监控量测

新奥法施工中监控量测是一项非常重要的工作。通过监控量测，掌握围岩和支护动态变位情况，及时提供围岩稳定程度和支护结构可靠性的安全信息，确保隧道安全、经济、快速地施工。

1. 监控量测相关要求

①隧道施工过程中应进行洞内、外观察，洞内观察分开挖工作面观察和已支护地段观察两部分。

开挖工作面观察应在每次开挖后进行。及时绘制开挖工作面地质素描图，填写开挖工作面地质状态记录表和施工阶段围岩级别判定卡。对已支护地段的观察每天应进行一次，主要观察围岩、喷射混凝土、锚杆和钢架等工作状态，观察中发现围岩条件恶化时应立即上报设计、监理单位，采取相应处理措施。

洞外观察重点应在洞口段、岩溶发育区段地表和洞身埋置深度较浅地段，其观察内容应包括地表开裂、地表沉陷、边坡及仰坡稳定状态、地表水渗透情况、地表植被变化等。

②周边位移、拱顶下沉和地表下沉等必测项目宜布置在同一断面，其量测面间距及测点数量应根据隧道埋深、围岩级别、断面大小、开挖方法、支护形式等确定。隧道开挖后，应及时进行围岩、初期支护的周边位移量测、拱顶下沉量测；当围岩差、断面大或地表沉降控制要求高时，宜进行围岩体内位移量测和其他量测。洞口段、浅埋段或地表有建（构）筑物，应进行地表沉降量测。

③量测部位和测点布置，应根据设计、地质条件、量测项目和施工方法等确定。地表下沉量测尽量与洞内拱顶下沉量测、周边位移量测在同一横断面内。当地表有建（构）筑物时，应在建（构）筑物周围增设地表下沉测点。地表下沉量测应与洞内拱顶下沉和周边位移量测频率相同，并应符合下列规定：

地表下沉监测范围横向应延伸至隧道中线两侧（1～2）（b/2＋h＋h0），纵向应在掌子面前后（1～2）（h＋h0）（b为隧道开挖宽度，h为隧道开挖高度，h0为隧道埋深）。测点间距宜为2～5m，并应根据地质条件和环境条件进行调整。

地表下沉监测应在隧道开挖前开始，到二次衬砌全部施工完毕，且下沉基本停止时。

④对于洞内必测项目，各测点应在不受到爆破影响的范围内尽快安设，并应在每次开挖后12h内取得初读数，最迟不得超过24h，并且在下一循环开挖前必须完成。选测项目测点埋设时间根据实际需要进行。测点应牢固、可靠、易于识别，应能真实地反映围岩、支护的动态变化信息。洞内必测项目各测点应埋入围岩中，深度不应小于0.2m，不应焊接在钢支撑上，外露部分应有保护装置。

⑤各项量测作业均应持续到变形基本稳定后15～20d结束。对于膨胀性和挤压性围岩，位移没有减小趋势时，应延长量测时间。

2. 监控量测数据处理及应用

由于场量测所得的原始数据，不可避免具有一定的离散性，其中包含着测量误差甚至测试错误，不经过整理和数学处理的量测数据一时难以直接利用。数据处理的目的是将同一量测断面的各种量测数据进行分析对比、相互印证，以确认量测结果的可靠性，同时探求围岩变形或支护系统的受力随时间变化规律、空间分布规律，判断围岩和支护系统稳定状态。

①隧道现场监控量测应成立专门量测小组，负责日常量测、数据处理和仪器保养维修工作，并及时将量测信息反馈给施工部门和设计单位。测点埋设宜在施工部门配合下，由量测小组完成。各预埋测点应牢固可靠，不得任意撤换和破坏。

②现场监控量测应按量测方案认真组织实施，并与其他施工环节紧密配合，不得中断工作。

③量测数据整理、分析与反馈应符合下列规定：

对初期的时态曲线应进行回归分析，预测可能出现的最大值和变化速度，掌握位移变化的规律。

数据异常时，应及时分析原因，提出对策和建议，并及时反馈给有关单位。

④围岩稳定性的综合判别，应根据量测结果，按下列指标判定：

根据位移速率判断：速率大于 1mm/d 时，围岩处于急剧变形状态，应加强初期支护；速率变化在 0.2 ~ 1.0mm/d 时，应加强观测，做好加固准备；速率小于 0.2mm/d 时，围岩达到基本稳定。在高地应力、岩溶地层和挤压地层等不良地质中，应根据具体情况制定判断标准。

根据位移速率变化趋势判断：围岩位移速率不断下降时，围岩处于稳定状态；围岩位移速率变化保持不变时，围岩尚不稳定，应加强支护；围岩位移速率变化上升时，围岩处于危险状态，必须立即停止掘进，采取应急措施。

初期支护承受的应力、应变、压力实测值与允许值之比大于或等于 0.8 时，围岩不稳定，应加强初期支护；初期支护承受的应力、应变、压力实测值与允许值之比小于 0.8 时，围岩处于稳定状态。

⑤竣工文件中应包括下列量测资料：

现场监控量测计划。

实际测点布置图。

围岩和支护的位移－时间曲线图、空间关系曲线图，以及量测记录汇总表。

量测变更设计和改变施工方法地段的信息反馈记录。

现场监控量测说明。

⑥已竣工并交付运营的隧道，经批准后应进行长期运营量测时，运营量测点应在施工期间埋设并移交运营管理单位。运营量测由运营管理单位设专人进行，或委托第三方进行。

（十）拱顶注浆

浇筑衬砌混凝土时，虽然要求将超挖部分回填，但因施工方法的原因，其中有些部位并不可能回填得很密实。这种情况在拱顶背后一定范围内较为明显。因此，要求在衬砌混凝土达到设计强度后，对这些部位进行压浆处理，以使衬砌与围岩密贴全面紧密接触，以达到限制围岩后期变形、改善衬砌受力工作状态的目的。压浆浆液材料多采用单液水泥浆。

（十一）安全文明施工

1. 施工安全风险评估

公路工程隧道施工应根据交通运输部的要求，在隧道施工前进行施工安全风险评估。

①评估的范围：

穿越高地应力区、岩溶发育区、区域地质构造、煤系地层、采空区等工程地质或水文地质条件复杂的隧道，黄土地区、水下或海底隧道工程。

浅埋、偏压、大跨度、变化断面等结构受力复杂的隧道工程。

长度3000m及以上的隧道工程，Ⅵ、Ⅴ级围岩连续长度超过50m或合计长度占隧道全长的30%及以上的隧道工程。

连拱隧道和小净距隧道工程。

采用新技术、新材料、新设备、新工艺的隧道工程。

隧道改扩建工程。

施工环境复杂、施工工艺复杂的其他隧道工程。

②评估分类隧道工程施工安全风险评估分为总体风险评估和专项风险评估。

总体风险评估。隧道工程开工前，根据隧道工程的地质环境条件、建设规模、结构特点等孕险环境与致险因子，估测隧道工程施工期间的整体安全风险大小，确定其静态条件下的安全风险等级。

专项风险评估。隧道工程总体风险评估等级达到有Ⅰ级（高度风险）及以上时，将其中高风险施工作业活动（或施工区段）作为评估对象。根据其作业风险特点以及类似工程事故情况，进行风险险源普查，并针对其中的重大风险源进行量化估测，提出相应的风险控制措施。

③评估内容。隧道工程施工安全风险评估工作包括制订评估计划、选择评估方法、开展风险分析、进行风险估测、确定风险等级、提出措施建议、编制评估报告等方面。

④评估工作实施：

隧道工程施工安全风险评估工作原则上由施工单位具体负责。被评估项目含多个合同段时，总体风险评估应由建设单位牵头组织，专项风险评估工作仍由合同施工单位具体实施。

施工单位的施工经验或能力不足时，可委托行业内安全评估机构承担相关风险评估工作。评估工作负责人应当具有5年以上的工程管理经验，并有参与类似工程施工的经历。

风险评估工作应形成评估报告。评估报告应反映风险评估过程的主要工作。报告内容应包括评估依据、工程概况、评估方法、评估步骤、评估内容、评估结论及对策建议等。评估结论应当明确风险等级，可能发生事故的关键部位、区域或节点，事故可能性等级，规避或者降低风险的建议措施等内容。

施工单位应根据风险评估结论，完善施工组织设计和危险性较大工程专项施工方案，制订相应的专项应急预案，对项目施工过程实施预警预控。

风险评估报告经监理工程师审核后应向建设单位报备。建设单位应对极高风险（Ⅳ级）的施工作业，组织专家或安全评估机构进行论证或复评估，提出降低风险的措施建议；当风险无法降低时，应及时调整设计，施工方案，并向公路工程安全生产监督管理部门备案。

监理工程师在审查工程施工组织设计文件、危险性较大工程专项施工方案、应急预案时，应同时审查施工安全风险评估报告；无风险评估报告，不得签发开工令。工程开工后，监理工程师应督查施工单位安全风险控制措施的落实情况，并予以记录。对施工中存在的重大隐患应及时指出并督促整改，对施工单位拒不整改的，应及时向建设单位及公路工程安全生产监督管理部门报告。

隧道工程施工安全风险评估应遵循动态管理的原则，当工程设计方案、施工方案、工程地质、水文地质、施工队伍等发生重大变化时，应重新进行风险评估。

2. 安全管理

①隧道开工前，施工单位技术人员应向施工作业人员进行技术和安全交底，详细说明隧道质量和安全的有关技术要求和重大危险源，技术和安全交底台账必须签字确认。应落实工前教育制度，规范进洞管理。

②监理工程师应按规定认真审查施工单位的质量安全保证体系，审查隧道施工组织设计中安全技术措施或者专项施工方案是否符合工程建设强制性标准并监督检查实施情况；对危险性较大的分部分项工程，还应当审查施工单位是否单独编制安全专项施工方案，并按规定组织专家进行论证、审查。

③施工单位对建设单位预付的安全生产费用应当专户存储，专款专用，不得挪作他用。实行工程总承包的单位依法将工程分包给其他单位的，总承包单位应当与分包单位在分包合同中明确由分包单位实施的安全施工措施和分包工程安全生产费用。严禁总承包单位拖欠分包单位的安全生产费用。监理工程师应认真监督检查施工单位安全生产费用使用情况，监督施工单位是否用于购买和更新合格的安全防护用具和设施，落实安全施工措施，改善安全生产条件。施工现场存在安全事故隐患，未落实安全生产费用的，监理工程师应立即要求其改正，施工单位拒不改正的，监理工程师应当及时向有关单位报告。

④洞身开挖过程中，为保证洞内工作人员施工安全，软弱围岩地段应配备安置报警设施和足够长度的、可手动拆卸的逃生钢管，要求管壁厚不小于 10mm，管径不小于 600mm，每节管长宜为 1500 ~ 2000mm。高压气、高压水钢管应尽可能靠近掌子面；钻孔台车应常备卸管头的扳手和应急照明工具。

⑤施工单位应制订专门的应急救援预案，备好应急抢险物资，定期组织应急演练。要求每个合同段设置 1 处抢险物资储备点。

⑥应在隧道所有作业台架上安装防护彩灯或反光标识，确保车辆通行安全；在台架底部配置消防器材，便于应急火灾事故。

⑦运输车辆不得人料混装，洞内运输车辆必须限速行驶。洞内倒车与转向，必须开灯鸣笛；洞口、平交道口和狭窄的施工场地应设置"缓行"标志，必要时宜安排人员指挥交通。

⑧隧道施工中必须密切注意围岩及地下水等的变化情况。当施工方法或支护结构不适应于实际围岩状态时，必须采取应急措施，并经批准后及时采用合适的施工方法或支护结构。

⑨隧道内施工设备应靠边停放，远离爆破点；停放点应选择围岩稳定、支护结构已完成、无渗漏水的位置。

3. 文明施工

①施工照明：

成洞段不超过15m设一个固定灯，电线敷设应整齐划一；近掌子面40m内若无敷线，应配备移动式照明灯具，保证洞内照明充足。不安全因素较大的地段应加大照度。在主要交通道路、洞内抽水机站应设置安全照明，漏水地段照明应采用防水灯头和灯罩。

隧道施工照明宜采用荧光灯、荧光高压汞灯、卤钨灯、长弧氙灯或高压钠灯等光源照明。

成洞段每隔20mm在左右两侧边墙离地面1.2m位置设置反光标识。

对各种电气设备和输电线路应有专人经常进行检查维修、调整等，其作业要求应符合现行规范规程的要求。

②通风与防尘：

隧道施工必须采用综合防尘措施，应加强检查。

应采取机械通风，水幕降尘等防尘措施，并按规定时间测定粉尘和有害气体的浓度。

整个施工过程中，作业环境应符合规范以及有关的职业健康安全标准。

通风方式的选择与布设应根据隧道长度，施工方法，设备条件，开挖面积以及污染物的含量与种类等情况确定。当主风流的风量不能满足隧道掘进要求时，应设置局部通风系统，并应尽量利用辅助坑道。

隧道掘进150m以上，隧道施工必须实施管道通风。宜采用大功率风机、大直径风筒压入式通风，长隧道应考虑混合通风方式。单头掘进超过1200m时，应进行专项施工通风设计，并经监理工程师审批。通风应能满足洞内各项作业所需最大风量，每人应供应新鲜空气 $3m^3/min$ ，采用内燃机械作业时，供风量不宜小于 $4.5m^3/(min \cdot kW)$ 。全断面开挖时风速不应小于0.15m/s，导洞内不应小于0.25m/s，但均不应大于6m/s。

第六章 公路养护技术与生产管理

第一节 养护的技术管理

一、养护管理的组织机构

为了加强对公路养护工作的管理，确保完成公路养护所规定的任务，建立健全完善的公路养护管理的组织机构是十分重要的。目前我国基本上采用省级交通部门设省公路管理局、地（市）公路管理局、县公路管理局三级公路养护管理机构，负责对国家干线、省级干线及重要县级公路的养护管理，并对地方交通部门养护的一般县、乡公路进行业务指导。

三级公路养护管理机构的设置方式有两种：一是在省公路管理局的领导下，原则上按地区（省辖市、自治州）设地市公路管理局，按县（旗、市、自治县）设县公路管理局。但养护里程少于500km的省辖（自治州）和少于100km的地辖市（县）应与相邻的地区或县合并设管理局。二是高速公路的养护，在高速公路管理机构下设养护单位。

省、地（市）、县二级公路管理机构分别设总工程师、主任工程师、主管工程师，连同其相应的技术管理部门组成技术管理体系，负责贯彻规范及其他有关标准规范的各项规定。他们是同级行政领导成员，有权决定其职责范围内的技术业务问题并负有技术责任。本机构内的工程技术人员及下属机构必须接受他们的领导。

三级养护技术负责人的主要职责应包括下列内容。

第一，贯彻执行国家有关公路技术法规和公路养护、修建的技术政策和规章制度。负责制定本地区公路养护技术管理的有关规定和办法。

第二，定期组织检查公路各项工程设施的技术状况，提出或审定各类养护工程的技术措施和方案。

第三，负责组织养护工程的竣工验收及参与组织新、改建工程的竣工验收。

第四，负责组织公路交通情况调查，系统地观测公路的使用情况，掌握各项技术经济指标，充实和修订公路路况技术档案，逐步建立数据库系统。

第五，掌握国内、外公路科技发展动态，积极引进、开发、推广公路养护新技术、新材料、新工艺，组织科技交流和培训专业人才。

各级公路管理机构，必须配备足够的养护工程技术人员。地（市）级以下管理机构的专职养护工程技术人员每管养100km至少配备4人。地（市）和县级机构内，养护工程技术人员总数占全部管理及服务人员总数的比例应不小于30％。随着技术水平的提高和业务人员的补充，其所占比例应相应增加。

各级养路专业机构的具体职责应包括下列内容。

第一，领导全体职工，贯彻执行国家有关公路法规和公路养护、修建的方针政策和规章制度。

第二，编制公路养护和改善的规划和计划，经上级批准后负责组织实施。

第三，定期检查公路各项工程设施的技术状况，及时地、保质保量地进行公路养护工作。

第四，负责组织工程竣工验收工作，对不符合工程质量标准的工程不予接养。

第五，系统地观察公路的使用情况，做好交通调查，掌握各项技术经济指标，充实和修订公路路况登记和技术档案，逐步建立现代化的数据库系统。

第六，加强科学研究和技术情报工作，掌握国内外科技发展动态，积极采用新技术、新材料，改进机械设备，培训专业人才，提高人员政治、业务素质。

第七，加强路政管理，保护公路财产，维护公路畅通。

第八，关心职工生活，保障工人健康和生产安全。

第九，抓好物质文明和精神文明建设工作。

关于各级养路专业机构的职责，还要解释性地进行说明：省（地）级的公路管理局原则上不是政府机关或职能部门，而是属于有关养路事业管理的生产性的专业机构。但目前有些省由于交通厅未设公路处，所以就授给省、地两级管理局以部分的政府职权，以利于公路建设的管理工作。

二、养护技术管理概述

公路养护技术管理是公路养护管理的重要组成部分。它是公路管理部门合理组织设计、施工、养护的方法；同时也是为了不断提高技术水平，采用先进的新技术、新材料、新设备，提高劳动生产率，提高工程质量，降低原材料消耗和保证安全生产，全面完成养护任务的关键一环。

公路养护技术管理的基本任务就是要严格贯彻国家有关公路建设的技术政策、标准、规范、办法和相应的安全规章、操作规程、管理条例，以提高养护质量和做到安全生产。

技术管理应严格控制和考核各项技术经济指标，做好交通情况调查、路况登记、工程检查与验收，建立路况数据库，健全基层管理制度，加强安全生产管理。

（一）交通情况调查

1. 调查的目的、内容与要求

（1）目的

开展交通调查是公路交通部门的一项重要基础工作。通过有组织、有计划地进行观测调查，将与公路交通有关的某些数据记录下来，如交通量、行车速度、各级公路交通量比重等，通过对数据进行必要的处理与整理之后再做进一步分析与研究，取得的有关成果可供有关部门作为进行公路规划、设计、养护、管理等工作的依据。由于交通调查所取得的技术数据及有关研究成果有着极广泛的用途，因此交通调查是一项具有重要意义的、不可缺少的工作。

交通调查所取得的数据资料及有关研究成果可应用于下述几个方面：

①为公路交通全行业的发展战略、公路建设的总体布局与规划、中长期建设规划与计划等宏观决策提供依据；

②为评价公路对现有交通车辆的适应程度提供依据；

③预测基础年度交通量，为制订公路中长期发展规划、建设方案、工程设计提供依据；

④建立交通调查资料及有关各参数间的相互关系的数学模型，为制订交通管理、交通设施配置方案提供依据；

⑤交通调查资料是评价公路交通运输服务质量水平的依据；

⑥为编制公路养护工程计划提供依据；

⑦为进行交通工程学基础理论研究和公路科学研究提供基础资料。

（2）内容

公路交通情况调查主要指交通量及其组成和行车速度的调查或观测，以及对原始数据的计算整理和分析。有条件的地方可逐步开展车流密度、起讫点、轴载、通行能力、车头间距、车辆横向分布等调查工作。

（3）要求

交通调查应组织专人长期进行，必须采取相应措施保证调查数据的准确可靠，并逐步开发应用先进的观测记录和数据加工处理技术。调查整理的资料，应按时逐级上报，归入公路技术档案，长期保存。

2. 交通量观测

交通量是指单位时间内通过道路某一断面（一般为往返两个方向，如特指时可为某一方向或某一车道）的车辆数（或行人数），又称交通流量或流量。在研究车行道的交通状况时，一般所称的交通量如未加特别说明，则是指车流量。其最常用的单位是辆/h、辆/d、辆/min、辆/15min 等。

交通量按交通组成的不同可分为机动车交通量、非机动车交通量和行人交通量，按观测时间不同可分为 Is 交通量、5min 交通量、15min 交通量、1h 交通量、白天 12h 交通量、白天 16h 交通量及日、周、月、年交通量等。

（1）观测方法

交通量的观测，根据情况可采用下列两种方式：一是间隙式观测，其是指按预先确定的观测日期，对交通量进行定期统计观测；二是连续式观测，其是指全年分小时连续不断地对交通量进行统计观测。

交通量观测方法是指用人工或仪器将通过规定观测断面的各种类型的车辆分车型记录在表格或计数器具上，每小时结束时，将记录结果进行整理并登记于规定的表格上。

（2）观测站的设置

凡列入管理和养护范围的路段，原则上都应进行交通量观测，观测站（点）的设置应从全局出发，根据公路网布局和所划定的调查区间，由省、地（市）级公路管理部门确定。连续式观测站，应设在主要干线和重要旅游公路交通量有代表性的适当地点，根据公路里程及交通量变化情况，在国道上应设立若干个连续的观测站。间隙式观测站应设在调查区间范围内能代表所在路段交通量的地点。每个调查区间设一个观测站。对于某些特定地点，如交叉口、渡口及隧道出入口等，根据使用目的可设临时性的补充观测站（点），待观测完成后撤除。

观测站应选在视线开阔、便于观测的地点，并应离开市区适当距离，以免受城市交通量的影响。观测站（点）位置一经设定，不得随意变动，并应统一编号。

高速公路的交通量观测可结合收费站（点）或监控设施观测。

观测站（点）配备的固定观测人员，对于连续式观测站每站一般为 10 ~ 20 人，对于间隙式观测站每站为 4 ~ 6 人，具体人数可根据交通量的大小确定。

（3）观测时间

连续式观测时间可从观测站建站开始，连续不断地长期进行。

间隙式观测一般每月应观测 2 ~ 3 次。每个观测日连续观测 24h，一般自观测日 6 时起至次日 6 时止。为减少观测资料的偶然性，观测日应尽量避开法定节假日。观测日如遇地方性集会或一般的雨雪天气，仍应照常观测，但应注明；如遇大雪、暴风雨等特殊气候，应改期观测，改期不应超过 3d，对无法补测者，可取消本次观测；由于公路施工等原因阻断交通，短期内不能恢复通车的路段在此期间可停止观测，但应在附注栏内说明上述情况。

夜间交通量稀少的路段及北方严寒季节，在充分积累资料取得昼夜交通量换算系数的情况下，可观测白天 6 时至 18 时或 6 时至 22 时的交通量，但需计入推算的夜间交通量。

（4）资料整理

交通量观测的原始资料,应及时整理、汇总、分析,并按规定的各类报表的图表上报。根据交通量的观测资料,可用加权平均法计算路线（全线、路段）的平均 H 交通量。

3. 车速调查与观测

车速是单位时间内车辆所行驶的距离。车速调查与观测包括车辆通过公路较短区间的地点车速调查和较长公路区间（或整条路线）的区间车速调查。每条路线每年不得少于一次,有条件的可适当增加观测次数。地点车速观测可采用人工观测、雷达测速仪、车辆检测仪等方法进行。区间车速调查可通过运输部门或经常行驶于某条路线的行车单位进行调查,也可采用跟车法、记车号法、浮动车观测法等方法观测。

4. 公路交通起讫点调查

起讫点调查是指在某一区域内,为获得通过两个出行端点的交通量及其组成、流向、货物类型、车辆实载率及交通目的等所进行的调查,简称 OD 调查。通过调查,可对远景交通量的预测、公路类型和等级的确定、互通立交的设置、公路横断面设计、交通服务设施的配置、交通管理与控制、规划方案和建设项目的国民经济评价及财务分析、交通规划的完善和建设项目的科学决策等提供定量依据。

OD 调查选点必须慎重,应有熟悉当地交通量线路情况的人员现场查勘落实,以确保调查资料准确、翔实,并应绘制调查地点示意图。

OD 调查宜用路边访问法,调查时让驾驶员停车,询问该车起讫点及需要的其他资料,并将调查结果逐一记入"公路机动车起讫点调查表"内。对日流量 8000 辆以上的大流量路线可采用抽样调查,样本量视交通量大小确定,一般取该处交通量的20%～50%。调查时应避免交通阻塞,以防车辆可能绕道避开调查点,使交通流模式产生畸变。

全线各 OD 调查点均应在同一天、同一时间内进行。调查时间一般为周,特殊情况可适当增减,但应选择天气正常的非节假日。每天调查 12h,但应有 1～2 个点连续调查 24h,调查的起讫时间应根据调查季节和车辆出行规律确定。

对调查过的车辆应用明确标志标明,凡被调查过的车辆在其他调查点不再重复调查;对于在两点间多次往返的车辆应多次统计。

在取得 OD 调查资料后,应进行统计分析,编制"OD 矩阵表"或"三角 OD 表",以反映车辆、货物、旅客的流动情况。

5. 四类公路交通量比重调查

四类公路交通量比重调查是为了掌握公路交通流量的地区分布和路线分布特征,分析和评价国道、省道、县道、乡道四类公路的使用功能,论证和探讨现有公路网的合理性,为公路规划、可行性研究、技术经济分析论证、设计、改造等提供依据。

调查内容为调查辖区范围内国、省、县、乡道的交通量,以及 4 类公路的里程和汽车、机动车拥有量。调查日宜选择运输旺季的某一天,利用区域路网交通量调查设置的观测站,采用间隙式观测方法。根据调查所得资料,计算每个观测站的日机动车交通量和日汽车交通量（均为绝对值）、每条路线的交通量和日交通量、调查区域内各行政区的四类公路里程比重、路线交通量所占比重、日交通量及年路线总交通量。

6. 轴载调查

轴载调查是为了预测某一时期内行车对路面的破坏作用，以便科学地制定公路养护措施，合理分配公路养护和改造资金。

轴载调查一般每年进行一次，每次调查天数以每类车辆的代表当量轴载换算系数的稳定性而定，一般不宜少于 3d。标准轴载的换算方法可分别参见相关标准和规范。

（二）公路路况登记

公路路况登记是公路养护的重要基础工作，其资料是公路技术档案的主要部分。它反映各条公路及沿线构造物的全面技术状况，是制定公路规划、安排改建项目、编制养路年度计划等的重要基础资料，也是路产管理、资产评估的重要凭据。对实现公路科学化管理、提高养护质量具有重要作用。

路况登记的主要内容包括：

第一，路况平面略图；

第二，公路基本资料；

第三，路况示意图；

第四，构造物卡片，如桥梁、隧道、渡口、过水路面及房屋等；

第五，登记表，如涵洞、挡土墙及绿化等。

进行路况登记时，应以公路现况调查资料、设计、施工、竣工文件、技术总结等为依据，资料不全的应补充进行调查和测绘工作。对表、卡所列内容应逐项认真填写。

进行登记的路线，应在每年年终将变更部分进行修改、补充，作为当年年末的公路路况。变更登记的范围包括公路被毁、修复、大修、改建等。变更登记应根据工程竣工验收文件、图表和实地测量的结果进行。

路况登记的资料应按公路性质（行政等级）实行分级管理，并按规定时间完成资料的登记、修改与汇总整理。地（市）级和县（市）级公路管理机构保管所管辖公路的全部资料；省级公路管理部门保管全省县级以上公路的资料、卡片，并将国道部分资料报交通部备案。

县级以上公路都要建立分线登记图表。乡级公路可只填写公路技术状况汇总表，供各级公路部门存查。

公路路况登记资料应逐步做到应用电子计算机进行数据处理和储存。在采用电子计算机建立数据库时，编目名称包括公路路线、公路路基、公路路面、公路桥梁、公路涵洞、公路渡口、公路道班房屋、公路隧道、综合部分和图例式样 10 个部分。

加强公路科技档案的管理，是公路养护部分生产技术管理的重要环节，必须按照集中统一管理的原则，各级公路管理机构必须配备专职人员，建立健全的、规范化的管理制度。

（三）养护质量的检查与评定

公路养护质量是指公路工程设施竣工验收交付使用后所保持的质量状况和服务水平。它包含公路设计、施工所形成的内在质量状况和公路养护中保持、提高原有技术状况的程度，因而养护质量检查评定是对公路客观的全面考核。

公路技术状况评定的内容和方法如下：

第一，公路技术状况用公路技术状况指数（MQI）和相应的分项指标表示，MQI和相应分项指标的值域均为 0 ~ 100；

第二，公路技术状况分为优、良、中、次、差五个等级。

公路技术状况包含路面、路基、桥隧构造物和沿线设施四个部分评价内容。其中，路面包括沥青路面、水泥路面和砂石路面。

1. 沥青路面

沥青路面损坏分 11 类 21 项。

（1）龟裂

轻：初期裂缝，裂缝区无变形、无散落，裂缝细，主要裂缝宽度在 2mm 以下，主要裂缝块度在 0.2 ~ 0.5m 之间，损坏按面积计算。

中：龟裂的发展期，龟裂的状态明显，裂缝区有轻度散落或轻度变形，主要裂缝宽度在 2 ~ 5mm 之间，部分裂缝块度小于 0.2m，损坏按面积计算。

重：龟裂特征显著，裂块较小，裂缝区变形明显、散落严重，主要裂缝宽度大于 5mm，大部分裂缝块度小于 0.2m，按损坏面积计算。

（2）块状裂缝

轻：缝细，裂缝区无散落，裂缝宽度在 3mm 以内，大部分裂缝块度大于 Im，损坏按面积计算。

重：缝宽，裂缝区有散落，裂缝宽度在 3mm 以上，主要裂缝块度在 0.5 ~ 1.0m 之间，损坏按面积计算。

（3）纵向裂缝

与行车方向基本平行的裂缝。

轻：缝细，裂缝壁无散落或有轻微散落，无支缝或有少量支缝，裂缝宽度在 3mm 以内，损坏按长度计算，检测结果要用影响宽度（0.2m）换算成面积。

重：缝宽，裂缝壁有散落、有支缝，主要裂缝宽度大于 3mm，损坏按长度（m）计算。检测结果要用影响宽度（0.2m）换算成面积。

（4）横向裂缝

与行车方向基本垂直的裂缝。

轻：缝细，裂缝壁无散落或有轻微散落，裂缝宽度在 3mm 以内，损坏按长度计算，检测结果要用影响宽度（0.2m）换算成面积。

重：缝宽，裂缝贯通整个路面，裂缝壁有散落并伴有少量支缝，主要裂缝宽度大于 3mm，损坏按长度（m）计算。检测结果要用影响宽度（0.2m）换算成面积。

（5）坑槽

轻：坑浅，有效坑槽面积在 0.1m：以内（约 0.3m×0.3m），损坏按面积计算。

重：坑深，有效坑槽面积大于 0.1m²（约 0.3m×0.3m），损坏按面积计算。

（6）松散

轻：路面细集料散失、脱皮、麻面等表面损坏，损坏按面积计算。

重：路面粗集料散失、脱皮、麻面、露骨，表面剥落，有小坑洞，损坏按面积计算。

（7）沉陷

大于 10mm 的路面局部下沉。

轻：深度在 10～25mm 之间，正常行车无明显感觉，损坏按面积计算。

重：深度大于 25mm，正常行车有明显感觉，损坏按面积计算。

（8）车辙

轮迹处深度大于 10mm 的纵向带状凹槽。

轻：辙槽浅，深度在 10～15mm 之间，损坏按长度计算，检测结果要用影响宽度（0.4m）换算成面积。

重：辙槽深，深度在 15mm 以上，损坏按长度计算，检测结果要用影响宽度（0.4m）换算成面积。

（9）波浪拥包

轻：波峰波谷高差小，高差在 10～25mm 之间，损坏按面积计算。

重：波峰波谷高差大，高差大于 25mm，损坏按面积计算。

（10）泛油

路面沥青被挤出或表面被沥青膜覆盖形成发亮的薄油层，损坏按面积计算。

（11）修补

龟裂、坑槽、松散、沉陷、车辙等的修补面积或修补影响面积（裂缝修补按长度计算，影响宽度为 0.2m）。

2. 水泥混凝土路面

水泥混凝土路面损坏分 11 类 20 项。

（1）破碎板

轻：板块被裂缝分为 3 块以上，破碎板未发生松动和沉陷，破碎按板块面积计算。

重：板块被裂缝分为 3 块以上，破碎板有松动、沉陷和唧泥等现象，破碎按板块面积计算。

（2）裂缝

板块上只有一条裂缝，裂缝类型包括横向、纵向和不规则的斜裂缝等。

轻：裂缝窄，裂缝处未剥落，缝宽小于 3mm，一般为未贯通裂缝，损坏按长度计算，检测结果要用影响宽度（1.0m）换算成面积。

中：边缘有碎裂，裂缝宽度在 3～10mm 之间，损坏按长度计算，检测结果要用影响宽度（1.0m）换算成面积。

重：缝宽，边缘有碎裂并伴有错台出现，缝宽大于 10mm，损坏按长度计算，检测结果要用影响宽度（1.0m）换算成面积。

（3）板角断裂

裂缝与纵横接缝相交，且交点距板角小于或等于板边长度一半的损坏。

轻：裂缝宽度小于 3mm，损坏按断裂板角的面积计算。

中：裂缝宽度在 3 ~ 10mm 之间，损坏按断裂板角的面积计算。

重：裂缝宽度大于 10mm，断角有松动，损坏按断裂板角的面积计算。

（4）错台

接缝两边出现高差大于 5mm 的损坏。

轻：高差小于 10mm，损坏按长度计算，检测结果要用影响宽度（1.0m）换算成面积。

重：高差大于 10mm，损坏按长度计算，检测结果要用影响宽度（1.0m）换算成面积。

（5）唧泥

板块在车辆驶过后，接缝处有基层泥浆涌出，损坏按长度计算，检测结果要用影响宽度（1.0m）换算成面积。

（6）边角剥落

沿接缝方向的板边碎裂和脱落，裂缝面与板，面成一定角度。

轻：浅层剥落，损坏按长度计算，检测结果要用影响宽度（1.0m）换算成面积。

中：中深层剥落，接缝附近水泥混凝土有开裂，损坏按长度计算，检测结果要用影响宽度（1.0m）换算成面积。

重：深层剥落，接缝附近水泥混凝土多处开裂，深度超过接缝槽底部，损坏按长度计算，检测结果要用影响宽度（1.0m）换算成面积。

（7）接缝料损坏

由于接缝的填缝料老化、剥落等原因，接缝内已无填料，接缝被砂、石、土等填塞。

轻：填料老化、不密水，但尚未剥落脱空，未被砂、石、泥土等填塞，损坏按长度计算，检测结果要用影响宽度（1.0m）换算成面积。

重：三分之一以上接缝被砂、石、泥土等填塞，损坏按长度计算，检测结果要用影响宽度（1.0m）换算成面积。

（8）坑洞

板面出现有效直径大于 30mm、深度大于 10mm 的局部坑洞，损坏按坑洞或坑洞群所涉及的面积计算。

（9）拱起

横缝两侧的板体发生明显抬高，高度大于 10mm，损坏按拱起所涉及的板块面积计算。

（10）露骨

板块表面细集料散失，粗集料暴露或表层疏松剥落，损坏按面积计算。

（11）修补

裂缝、板角断裂、边角剥落、坑洞和层状剥落的修补面积或修补影响面积（裂缝修补按长度计算，影响宽度为 0.2m）。

3. 砂石路面

砂石路面损坏分6类。

（1）路拱不适

路拱过大或过小。过大将降低行车安全性，过小将使路面雨水不能及时排出。路拱不适程度根据经验确定，按长度计算，检测结果要用影响宽度（3.0m）换算成面积。

（2）沉陷

路面表面的局部凹陷，按面积计算。

（3）波浪搓板

峰谷高差大于30mm的搓板状向纵向连续起伏，按面积计算。

（4）车辙

轮迹处深度大于30mm的纵向带状凹槽（辙槽），按长度计算，检测结果要用影响宽度（0.4m）换算成面积。

（5）坑槽

路面上深度大于30mm、直径大于0.1m的坑洞，按面积计算：

（6）露骨

黏结料和细集料散失，主骨料外露，按面积计算。

4. 路基

（1）路肩边沟不洁

路肩（包括土路肩、硬路肩和紧急停车带）和边沟（包含边坡）有杂物、油渍、垃圾及堆积物。按行车方向的长度计算，每1m扣0.5分。

（2）边坡坍塌

挖方路段边坡坍塌，损坏按处和行车方向的长度计算。长度小于或等于5m为轻度损坏，5～10m之间为中度损坏，大于10m为重度损坏。

（3）水毁冲沟

填方路段边坡由于雨水冲刷形成的冲沟。损坏按处和冲刷深度计算。深度小于或等于0.2m为轻度损坏，0.2～0.5m之间为中度损坏，大于0.5m为重度损坏。

（4）路基构造物损坏

包括挡墙等与工体断裂、沉陷、倾斜、局部坍塌、松动和较大面积勾缝脱落。损坏按处和长度（m）计算。长度小于或等于5m为轻度损坏，5～10m之间为中度损坏，大于10m为重度损坏。

（5）路缘石缺损

路缘石丢失或损坏，按形成方向上的长度计算，每1m扣4分。

（6）路基沉降

深度大于30mm的沉降，损坏按处和长度（m）计算。长度小于或等于5m为轻度损坏，5～10m之间为中度损坏，大于10m为重度损坏。

（7）排水系统淤塞

轻：边沟、排水沟、截水沟等排水系统淤积。按长度计算，每 1m 扣 1 分，累计长度不足 1m 按 1m 计算。

重：边沟、排水沟、截水沟等排水系统全截面淤积。损坏按处计算，每处扣 2 分。

5. 桥隧构造物

桥隧构造物包括桥梁、隧道和涵洞三类。

（1）桥梁技术等级

桥梁技术等级采用《公路桥涵养护规范》（JTG 5120—2021）规定的等级评定方法，规定一类、二类桥梁不扣分，三类桥梁每处扣 40 分，四类桥梁每处扣 70 分，五类桥梁每处扣 100 分。同时直接将 MQI 设为最低值。

桥梁评定分为一般评定和适应性评定。

一般评定是依据桥梁定期检查资料，通过对桥梁各部件技术状况的综合评定，确定桥梁的技术状况等级，提出各类桥梁的养护措施。桥梁适应性评定包括以下内容：依据桥梁定期检查和特殊检查资料，结合试验与结构受力分析，评定桥梁的实际承载能力、通行能力、抗洪能力，提出桥梁养护、改造方案。一般评定由负责定期检查者进行，适应性评定应委托有相应资质及能力的单位进行。

桥梁技术状况等级分为以下五类。

一类：完好、良好。

二类：较好。

三类：较差。

四类：差的。

五类：危险。

（2）隧道技术等级

隧道技术等级分为三类。

S 类隧道：隧道各结构部分无异常。

B 类隧道：隧道有个别结构部分出现异常。

A 类隧道：隧道结构严重异常，通行有危险。

规定 S 类隧道（无异常）不扣分，B 类隧道（有异常）每处扣 50 分，A 类隧道（有危险）每处扣 100 分，同时直接将 MQI 值设为最低值。

（3）涵洞技术等级

涵洞的技术等级分为五级，分别是完好、较好、较差、差、危险。

好、较好类涵洞不扣分，较差类涵洞每处扣 40 分，差类涵洞每处扣 70 分，危险类涵洞每处扣 100 分，同时直接将 MQI 设为最低值。

6. 沿线设施

沿线设施损坏分为五类。

（1）防护设施缺损

防护设施（如防撞护栏、防落网、声屏障、中央分隔带活动护栏和防眩板等）缺少、损坏或损坏修复后部件尺寸和安装质量达不到规范的技术要求。损坏按处和长度（m）计算。

轻：长度小于或等于4m，每缺损1处扣10分。

重：长度大于4m，每缺损1处扣30分。

（2）隔离栅损坏

隔离栅损坏后修复不及时或修复质量达不到规范的技术要求，损坏按处计算，每缺损一处扣20分。

（3）标志缺损

各种交通标志（如指示标志、警告标志、禁令标志、里程碑、轮廓标、百米桩等）残缺、位置不当或尺寸不规范、颜色不鲜明、污染，可变信息板有故障等。损坏按处计算，其中，轮廓标和百米桩每3个损坏算1处，累积损坏不足3个按1处计算，每处扣20分。

（4）标线缺损

标线（含凸起路标）缺少或损坏，损坏按长度（m）计算。每缺损10m扣1分，累积长度不足10m按10m计算，评定时不考虑车道数量的影响。

（5）绿化管护不善

树木、花草枯萎或缺树，虫害未及时防治，绿化带未及时修剪或有杂物，路段应绿化而未绿化。损坏按长度（m）计算，每10m扣1分，累积长度不足10m按10m计算。

（四）公路技术状况检测与调查

1. 检测与调查内容

公路技术状况检测与调查包括路面、路基、桥隧构造物和沿线设施4部分内容。路面检测包括路面损坏、平整度、车辙、抗滑性能和结构强度5项指标。其中，路面结构强度为抽样检测指标。桥隧构造物调查包括桥梁、隧道和涵洞3类构造物。

2. 检测与调查单元

第一，公路技术状况以1000m路段为基本检测或调查单元。

第二，公路技术状况数据按上行方向（桩号递增方向）和下行方向（桩号递减方向）分别检测。二、三、四级公路不分上下行。

第三，采用快速检测方法检测路面使用性能评定所需数据时，每个检测方向至少检测一个主要行车道。

3. 检测与调查方法

（1）路面检测

①路面损坏状况检测：路面损坏状况检测，宜采用自动化的快速检测方法，条件不具备时，可人工检测。

采用快速检测设备检测路面损坏时，应纵向连续检测，横向检测宽度不得小于车道宽度的70%。检测设备应能够分辨1mm以上的路面裂缝，检测结果宜采用计算机自动识别，识别准确率应达到90%以上。

有条件的地区，可借助便携式路况数据采集仪进行现场调查、汇总、计算与评定。紧急停车带按路肩处理。

路面损坏检测数据应以100m或10m（快速检测）为单位长期保存。

②路面平整度检测：路面平整度检测宜采用快速检测设备，可结合路面损坏和车辙一并进行检测。单独检测路面平整度时，宜采用高精度的断面类检测设备。路面平整度检测设备必须定期标定，每年至少标定1次，标定的相关系数应大于0.95。

条件不具备的三、四级公路，路面平整度可采用3m直尺人工检测。

路面平整度检测数据应以100m（人工检测）或20m（快速检测）为单位长期保存。

③路面车辙检测：路面车辙宜采用快速检测设备，可结合路面损坏和路面平整度一并检测，路面车辙检测设备必须定期标定，每年至少标定1次。根据断面数据计算路面车辙深度（RD），计算结果应以10m为单位长期保存。

④路面抗滑性能检测：路面抗滑性能检测，宜采用基于横向力系数的路面抗滑性能检测设备或其他具有可靠数据标定关系的自动化检测设备：检测设备必须定期标定，每年至少标定1次。路面抗滑性能检测数据（横向力系数）应以20m为单位长期保存。

⑤路面结构强度检测：路面结构强度检测宜采用自动化检测设备检测，自动检测时，宜采用具有可靠数据标定关系的自动化检测设备，检测结果应能换算成我国相关技术规范规定的回弹弯沉值。自动化检测设备必须定期标定，每年至少标定1次，标定的相关系数不得小于0.95。弯沉检测数据应以20m为单位长期保存。

采用贝克曼梁检测时，检测数量应不少于20点/（km·车道）。

抽样检测时，检测范围可控制在养护里程的20%以内。

（2）路基、桥隧构造物和沿线设施调查

公路技术状况和所需要的路基、桥隧构造物和沿线设施数据，应按《公路技术状况评定标准》（JTG 5210—2018）中调查及汇总表格式确定。

①桥梁检查：桥梁检查分为经常检查、定期检查和特殊检查。

经常检查：经常检查主要是对桥面设施、上部结构、下部结构及附属构造物的技术状况进行的检查。经常检查一般每月不得少于1次。

定期检查：定期检查是指为评定桥梁的使用功能，制订管理养护计划提供基本数据，对桥梁主体结构及其附属构造物的技术状况进行全面检查，它可以为桥梁养护管理系统搜集结构技术状况的动态数据。定期检查周期根据技术状况确定，最长不得超过3年。

特殊检查：特殊检查是查清桥梁病害原因、损坏程度、承载能力、抗灾能力，确定桥梁技术状况的工作。特殊检查分为专门检查和应急检查。专门检查是根据经常检查和定期检查的结果，对需要进一步判明损坏原因、缺损程度或使用能力的桥梁，针对病害进行专门的现场试验检测、验算与分析等鉴定工作；应急检查是指当桥梁受到灾害性损坏后，为了查明破损状况，采取应急措施，组织恢复交通，对结构进行的详细检查和鉴定工作。

②涵洞检查：涵洞检查分为经常检查和定期检查。

经常检查每月至少进行 2 次，在洪水、冰雪前后及行洪期间应加强检查。经常检查的内容包括：进水口是否堵塞，沉沙井有无淤积，洞内有无淤塞及排水不畅，洞口周围是否有杂物堆积，涵洞是否清洁、漏水，周围路基填土是否稳定和完整，涵洞结构是否损坏等。

定期检查每年至少进行 1 次，检查内容包括：涵洞位置及过水能力是否适当；进水口铺砌、翼墙、护坡、挡水墙、沉沙井是否完整；排水是否顺畅；涵体侧墙是否漏水、开裂、变形或倾斜；涵身顶部盖板或拱顶是否开裂、漏水、变形下挠、松动脱落等。

③隧道结构检查：隧道结构检查分为日常检查、定期检查、特别检查和专项检查。

日常检查是对隧道土建结构的外观状况进行的日常巡视检查，通过日常检查，可以及时发现早期损坏、显著病害或其他异常情况，并确定对策措施。

定期检查是按规定的周期对隧道土建结构的基本技术状况进行全面检查。通过定期检查，应系统掌握结构基本技术状况，评定结构物功能状态，为制订养护工作计划提供依据。检查周期一般为每年 1 次。

特别检查是在隧道遭受自然灾害、发生交通事故或出现其他异常事件后，对遭受影响的结构立即进行的详细检查。通过特别检查，应及时掌握结构受损坏情况，为采取对策措施提供依据。

专项检查是根据定期检查和特别检查的结果，或者通过其他途径，判断需要进一步查明某些破损或病害的详细情况而进行的更深入的专门检测。通过专项检查，应完整掌握破损或病害的详细资料，为其是否实施处置及采取何种处置措施等提供技术依据。

（五）工程检查与验收

检查和验收是确保公路改善及大中修工程质量的重要环节。工程质量检查与验收应通过"政府监督、施工监理、企业自检"所组成的完善质量保证体系，其主要内容如下。

1. 作业检查

在整个施工过程中，由施工单位的现场技术负责人对作业班组的每个施工环节、每道工序、工程位置及各部尺寸、所用材料及操作程序等通过班组自检后进行检查，填写原始记录，并经工地监理工程师查验核实、签证。

2. 定期检查

定期检查是综合性的全面检查或重点检查。省公路管理局每年不少于一次，地市公路管理局每半年一次，县公路管理局每月一次工程检查内容包括：施工组织及设备是否符合要求；技术安全措施是否得当；工程进度和质量情况；材料计量和规格质量是否符合要求；技术操作是否符合规定；各项原始记录中完成的指标与实际是否符合；与设计要求的相符程度；好路率；财务开支；计划的执行情况等。

3. 中间检查

中间检查主要是对隐蔽工程的检查，其包括：路基填土前的原地面处理；路面铺筑前的底层和路槽；基础施工前的基底土质、高程和各部尺寸。浇筑混凝土前的埋设钢筋规格、数量、位置及其他隐藏部分的检查。还有局部工程检查，其包括路基、路面、桥梁、涵洞、构造物等部分工程已完工时进行的检查，另外还有暂停未完工程的检查。中间检查应经工地或上级监理工程师检查签证。

4. 竣工验收检查

当工程已按施工合同及设计文件的要求建成，并已按规定编制竣工文件，施工单位可提出验收申请，经建设单位核实确已具备验收条件时，可报请主管部门或投资建设单位组织验收。

养护工程项目原则上采用一阶段竣工验收。验收委员会（组）对整个工程质量应做出评价，按优良、合格、不合格评定工程质量等级，并应对验收合格的工程提出竣工验收鉴定书，报上级主管部门批准。

对于改善、大中修工程一律实行保养制度，保修期为2年，从工程竣工验收接养之日起算。

在保修期内凡因施工造成的破损一律由原施工单位无偿修复。

对小修保养工程的养护和施工，要建立实地检查、中间检查和上下工序交接制度。每项保养作业和小修工程项目完成后，应分别由县公路管理局或地市公路管理局进行验收。

竣工工程全部资料、征用土地产权等凭证均交给养护单位接管存档。

（六）技术档案管理

1. 建立技术档案的意义

各级公路管理部门和较大的工程都应建立技术档案。技术档案是公路技术历史记录的汇总，是以路线为单元的全部技术变更过程的资料，应对其分别建立专案存档并装订成册，以便查阅。

应设置专人保管（或兼管），并建立有关制度，对重要图纸和绝密资料更要妥善保管，要拨给资金购置相应的设备，做好防火、防盗、防虫蛀等工作，并明确岗位责任制。

2. 技术档案的主要内容

（1）公路路况调查登记

它是反映路线和结构物技术经济状况、改善路况决策的依据。

这些技术资料的要求，应按现行的规定进行办理。

（2）改建和大、中修工程的技术条件

其主要内容包括：

①每个工程的设计文件及施工图纸、预算及原始资料；

②图纸会审记录；

③材料、构件、仪器的质量出厂证明及试验单据；

④各项工程原始施工记录；

⑤质量与事故及处理情况有关资料；

⑥竣工图表，决算及竣工验收文件；

⑦施工总结等。

（3）养路技术管理资料

其主要包括公路养护远景规划、年度计划、改革成果、养路机械效果、相关的各种报表及统计资料及其他有关资料。

（4）科学试验的有关技术资料

其主要有科研计划、科研方案、试验资料、试验报告等。

（5）图片、照片和实物

其主要是指有关的图片、照片和实物。

（七）GBM工程简介

GBM工程是指实现公路标准化、美化和管理规范化的目标和全面规划，GBM是其简称。

实施GBM工程的目的，是为满足国家经济建设日益发展和对外交往的需要，从而必须切实改善和提高国、省干线公路的养护和管理水平，并以此推动我国公路标准化、美化的建设进程。实施GBM工程的作用是可以从根本上治理公路脏、乱、差、费现象，从而达到改观换貌，提高公路和公路职工的社会地位。

1. 基本要求

第一，凡公路的新、改建工程和养护工程必须符合部颁的有关设计，施工和养护技术标准、规范的要求，体现公路自身的建筑美。

第二，公路沿线要因地制宜，采取多种措施和手段，突出一个"畅"字，保持一个"洁"字，实现一个"绿"字，注重一个"美"字。基本达到路、景、物交织协调，构成流畅、安全、舒适、优美的公路交通环境。

第三，公路养护无差等路，年平均好路率保持在90％以上，并应具有较大抗洪能力（路基设计洪水频率不低于1/50）。

第四，现有公路桥梁承载能力不足汽车 –20 级、挂 –100 标准的，要逐步采取改建或加固措施，保障安全畅通。

第五，公路全线常年保持路面中心线相适应的流畅、顺适、鲜明的分车道线，路缘石线，路肩外缘线等公路特征线型。

第六，公路养护与公路管理工作实现规范化。

2. 具体标准

下面介绍关于管理的GBM工程标准：

第一，坚持依法治路，强化路政管理，保护公路路产，维护公路路权，达到公路无路障，路面、路肩及沿线设施无侵犯、无损坏。严格控制公路两侧建筑红线，防止公路街道化，穿越村镇路段，可采取半封闭等措施，消灭脏、乱、差，保障安全畅通。

第二，公路沿线道班的设置以专业化、机械化养护大道班（或工区）形式为主，每30～50km 设置一个。本着布局合理、实施适用、环境整洁、方便生活的原则，建设道班房。

第三，公路管理机构组织实施公路养护工程作业时，应掌握交通运行情况，根据作业场地的总长度、宽度及作业时间，采取措施，维持交通，并按照保障作业人员安全的原则，选定养护作业方案。

第四，公路路面部分、桥上和桥头两端各 50m 内全路幅、弯道内侧的路肩均严禁堆放砂石料等堆积物；其余路段的路肩，因养护工程作业需临时堆料的，应有规则地整齐堆置；桥涵、挡土墙等大中修工程作业只允许单侧路肩堆料，长度不得超过 50m；路面工程在路肩上堆料连续长度不得超过 50m。

第五，因养护工程作业，使现有公路不能正常通行时，应当实行作业交通安全控制，并在作业处或施工路段设置明显的施工标志；必须实行单向行车且作业路段较长，影响会车视距者，在路段两端还须增设交通警戒员，以红绿旗或红绿灯警视信号指挥来往车辆。影响行车安全的，夜间还需设置红灯警示信号。

第六，在交通流量大的公路上进行大中修或改善工程，可能造成交通堵塞时，公路管理机构应选定绕行路线或修筑行车便道，并维护使之处于良好状态。同时函告当地公安交通管理机关，共同疏导交通；需中断交通时，应与当地公安交通管理机关共同发布通告。

第七，公路遇有水毁或其他自然灾害损毁时，公路管理机构要及时组织抢修。因水毁或其他灾害断绝交通时，在阻车地两端要设立阻车标志和绕道标志。

第八，养路工上路作业必须着安全标志服。经常上路作业的各种车辆和机械均以橘黄色为标志色涂漆，并设置黄色标志灯饰。在车辆和机械的显著部位应有公路路徽标记。在作业现场，要加强施工车辆、机械管理，禁止乱停乱放。夜间停放车辆的机械前应设置警告标志。

第九，逐步建立有线或无线通信设施，解决道班（或工区）抢险救护等方面的通信问题。并根据公路技术状况，配置相应的养护机械、巡路车和检测试验仪器设备，逐步实现科学化、机械化养路。

第十，道班应建立健全政治、文化、业务学习制度，劳动考勤制度，生产检查验收制度，巡回查路抢修制度，材料机具管理制度，安全生产劳动保护制度。并设置以下图表：管养公路示意图、出勤出工统计表、公路养护月计划完成情况表、材料耗存登记表、成本核算表、公路养护质量示意图、晴雨记录表及道班基本情况图。

第十一，各级公路管理机构要系统地观察公路的使用情况，做好交通量调查，掌握各项技术经济指标，充实和修订公路路况技术档案，逐步建立现代化数据库管理系统。

第十二，公路沿线不宜设置道路交通标志以外的其他标志。如确需设置广告牌、店名牌、宣传标语等标志时，须经县级公路管理机构审查批准，方予以设置，标志设置应做到整齐划一、美观大方。审批、设置工作只收取工本费,严禁经营性管理。

第十三,交通运输部发布的 GBM 工程标准可作为干线公路设计和新改建工程竣工验收标准的补充内容。

第二节 养护的生产管理

公路养护生产管理是对其日常生产活动的计划、组织和控制,以及与工程项目生产密切相关的各项管理工作的总称。生产管理的任务就是运用组织、计划、控制的职能,把投入生产过程的各种生产要素(如人力、资金、材料机具、信息等)有效地结合起来,形成有机体系,按照最经济的方式,保质、保量、安全、按期或提前完成施工的任务。

一、养护生产的组织方式

第一,公路改善与大中修工程,其生产组织方式与公路基本建设工程相似,采取内部竞标或对外公开招标的方式进行。

第二,小修保养工程,由于具有点多、面广、线长、作业分散等特点,一般采用包干负责制组织施工把养路责任与个人物质利益相结合。有条件的地区应采取公开招标或内部竞标的方式,选择养护生产企业。对养护单位的管理实现合同管理。

包干负责制一般有如下两种形式。

(一)全面包干负责制

以一个行政区域某一干线公路范围为单位,组织相应的养护机构,对所辖范围的公路养护工作负全部责任。具体做法是:省公路局对地市公路局,地市公路局对县公路局,县公路局对道班定里程、定养护等级、定人员编制、定材料消耗、定使用经费、定生产任务指标、定奖励的办法、定检查评比。

(二)局部包干负责制

这是以某一单项工作进行包干负责的制度。范围一般较小,可以落实到人,制定养护定额,养护投资实行计量支付。目前一般有:

①干部分片包干制;

②养路队(道班)分段保养负责制,如路面、桥涵专业队等形式;

③养路队(道班)分工负责制,如路基分段包给个人等形式;

④绿化管理负责制;

⑤主要养护机械单项核算制;

⑥县公路管理站(公路段)对养路队(道班)实行合同制。

包干负责制在实施过程中必须建立和执行"小修保养工程保修制度",明确规定保修期限、责任、处理方法。

二、计划管理

（一）公路养护计划管理的任务和作用

公路养护工程的计划管理，是指从事公路养护的各级部门，用计划来组织、协调其生产、技术、财务活动的一种综合性管理工作。做好计划管理工作，可以大幅度地提高劳动生产率，合理地使用人力、物力、财力，取得显著的经济效益。

公路养护计划管理的任务主要是：

第一，确保完成上级下达的公路小修保养、大中修、改善工程的任务，提高好路率，消灭差等路，不断提高公路技术标准，完善公路沿线设施。

第二，合理地组织和安排公路局，生产班组的人力、物力和财力，在认真做好综合平衡的基础上，积极挖掘公路局、道（施工）班的生产潜力，采用先进的养护技术和科学的管理方法。

第三，结合管养路段的自然条件、技术状况和资金的可能，在计划安排上应贯彻先重点路线、后一般路线，先小修保养、后大中修和改善的原则，做到任务平衡，人力、物力安排得当。

公路养护计划，包括制定长远规划，编制、执行、检查年度、季度、月（旬）作业计划；按计划内容可分为公路保养小修计划、大中修工程计划、改善工程计划、公路绿化计划、养护经费收支计划、劳动工资（包括民工建勤）计划、物资供应计划等。通过计划的编制，可使各级公路养护部门明确各个时期的任务和奋斗目标，调动各级职工的积极性；制订劳力、材料、机具计划，为完成任务提供可靠依据；并按计划要求预先做好各项准备工作，及时进行调度、平衡，保证养护工程顺利完成。

（二）计划编制的内容与方法

1. 远景规划

远景规划是指超过1年较长时期的计划，如3年、5年、10年规划等。养路远景规划是一个粗线条的指标性计划，只突出几个较大的指标，作为主观奋斗目标。制订养路远景规划，要有高瞻远瞩的眼光，预见国内外形势发展的趋向，要掌握国民经济发展规律和对公路发展的要求。根据客观规律的变化，提出编制养路远景规划项目和指标。

公路远景规划的编制可分以下三步进行。

（1）搜集和整理资料

主要是搜集有关公路发展的经济调查资料和现有公路技术状况的基本资料。经济调查资料要向工矿、农村、水电、铁路、水运和汽车运输等部门了解情况，摸清各个部门的远景设想及对公路发展的要求，特别集中反映在交通量和载重汽车的吨位上，以便考虑公路设计标准。同时，还要搜集有关部门的建设对公路干线干扰的资料，以便考虑公路局部改线方案。现有公路技术状况的基本资料，包括线路、里程、技术等级、桥涵状况、载重标准、水淹地段、历史水毁特征和交通量等情况，以及国内外公路发展水平和科技发展水平等。

（2）编制公路发展的远景规划

通过整理分析各项调查资料，便可着手编制公路发展的远景规划，并要求其与国民经济的发展相适应，以免造成失调现象。公路管理部门要争取主动，确定的公路技术改造目标要走在国民经济发展的前一步，真正起到先行的作用。在一条路线或一个站程之内，应按同一技术标准要求进行全面改造，以适应运输需要。

（3）反复调整、综合平衡、落实

实现远景规划，首先要有足够的资金。根据需要与可能的原则，反复调整，养路费收入与公路技术改造所需要资金相适应，以达到综合平衡。使编制规划落实在可靠的基础上。

2. 年度计划

养路年度计划要根据远景规划的要求和本年度计划的执行情况编制，以保证做好各方面的综合平衡工作。其具体编制过程大体可以分三个阶段进行：收集资料；编制计划草案；上报审批计划。

应搜集下列各项资料，作为编制下一年度计划的主要依据：本年度计划执行情况和预计年末完成情况；远景规划要求考虑安排项目的资料；预计下年度养路资金情况；亟待进行的（主要是一季度）工程项目的调查资料；需要补充的生产能力和技术革新措施的资料；小修保养年公里预算定额资料等。

公路养护年度计划是在计划年度内全部养护生产、经营活动的实施方案，是养路工作最主要的综合性计划。它既是养护远景规划的具体化，又是季度计划、月度计划的依据。

公路养护年度计划在年度开始前制订，在制订新的年度计划时，首先要对上一年度计划执行的情况进行全面分析研究，它是制订新年度计划的基础。编制新年度计划时必须遵照国家关于公路养护工作的方针、政策，根据公路的整体规划，综合上年度计划项目，具体安排落实。

编制计划时，一般是按照先重点线路，后一般线路；先小修保养，后大中修和预留水毁等预备费用，如还有可能，再行安排改建和提高项目的原则，由省级公路管理部门分配指标给地市公路管理部门，再由这些部门提出各自的计划草案，上报省级公路管理部门汇总平衡，并经省级交通部门审定和省级计划部门批准。

3. 月度计划

月度计划是为了保证年度计划的实现，防止前松后紧、严重不平衡情况发生的重要计划。养护单位包括基层班组，为了适应气候对公路的影响，主要采用月度作业计划来指导生产。根据自然条件、运输需要、物资供应、机械调度、劳力安排、资金分配等情况编制。它编制的内容应紧密配合年（季）度计划。月度计划只是更具体、更切合实际，它的施工进度安排力争提前，不宜推迟；它是年（季）度计划的具体化，并做了必要的调整和补充，使各项生产工作有秩序地、紧凑地进行，更好地发扬计划指导生产的积极作用。公路管理部门的各个职能科室或有关人员都应根据职能范围，围绕养路年度计划安排及当时的具体情况，在每月初制订月度作业计划并付诸实施。月末检查小结，并按规定汇总上报。

（三）小修保养计划的编制

公路工程小修保养计划，是指导和控制小修保养生产的主要依据。

1. 小修保养生产计划的内容

①产量指标：公路养护里程和小修保养的工程数量和工作量。

②质量指标：包括各单项工程质量标准和要求。

③小修保养工程年公里成本和单项工程成本。

④主要材料消耗。

⑤主要机械台班消耗。

⑥员工出勤率和直接生产率。

⑦主要机械完好率和利用率。

⑧为完成任务、实现进度、保证质量、降低成本应采取的技术组织措施和安全生产措施。

2. 计划的编制

（1）小修保养年度计划的组成文件

①文字说明：对计划编制必要的说明。

②小修保养路况计划表：主要包括各等级的计划里程、计划综合值等。

③小修保养工程进度计划表：主要包括工程项目、工程量、工作量、全年分季度完成的工程量和工作量。

④小修保养工程材料使用计划表：主要包括材料名称、本年度计划用量、分季度使用量。

⑤小修保养工程机械使用计划表：主要包括机械名称、本年度计划用量、分季度使用量。

⑥小修保养劳动力计划表：主要包括倒班人数、计划出勤率、计划出勤天数、计划出工日数、计划直接生产利用率、计划直接生产工日、全年计划总用工数、分季度用工数。

⑦小修保养完成各项经济技术指标措施计划表：主要项目包括计划达到的指标与要求、计划实施方案和内容的说明、负责实施的人员等。以上各表均按路线并按道班填列。

（2）年度计划的编制方法

小修保养年度生产计划，由县公路管理局负责编制，将全县各条公路上各个道班的计划内容统一汇总编制。年度计划编制完成后，应与年度预算一起上报审查批准。

3. 小修保养季度生产计划的编制

（1）季度计划的组成

其包括：季度好路率计划表；季度工程计划表；季度材料使用计划表；季度机械使用计划表；季度劳动力措施计划表；季度技术组织措施计划表。

（2）季度计划的编制方法

季度计划是落实年度计划的基础。县公路管理局根据上级批准的年度计划，结合生产实际情况，编制季度小修保养生产计划。在编制季度计划时，可按实际情况对年度计划进行调整。季度计划应按规定时间上报，批准后方可贯彻执行。

4. 小修保养月份生产计划的编制

（1）月份计划的内容

月份计划是以道班为单位按旬分列的。某个道班月份生产计划表中主要包括：工程计划和机具使用计划、劳动力计划和工程进度计划。

（2）月份计划的编制方法

月份计划是实施性生产计划。县段于上月下旬（25h）在路况检查评定（自检）的基础上，根据批准的季度计划和路况实际进行编制。县段于月末前下达到道班，并报上级备查。

5. 旬作业计划的编制

旬作业计划由道班根据县公路管理局下达的月份生产计划编制。旬作业计划的格式各省有统一规定。各道班根据旬作业计划，每天将次日的生产安排公布在道班的布告牌上，以利作业计划的贯彻执行。

（四）现代化计划管理简介

现代化计划管理，是相对于目前大量应用的生产型管理中的计划管理而言的，它包括预测技术、决策技术、全面计划管理（含目标管理）及公路养护 ABC 分析法等。为了促进公路养护生产计划管理向现代化计划管理方向过渡，现仅将其基本知识加以介绍。

1. 预测技术

（1）基本概念

预测是对未来尚未发生或目前还不明确的事物进行预先的估计和推测，是在现时对事物将要发生的结果进行探讨和研究的一种技术。预测技术在公路养护管理中的例子是不胜枚举的，如怎样才能准确地估算出拟建公路的远景交通量问题，怎样确定与变化着的工农业、人口、综合运输能力等因素相适应的公路网密度问题，公路在使用年限内是否会达到预期的经济效益问题等。

（2）基本原理

由于预测对象受多种偶然因素的影响，所以预测对象的发展常常表现得杂乱无章，似乎没有规律。但是，这种偶然性始终是受内部隐蔽着的规律支配的。认识事物的发展变化规律，利用规律的必然性，是进行科学预测所遵循的总原则。在进行预测时，人们一般借助于以下几项原则：惯性原则、类推原则、相关原则、概率推断原则。

2. 决策技术

（1）决策的定义

决策就是对未来的行为确定目标，并从两个以上的可行方案中选择一个合理方案的分析判断过程。正确的决策产生正确的行动，得到好的结果；错误的决策产生错误的行动，得到坏的结果。在同样条件下，决策水平的高低，往往会带来"天地之差"的结果。

（2）决策方法

关于决策方法的分类，可以概括为"两种不同情况，三种不同决策方法"，即确定情况下的决策和不确定情况下的决策。其中，不确定情况下的决策根据所掌握数据资料的不同，又分为风险型情况下的决策和完全不确定情况下的决策。

（3）决策原则

①确定性决策问题。这类问题有时很简单，如贷款修路，当有几个利率方案可供选择，当然选用利率低的方案来决策。②风险型决策问题。风险型决策的标准有 3 个：期望值标准、机会均等的合理性标准和最大可能性标准③完全不确定性决策问题。在进行这种决策时，选择最佳方案的准则有悲观原则、乐观原则和最小后悔原则：

3. 全面计划管理的概念

所谓公路施工企业全面计划管理，是指在国家统一计划指导下，结合建筑市场的需求情况，根据企业现代化大生产客观规律的要求，对企业的生产经营活动制订计划目标，实行有计划的组织、指挥、协调和控制的管理工作。它的特点是全面的、全过程的、全员性的综合管理。

它要求企业各个部门、各个环节的各项工作都要计划化；要对企业生产经营活动的全过程实行计划管理；要使企业的全体人员都要关心和参与计划的制订和执行。

4. 确定公路养护重点的 ABC 分析法

ABC 分析法，就是将公路养护工程任务（路段、桥、涵等）分为 ABC 三大类，其中 A 类数量最少，但属于急需修理或养护的任务；B 类是数量较多，但需要修理或养护的，程度次于 A 类；C 类是数量很多，但需修理或养护的，程度尚次于 B 类，从而可以确定修理或保养工程任务的先后次序的方法。公路养护 ABC 分析的方法分两种：第一种是较简便的按实际交通量分类法；第二种是评分分类法。

三、文明安全生产与劳动保护

文明生产是指按照社会化大生产的客观要求，科学地从事企业生产的一切活动，企业从事一切生产活动都应当讲文明、讲科学、讲安全。

（一）文明施工

1. 文明施工教育

通过文明施工教育，施工现场人员应掌握文明安全生产知识，提高对文明安全生产的认识使施工现场人员成为有高度责任感和事业心，具备科学技术知识和管理知识，能够严于律己的劳动者。养护作业人员进行养护作业时，应当穿统一的安全标志服，利用车辆进行养护作业时，应当在公路作业车辆上设置明显的作业标志。现场管理员工应统一着装，胸前佩挂证卡，并应自觉遵守工地各项规章制度和劳动纪律，杜绝"三违"现象。

2. 文明管理

文明管理指管理的科学化和民主化。

科学化是指建立文明施工管理和监督管理网络，推行现代管理方式。建立和贯彻一整套科学管理生产的规章制度，包括各项责任制、工艺规程、操作规程、设备维护与检修规程、安全技术规程等。

民主化是指充分发挥职工管理企业的积极性和创造性。

3. 文明的环境

文明的环境指工地、作业区、机器、设备等整洁、舒适和安全。

第一，施工单位应按照场地总平面图设置各项临时设施，布局合理，养护作业区按规定进行交通控制。文明责任区划分明确，并有明显标志，同时应设置明显的标牌，标明工程项目名称、工程概况、建设单位、设计单位、监理单位、施工单位、项目经理和技术负责人的姓名，开、竣工日期。

第二，施工现场作业区道路平整、设有路标。机具材料应做到"二整"：施工机械设备应保持状况良好、停置整齐；施工材料堆放有序、存储合理规整。

第三，作业区道路和现场按工程需要必须有足够的照明设施；施工电源要集中布置，统一接线，专人负责，并定期检查。

第四，工地现场外观应做到"三洁"：施工场地整洁、生活环境清洁、施工产品美观净洁。施工范围内的沟道，地面无废料、垃圾和油垢，应做到工完、料尽、地清。办公室、作业区、仓库等场所内部应整洁。生活区中的食堂、供排水、浴室、医务室、宿舍和厕所应符合卫生通风照明等要求，职工宿舍内外应保持卫生，施工产品符合规范要求，外观洁净、美观。

第五，禁烟区严禁吸烟。禁止边作业边吸烟。

第六，遵守国家有关环境保护规定，避免和降低灰尘等对周围环境的污染。

（二）安全生产

安全生产就是要保证人和机器设备在生产中的安全，在生产过程中，要坚持"安全第一、预防为主"的安全生产方针。要把安全第一的思想铭刻在心，切实做到"生产必须安全，安全促进生产"。

1. 施工现场安全管理规定

第一，施工现场必须具备良好的施工环境和作业条件，实行安全生产，避免发生人身伤亡事故和工程事故。进入施工现场的所有人员必须遵守施工现场安全管理规定。

第二，施工现场安全生产实行项目经理负责制。应建立健全工地安全组织保障体系，制定和完善安全管理制度，采取各项安全防护措施，确保施工正常进行。

第三，施工现场所有施工人员必须经过上岗前的安全教育。应备有各个工种安全生产手册或须知，做到每个职工人手一册，使从事施工活动的每个职工具备本工种的安全常识，增强防范意识。特种工种必须经过专业培训，持证上岗。

第四，进入施工现场的所有人员，应穿戴、使用有关防护用品、用具。

第五，施工现场应设置必要的提示、警示、警告等各种安全防范标志，避免施工现场的人员可能发生意外伤害。

第六，施工现场必须杜绝违章指挥、违章作业、违反劳动纪律的"三违"行为。

第七，施工现场必须做好防火、防电、防爆和防坠落等防护工作。

①必须遵守国家有关消防规定，各种消防设施配置齐全，并由专人负责，经常检查和定期更换。油库、易燃品存储等重点防火区域必须禁止火源进入。

②供电线路布设及施工用电必须遵守有关安全用电的规程和规定，应避免妨碍作业和交通。

③炸药、高压气瓶等易爆品的使用和管理必须遵守国家有关安全规定，并保持足够的安全距离，确保安全。

④高处作业必须遵守有关作业规程，设置必要的安全防护网或防护栏杆。特殊情况下应使用安全带。

第八，施工现场应建立完善的机具设备例保、检修制度，保证机械设备正常安全运作。

2. 小修保养生产中的安全工作

第一，路上作业，应在作业区两端竖立明显的警告标志及挡栅，设专人进行交通指挥，夜间应配装红灯信号警告；施工路段设置的便道应加强维护；在正线上作业留出的行车道应有足够的安全宽度和会车处。

第二，雨季施工和水上水下作业，应与有关气象、水文台站建立全天情报联系，以便采取应变措施，做到有备无患。

第三，遇有道路毁坏中断，应立即设置路障，并通知交通管理部门或登报通告阻、通日期及相应措施。

3. 公路养护生产中应注意的安全问题

第一，严禁采用底脚挖土（即下面掏空，使土自动塌落的操作方法），以免塌土伤人。

第二，撬除悬岩、陡坡上松动的石块，要系好安全带。不可站在石块的下方，并忌用力过猛，以防人随石下，发生危险。

第三，铁锤、铁锹及十字镐等带柄工具，要随时检查木柄是否松动、伤折，以防脱落伤人。

第四，凡皮肤受伤或呼吸系统及面部等暴露部分患病职工，不得参加熬油、喷洒等接触沥青的工作。

第五，沥青加热时要防止溢锅烫伤及引起燃烧，现场必须设置灭火器、消防砂、湿麻袋等消防器材，以防不测。

第六，各类脚手架，跳板必须牢固、稳定、不起翘。

第七，拆下的模板、脚手板等木料，不得随地乱丢，带钉的木板要及时拔除。

第八，桩锤未放下或桩锤起落时，禁止撬移桩架。

第九，雨季、汛期作业，应与气象、水文站保持联系，以便及时采取措施，加以防范。如遇洪水突然袭击，应迅速组织力量将机具设备、材料转移到安全地点。

（三）劳动保护

劳动保护工作是为了保护劳动者在生产过程中的安全与健康进行的组织管理工作，以及为此而采取的一系列技术措施。它专指对劳动者在劳动生产过程中的安全与健康的保护。

1. 劳动保护的任务

第一，保证安全生产，防止工伤事故和职业病发生。

第二，合理确定工作时间和休息时间，注意劳逸结合。

第三，对女工实行特殊保护。

第四，开展工业卫生工作。

2. 劳动保护的内容

（1）安全技术

为了消除企业生产中引起伤亡事故的潜在因素，以及为了保证工人在生产中的安全，而必须采取的各种技术措施，称之为安全技术。

（2）工业卫生

为了改善生产劳动条件，避免因生产活动可能引起的对职工健康的危害，避免有毒、粉尘、噪声、振动，防止职业病的发生而采取的各种技术组织措施，称为业卫生。

（3）劳动保护制度

劳动保护制度指为切实做好安全文明生产和保障职工身体健康而建立的一系列生产行政管理和生产技术管理制度。它由两方面内容组成：一是属于生产行政管理方面的制度，如安全生产责任制、安全教育制度、安全生产监督检查制度、工伤事故调查分析处理制度，卫生保健制度等；二是属于生产技术管理的制度，如安全操作规程、设备维护制度等。

3. 油路养护中的劳动保护工作

第一，对患有皮肤病、眼病、喉病、面部或手部有破伤，以及对沥青有过敏感染的人员不应担任沥青（特别是煤沥青）的加工、运输和操作等工作。

第二，对运油、熬油、洒油、摊铺等工序，凡经常接触沥青的人员，其外露皮肤需涂上防护油膏，应穿长袖、长裤工作服，戴口罩、帆布手套、护目眼镜等，并用干毛巾围裹颈部。用手摇洒布车洒油人员还需穿上鞋罩。

第三，接触沥青人员在上下班时，还需点眼药水一次，以保护眼睛，眼药水的品种及点滴标准由医生决定。

第四，每天工作完毕，应将防护用品除下，脸和手用肥皂洗净，再擦一些润滑脂。若皮肤或手已染有沥青，应立即用松节油洗净，不宜使用汽油、柴油等油类擦洗。

第五，如果有人被沥青灼伤，应立即将粘在皮肤上的沥青，用酒精、松节油或煤油等擦干净，再用高锰酸钾溶液或硼酸水洗伤处，必要时请医务人员治疗，事故严重的应立即报告医务人员进行急救。

在施工现场或拌和厂、加热站等处，都需要配备灼伤防暑等药品，以备急需。如气候炎热，工地应保证供应茶水及清凉饮料，同时还应采取相应的防暑降温措施。

第七章 生态技术在公路工程建设中的应用

第一节 生态技术在公路工程建设中的应用概述

一、景观设计在公路工程的应用

公路景观是指导公路用地范围内公路本身形成的景观以及对用地范围内一定宽度的带状走廊里的自然景观和人文景观的保护、利用、开发、创造、设计与恢复，使公路建设和自然景观、人文景观浑然一体，相容协调，共同形成一个良好的公路景观环境。对此在做好公路建设景观设计工作中就要加强前期准备工作，按照公路选线和当地特点并结合风土人情，充分考虑自然、和谐、人本理念。做到景观设计应贯彻以防为主、以治为辅、综合治理的原则，因地制宜，针对不同路段的特点及与周边环境的关系，有针对性地提出景观设计、环境保护、水土保持和生态恢复的防治措施与设计方案；坚持"不破坏就是最大的保护"和"最小限度破坏和最大限度恢复"的基本原则。具体说来在实际设计中要遵循以下几个原则：

安全性原则：所有的生态公路设计都要把安全作为重要的因素来考虑，安全是公路景观设计的基础和前提，路域防护首先要满足道路交通安全性要求，使行车视线良好，并有诱导驾驶员安全行车的功能。

恢复性原则：在公路景观设计运用多种科技手段来恢复因为公路施工等原因造成破坏的生态环境。针对高等级公路建设过程中形成的大量边坡，过去传统的做法是种植种类单一的草皮来固土护坡、减少水土流失，可是人工的种植的草皮看似整洁优美但却不符合自然规律的要求，经过一定时间后，要么是枯黄消失，要么是被当地的野生植物所吞噬，效果均不理想。在边坡植物防护技术较为领先的日本，已将植物防护的新技术即"生态恢复设计"技术作为主导，在公路边坡设计初期，设计人员对边坡的地质条件、气候、水文条件和周围植被情况等因素进行综合考虑和调查，在此基础上再模拟原有植被类型的绿化植物选择设计方案，目的就是使之与原有的生态系统相适应，做到与原有的植被尽可能地相融合。

保护性与自然性原则：保护设计是指公路路域内的生态因子和生态关系进行科学的研究分析，通过合理设计减少公路建设对自然的破坏，从而保护现有良好的生态系统。公路景观环境要素包罗万象，应重点体现对原有景观资源的保护、利用和开发，以及公路主体与原有自然及社会环境的相融，"不破坏就是最大的保护"，除非不得已，否则任何通过后天的人为绿化方式也无法与经过长时间的自然形成的结构功能稳定、物种景观多样的自然植被相媲美，所以在设计中应强调对原有植被的保护和利用，因征地需要，非移走不可的树木、植被可集中先移植保护起来，等到工程差不多时再移植到原先生长条件相似的地方，达到"事半功倍"的效果。从长远自然经济效益考虑，尽量避免破坏古树名木、文物古迹等自然原始的风景区，要想办法从设计和线形选择上考虑保护各种动植物和名胜古迹，合理地利用。在保护原有风景的同时，高等级公路它的设计要符合自然发展的规律，自然设计与传统设计相对应，通过植物群落设计，从形式上表现自然，立足于将公路景观充分融入自然环境中，创造和谐、自然、美观的新景观。自然式设计的核心就是运用生态的原理和技术，借鉴地域植物群落的组成情况、结构特点和演绎规律，科学而艺术地再现地带性群落特征的公路路域生态景观，它是顺应自然规律发展、能够实现自我维持和更新调节的一个生态小系统，增强植物群落的稳定性和抗变性，实现人工低度管理和景观的可持续稳定发展。

融合与协调原则：公路是一个有机整体，公路是一个具有线性特征的工程，纵向跨度大。在景观设计时既要注意内部各组成部分之间的协调，使其有机地融合在一起，又要注意与地形、环境等外部因素相协调。沿途景点、附属设施以及绿化植物要有统一性和连续性，使公路在满足运输功能的基本前提下，其生态功能基本恢复和完善到原有景观环境水平。

服务社会原则：公路建设应有利于社会进步和发展，对社会环境有重大影响路段，应根据可持续发展原则进行方案论证，主旨是服务经济发展和方便人民群众出行需要。

尊重地区特性原则：景观设计中要与当地风土人情、历史文化相协调，展现出当地的文化内涵与韵味，体现乡土特色和气息，使设计切合当地的自然条件，反映当地的景观特征，特别是植被选择上要遵循"乡土树种为主""适地种树"的原则，否则绿化树种引入不当，会带来灾害性的后果，这一点在我国华东、华南作为饲料引进的水葫芦等大量蔓延，开始对本地的生物多样性造成了巨大威胁，已经到了难以控制的程度。因此说在公路路域生态树木的选用上更要考虑实际情况和生长环境，要符合周围生态条件。

经济性与动态性原则：贯彻生态景观学的思想，走可持续发展之路。在公路景观的营造过程中，坚持动态性原则，既要达到景观效果，又要经济合理。

统一与变化原则：公路的景观设计要在统一的主题下表现出各自的特色和韵味，适当的风格、造型、色彩变化及线形起伏等，都会使人感受到沿途景观富有韵律感、多变性，达到消除疲劳的目的，在统一中变化，在变化中统一。

精心设计和严格实施是生态公路付诸的重要内容，没有这两条，生态公路只能是空说白说。设计部门在结合地方规划设计取弃土石方案时，应综合考虑地质、水文、挡护等情况，做到不造成水土流失，不诱发地质灾害。在实施过程中，建设单位应责成施工单位严格按照设计方案的要求取、弃土石。

概括来说，在公路设计中对景观生态的研究要注重实际，将应用与理论相结合，正确分析和掌握第一手资料，搞清情况，结合经济发展现状，做到切实坚持以人为本，按照科学发展观的要求，既结合当前我们国家公路建设的实际情况，又兼顾目前社会经济发展的现状，对于适当完善改善公路生态体系建设会大有益处，从而在公路建设中能够做到从优

从快。在公路设计中要做到"七至"理念，即安全至上、目标至高、环境至尊、设计至优、质量至严、景观至美、成本至廉。如果都能做到以上几个观点，相信我们的公路在设计过程中会按照良好的态势发展下去，对公路生态的保护会有利无害。

对于设计中的环境保护要贯彻以人为本、保护优先、治理为辅、再生结合的原则，在公路建设中必须超前考虑，将环保工作贯彻于设计之中，切实抓好工程设计这一关键环节，重点是优化设计方案，把建设项目对沿线自然环境和社会环境的不利影响降到最低，对沿线房屋、电力设施、通信设施、水利设施等的拆迁改建，要充分重视和听取公众合理意见，力求把影响降低到最低限度，以求长远协调发展，公路线位的选择尽可能调到离环境敏感点较远的位置，合理使用和规划公路用地，重视路基、路面的排水设计，桥梁位置和结构不宜明显改变河道流向，加强设计过程中的水文调查和分析，尽可能掌握详细的资料，设置适当的排水构造物，保护较好的生态环境。在考虑公路景观设计的同时，更要在公路设计特别是干线公路设计中环境保护与创建中重点抓好以下工作：

（一）自然环境的保护

路线的选择要综合考虑地形、地质与环保情况，合理利用地形既可减少工程量又减轻对环境的破坏，规避不良地质可避免地质灾害的发生，上述两个方面与环保紧密相关。湖北在沪蓉西高速公路设计中提出了"地形选线""地质选线"与"环保选线"的设计原则，三者互为条件、有机结合，有利于减少路基填挖，规避地质灾害，保护自然环境，创建优美的公路营运环境。

路基设计应视地形、地质情况合理选取断面形式，避免大填大挖。在山坡陡峭的坡面尽可能采用半路半桥或路基分幅形式，减少路基土石方的挖填；路基的石方开炸应进行科学爆破，尽量减少对岩体的扰动；路基深挖地段应根据路基边坡的稳定情况采取不同的防护形式，对于顺层、滑坡等不良地质地段应对边坡稳定性进行定性与定理的分析，确定边坡的防护形式，应把工程防护和生物防护结合起来，并尽可能减少工程防护；路

堑的边坡建议不拘于相同的坡比，应根据具体的情况作适当的调整，对于开挖边坡地段为荒山荒地时，应尽可能降低边坡坡度，有利于进行生物防护，减少或取消工程防护，既可减少工程造价又可最大限度地恢复原始地貌。

隧道洞口设置要遵循"早进晚出"的原则，尽可能与自然保持一致，减少对山体的切割；隧道选线应充分考虑水文地质情况，通过钻探、物探等多种形式超前探明地下水联通及流通情况，对影响环保、人畜用水的隧道，宜贯彻"以堵为主、限量排水"的原则对隧道内涌水进行治理，确保隧道开挖不影响当地群众生产生活，不影响山体的稳定，不影响工程的安全。

桥梁要视地质情况选取合理桥型和基础以及施工工艺，避免地质灾害的发生，当桥基位于山体完整性、稳定性差的斜坡上时，应对斜坡的稳定性进行分析研究。如桥基位于顺层坡面时，应选择对坡面扰动小的桥基形式，桥基的开挖或钻孔应选用对坡面振动小的施工工艺。

（二）生态环境与营运环境的创建

生态环境的创建：山区公路特别是高等级公路所能利用的地形往往是当地群众赖以生存的宝地，在设计中，一是尽可能减少占用耕地，要对修建路基与架设桥梁两个方案进行比较，如建桥对工程量增加不大时尽可能采用建桥方案，少占耕地；二是要充分利用隧道、路基的废方为群众造地，要结合当地的规划，对弃渣场的位置、规模、地形、地质、排水、挡护、绿化及复耕等方面进行全面科学合理的设计，做到变废为宝，变害为利。

营运环境的创建：由于地形地质条件复杂，公路线形难以达到理想的水平，小半径、长大纵坡不可避免。加之高等级公路重车比例大，山区气候条件复杂，驾驶员操作失误等多方原因，极易引发交通事故。因此，创造山区高等级公路良好的运营环境十分必要，对以下几个方面应引起足够的重视：

①要设计完善的引导标志、警示标志与禁令标志，引起驾驶员的注意；

②长、大纵坡下坡路段应考虑安全避险车道；

③公路设计除平、纵、横立体线形外，尚需引入"时间"要素，形成顺畅、连续和可知性的优美三维空间；对连续下坡路段平曲线半径不宜过小，应控制在 600m 以上；

④应对长、大纵坡路段的路面抗滑进行研究，确定路面的结构形式；

⑤长大隧道设计中，应以司乘人员的安全、舒适为目标，其线形不宜设置过长的直线段，以减少司机因注意力降低而渐渐不觉得加速所带来的风险。同时有必要采取变化的灯光或投影景观等措施消除司乘人员在隧道内运行时因视野局限所带来的烦躁和单调感。

⑥对公路营运安全环境进行综合研究，确定合理的安全技术指标。

公路运行所需的时间，一般习惯于以"绝对时间"来计，往往忽视"相对时间"，运行时间应该是两者有机的结合。大家在旅途中都有这样的体会，如果一路风景会让人感到时间的短暂。若在行进中环境单调甚至给人一种严重的不舒适感，便感到时间的漫长。建议在公路设计时有必要引入"相对时间"的设计理念，不能把绝对运行时间作为衡量某路段行车时间的唯一标准。创建优美的营运环境，会让司乘人员感到旅途愉快，心态平和，不知旅途疲倦，觉得时间短暂。要创建优美的公路环境，一是要把周边环境与公路线形相结合，与动中观景相协调。静止观察的美景，在高速的车上观察可能会让人眼花缭乱，甚至有头晕之感，必须通过三维动画设计出动态的景观环境；二是要考虑隧道中噪声、废气及视野的局限给司乘人员不良的影响，特别是长大隧道与隧道群带来的不舒适感，建议尽可能少设隧道，对隧道中路面应进行降噪设计，减少或降低噪声源的噪声能量；对大隧道和隧道群应进行隧道内景观设计研究，要充分利用现代的光电技术创建隧道景观，达到能在洞中见景又能实现景观引导视线的目的；三是路基边坡的防护、绿化及隧道进口的设计应有特色，富于变化；四是路基、桥梁的变化，实现分与合的巧妙的结合，消除行车的单调感、疲劳感，让驾驶员始终保持清醒的意识。

二、生态管理制度在公路工程的应用

搞好环境保护与创建的关键在于设计，抓实施是搞好该项工作的重点。在以往的公路建设中，对环境保护工作强调多，具体抓得不细，责任不明确，约束机制不力，没有环保专职管理，基本上是兼职管理，更谈不上对生态公路技术的研究和掌握，公路施工中只管建设，不顾环保。现行的公路建设就是要在现有的体制下，建立一套适合我国国情的公路建设生态指标硬性要求，从制度上予以保证和完善，注重对生态管理机构的约束和建立，重点是建立生态管理制度体系，把生态公路的制度和公路建设纳入到一起实施，在审查公路设计的同时，也要审查公路生态工程的设计方案，认可后方能进行下一步的工作。着力从机制上、制度上、机构上给予保证和约束，形成强有力的管理措施。不符合生态公路工程技术指标要求的一律不得开工，只有待各项准备工作妥当，通过专家验收认可后再开工。在以后的公路建设中应从完善管理机构和管理措施入手，重点抓好以下几方面的工作：

（一）加强合同管理，强化环境保护与创建责任

施工单位主要是以创造利润为目的，环境保护与创建意识一般较淡薄，业主必须在承包合同条款中明确环保的具体内容与有关的责任，形成约束机制。

（二）制定环境保护与创建行动计划

在工程尚未动工之前，按照设计要求制订明确的实施计划，以此指导工程施工。如在不稳定山体上爆破石方时，应明确爆破方式及相关的规定要求，实行科学爆破，避免扰动山体；在路基清除表土时，应要求施工单位对地表沃土集中存放，用于取、弃土场复耕。

（三）成立环保管理专班

业主、承包商及监理单位应安排足够数量的环保管理人员，成立环保专班，建立管理制度及管理措施，明确职责和义务，对环保工作进行动态的管理。

（四）加强环保工作检查

要适时的开展环保工作检查，及时予以纠正环保工作中存在的问题，不能以环保验收代替管理，避免造成难以弥补甚至无法弥补的缺陷。如在弃土不及时处理防排水问题，以致无法恢复水土流失后造成其他土地沙化。有些施工单位在路基及取土场清表时，对地表层土随意弃放，以致在取弃土场复耕时难以找到适合耕种的表层土。

（五）尽快实施环保监理

要切实搞好环保工作，必须进行严格的环保监理。但目前公路环境保护监理工作刚刚起步，管理体制、办法不健全，须尽快形成环保监理机制，形成完整的环保监理规范，对工程环保工作实施规范性管理。

在保护自然生态环境的同时，要以人为本创建环境，优美与安全的营运环境可由公路建设单位要求设计部门完成，而生态环境的创建则需要地方政府、设计单位与施工单位及相关部门的密切配合，存在着较多的组织、协调、管理工作。

要树立把握公路建设契机创建生态环境的意识。在以往的公路建设中，建设单位只是从环保出发对公路取、弃土石方案提出原则性的要求，基本上由施工单位从有利于自身利益出发确定取弃土石方案，对利用废弃的土石方创建新的生态环境考虑较少。而地方政府对此基本上不予关心。但实际上公路建设大量土石方的取、弃在对自然环境造成影响时也对创建环境带来了很好的机会，可取土蓄水、弃土造地，是变废为宝、变害为利、造福子孙后代的大事，应当引起有关方面的高度重视。

科学规划，共商创建。公路建设单位应与当地政府及相关部门沟通有关创建情况，地方政府应组织有关部门积极与公路建设单位配合，共同商定取、弃土石的方案。对在创建生态环境时可能增加的工程费用，地方政府应从长计议，组织必要的人力、财力抓住公路建设的契机创建生态环境。

三、生态监控与环评在公路工程的应用

山区较之平原、丘陵地区的公路又有着许多不同的特点，公路建成后，工程安全与运营安全及环境污染上可能存在着某些不安定的因素，因此必须通过现代信息技术加强监控，完善监控系统设计，及时掌握有关的情况，以便对不利情况进行处理：

（一）环境污染监控

除对沿线收费站、停车区、服务区及隧道内污水和噪声污染进行监控外，更重要的是要对隧道内受污染的空气进行监控，汽车排放的 CO 是一种无色、无味而人体感觉器官又不能分辨的毒性较强的气体，对隧道内该气体超过人体的承受能力时应实行自动报警控制。

山区公路营运安全受多方面的影响，必须对有关方面监控，应对雾区的分布、路段的冰冻情况、隧道内火灾等情况及时提供信息，让驾驶员预知前进方向的道路状况，以便提前采取相应的处理措施。

（二）工程安全监控

山区公路高、陡边坡较为多，顺层、泥石流、滑坡等地质病害较普遍，应对影响路基稳定和危及桥梁、隧道安全的隐患建立信息化管理，掌握工程安全动态，以便及时采取有关保护措施，避免重大事故的发生。

公路与环境是有机的结合体，公路建设离不开环境的影响，因此应将公路建设与环境影响评价有机结合起来，尽量做到"三个同时"，那就是在项目前期施工阶段，坚持公路建设项目与环境影响评价同时立项、同时建设、同时运营的制度。在工可研究阶段委托有相应资质的环评机构对项目沿线的弃土、弃渣、噪声、尾气、灰尘、生态恢复等进行综合评价，施工图设计等方案的审查论证都邀请并认真听取部门专家的意见，并把节约耕地和有利于环保作为方案评比的重要指标，在项目招标文件中明确约定中标单位的施工行为必须符合环保要求，否则将采取相应措施，项目开工前，可以聘请有关环保专家讲解环保要求和注意事项，特别是在项目实施过程中要经常加强环保检查和巡查，一旦发现问题要及时处理和整改，项目完成后，组织有关人员进行验收，达不到要求的一律不准参加交工和竣工验收，从制度上进行严格约束。

四、公路边坡的生态防护应用

考虑公路施工对周边环境的影响很大，特别是如果处置不当，很可能因为施工本身的原因造成对公路沿线本身地质的破坏，比如边坡不稳定导致沿线自然环境的破坏，如塌方、滑坡、泥石流等诸多破坏因素对公路造成的损害，由于公路施工中难免会有大量的填、挖方，甚至桥梁、隧道、新改线路段的存在，必然会在一定程度上给原来的生态环境造成破坏，当然破坏的程度会有所不同，如何有效地把生态破坏以后的路段适当恢复，或者加大对公路本身的抗灾害程度，通过一些手段的运用，来达到对公路沿线环境的最大保护和恢复，本身也就是对公路生态保护的最好应用，主要来说在技术上目前分为生态防护和工程防护两种，生态防护是对自然环境的拓展，而工程防护是对生态防护的最大保护，并通过一定的技术处理，让工程防护和生态防护相互运用，相互作用，相互结合，两者相辅相成，相互补充。

（一）公路边坡的生态防护

边坡生态防护即边坡植被，主要是靠植物根茎与土壤间的附着力以及根茎间的互相缠绕来达到加固边坡、提高坡表抗冲刷的能力，保护路基边坡免受大气降水与地表径流的冲刷。公路边坡生态恢复技术目前较为成熟，概括起来有以下几类措施：人工植被、植生带、液压喷播、厚层喷播、锚固三维网复合植被、框格工程、挖沟钻孔工程、有机基材喷播。生态防护不仅可以涵养水源，减少水土流失，而且还可以净化空气，保护生态、美化环境，保证行车安全，具有良好的经济效益、社会效益和生态效益，在我国越来越重视环境保护和人们生存质量的今天，生态防护已成了公路边坡防护的一种趋势，代表着边坡防护的发展方向。因此，对公路边坡用植物的选择进行探讨是必要的，它必将促进我国公路边坡生态防护事业进一步的发展，具有重要的现实意义。

采用植物防护，增加植被面积，减少地表径流，可从根本上减少路基的水土流失。植物覆盖对于地表径流和水土冲刷有极大的减缓作用。枝叶繁茂的树冠能够截留一部分降水量，庞大的根系能直接吸收和涵蓄一部分水分，还可稳定地表土层。而没有植被覆盖的地方，降水量全部落在地表面，形成径流，造成水土侵蚀和冲刷。植被的根系能与土层密切地结合，根系与根系的盘根错节，使地表层土壤形成不同深度的、牢固的稳定层，从而有效地稳定土层，固定沟坡，阻挡冲刷和塌陷，起到很好的防护作用。

在我国温暖多雨的南方地区，植物防护已较多地用于土质上下边坡的防护中，既保护了边坡，又美化了环境。在北方地区，植物防护措施还仅限于下边坡的防护，上边坡经常干旱缺水，不易养护，况且坡度较陡不利于植物生长。在西北黄土地区，黄土路堑边坡往往陡于 1：0.75，边坡较高时才放缓到 1：1。在河北，土质边坡坡度一般采用1：1，靠边坡自然降水维持植物生长往往比较困难，因坡面较陡，水分难以保持，植被成活率较低。

近年来有不少绿化专家试图在北方较陡的上边坡搞公路的绿化防护，像辽宁的抚顺市就对东部山区公路的植物生态防护技术进行了课题研究，取得了较好效果，他们主要是以公路边坡坡面防护为切入点，针对不同的地域特点，利用植被涵水固土的原理稳定岩土边坡同时美化生态环境，根据不同土壤性质分别栽种火炬树、青杨等不同树种，采取既经济又适用和环保的生态植物坡面防护措施，以提高公路的整体减灾、抗灾能力，同时改善公路绿化效果。与传统土木硬防护相比，植物防护虽然材料及其强度不同，但在防护功能上却一点也不逊色，对于降低公路的养护成本、减低公路养护的资金压力有着重要意义，同时对于在全国范围进行推广也有广阔前景。另外有的采用三维土工网等措施，但没有在公路上大面积推广。因此，上边坡植物防护问题仍需进一步研究，给北方地区光秃秃的上边坡披上绿装。实践证明，对于路基冲刷和崩塌等病害，利用植物防护，通过选取不同的绿化树种，方案设计、个别地区路段的处理和栽植技术研究的应用，会对以上公路的边坡防护起到积极有益的保护作用。

植物防护包括在边坡上种草、植草皮、植树等。在河北，由于一般地区供挖取使用的草皮缺乏，所以，种草、植树更便利一些。种草一般选取多年生、耐寒、耐旱、根系发达的草种，植树优选容易成活的树种（包括灌木）。黑麦、小冠花均是耐寒、耐旱植物，黑麦、小冠花联合种植技术在北方较寒冷、干旱的一些地区获得了成功，较适用于北方地区的气候条件。黑麦生长快，当年就能长成，但其扎根较浅，适宜短期防护；小冠花生长慢，一年以后才能长成，但扎根较深，尤其耐旱，并且其蔓延繁殖能力强，适合于路基边坡的长期防护，二者结合起来就能达到短期防护与长期防护相结合的目的。

公路沿线植树我们习惯上称之为行道树，一般是指沿公路两侧带状用地范围内所栽植的乔灌木等植物的总称，是公路绿化系统的重要组成部分，具有促进交通安全、维护路基稳定、保护路域环境、改善公路景观等作用。应该说我国沿道路两侧栽种植物的历史十分悠久，近年来交通行业的发展特别是生态公路理念的提出对公路两侧绿化也提出了新的更高的要求，其重视程度也是逐年提高，科学发展及与环境和谐统一发展的新思路新理念也是深入人心，仅公路绿化而言行道树的选择也是十分重要，并得到充分的利用和体现。近年来河北省在多条公路边坡上栽种紫穗槐，已经取得了许多宝贵的经验，比如京石高速公路、石黄高速公路等，都采用了这种防护措施，并取得了成功，既防护了边坡，又美化绿化了公路。行道树的功能主要有以下几个方面，向驾驶员及时预告公路线形的变化、增进行车安全，同时也具有防眩、防撞、缓冲事故车辆的效果，还有稳定路基，防止水土流失，丰富公路景观，改善行车环境，一定程度上消除司乘人员的视觉和旅途疲劳，吸收日光辐射，减少路面光的反射，使路面温度下降，延长公路的使用寿命，此外还可以种植一些经济作物，从而产生一定的经济收入等等。然而在沿线种植植物的同时，传统的公路行道树也存在一些共性问题，主要有树种单调，千路一树，没有地域特色，不能反映地方优良。树种得不到很好的应用，栽种的形式也非常单一，有的栽种不考虑当地的气候和土质条件，所栽种的树木难以成活，甚至部分不规范地栽种。当树木长大的时候，大的枝干侵占路面或者挡住标志牌，十字路口因为树木过多导致视线不良等情况时有发生，带来了一定的交通安全隐患。此外有的公路两侧栽种树木没有系统考虑公路所处的环境，为了增加绿化的视觉效果，大量征用土地，将公路和周边的环境分隔开来，既浪费了大量的可用土地，也使整个公路景观协调性差，公路内的过往车辆人员很难有效看到沿线美丽的风光和风土人情，一定程度上降低了公路的使用舒适度，如何解决此类问题，使得公路沿线的绿化也能遵循科学发展的理念，使道路真正意义上成为美丽的风景线，单就公路绿化而言现在也形成了一定的发展理念值得我们注意。

综合来说目前有以下四种理念，一是以人为本的理念，那就是行道树的栽植不能仅考虑路的主体因素，而是充分体现人的因素，主要是为公路沿线的居民和过往的司乘人员提供良好的公路绿化环境；二是尊重自然的理念，按照自然发展的规律办事，体现在公路植物的选择上充分考虑公路原有沿线的物种，这一点后面还将强调，将体现地方特色和乡土、适合当地生长的好的植物作为行道树的第一选择，比如在西北干旱的地区、南方水网地区、北方平原地区、热带地区、山区和丘陵地区的树木选择和种植的方式和方法都有所区别；三是最大化保护理念，不破坏就是最大的保护同样也适于行道树的发展理念，那就是在公路建设过程中也充分保护原有的公路沿线植物，最大限度地利用原有植物，使其成为公路行道树的有机组成部分，达到事半功倍的效果；四是和谐统一的理念，在选择能够体现地方特色的行道树的基础上，科学合理地设计行道树的栽种方式成为决定一条公路绿化风格的重要环节。与传统的公路两侧栽种植物行道树不同的是新的绿化理念更多地强调公路绿化与公路线形和公路周边环境的和谐统一，在平原区可引入"景观走廊"的手法，隔一定距离可以取消行道树栽植，提供一定区域的观景区；在以自然景观为主的微丘和重丘区，可以结合用地情况和周围自然植物的分布生长情况，采用仿自然生长的效果方式进行种植，在树种的选择和搭配上都以自然植物群落为目标，从而形成和谐统一的公路行道树绿化带，并完全地融入自然环境之中。

公路植物防护简单的理解也可认为是一种公路绿化工程或者说是一个生态绿化系统，是交通环境的重要组成部分，当前我们国家公路建设中公路绿化往往是以种植乔木、灌木、藤本、花卉等植物为主要手段，其树种的选用非常重要，一般来说是根据公路的地理位置及植物的生态性、公路的功能要求、针对性、长远性、经济性的原则进行选择。

就植物本身而言，它们在公路绿化中体现的效果也会不同，因此选用时要"适地而树、适树而树"，所选树种间树形、色彩、线条、质地等方面要有一定差异，也要有一定的配合和联系，在统一中变化，在变化中统一，从而通过多样性、相似性，产生出自然协调、鲜明突出的感受。了解了树种的特点后，我们就要结合有关公路的实际情况合理选取树种，大致说来是要结合公路的地理位置及植物生态特性、公路的使用功能、公路的特点和经济性方面来选择树种。其选择应充分考虑到因地制宜、适地植树和自然生长环境特点以及长远规划等因素。种一片成一片，能够适应沿线环境并能很好地融入原有的生态体系中去，便于管理和养护，使之适应自然的成长。

公路边坡植物选择的依据，主要是气候条件和土壤条件。光照、气温、湿度、降水、风等气候条件都影响着边坡植物的生长发育，但是在选择边坡植物时主要应考虑的气候因素是气温和降水。最高气温和最低气温决定着植物能否正常生长发育，能否顺利越夏、越冬等；降雨（雪）的时期及雨量也是决定采用植物种类的重要依据。

目前我国公路边坡坡度一般都较大。由于边坡坡度较大，降水落于坡表后，极易由于重力的作用，沿坡面往下流失，造成坡体土壤缺水干旱，直接影响植物的正常生长发育，甚至导致植物的死亡，这一点在北方干旱地区的边坡上表现得尤为突出。

土壤成分、肥力、土壤结构、酸碱性、盐碱性、土壤厚度等土壤因素与植物的生长发育密切相关，从而决定着边坡植物能否良好地生长。其中，在选择植物时比较重要的因素是土壤肥力状况、土壤结构和土壤 pH 酸碱度等。

公路在施工过程中，因开挖使地表植被完全遭到破坏，原有表土与植被之间的平衡关系失调，表土抗蚀能力减弱，在雨滴、重力和风蚀作用下水土极易流失，植物种子定植困难；公路边坡土壤一般为没有熟化的生土，养分含量一般很低。同时由于坡度大，土壤渗透性差等原因，边坡土壤对降水截流较小，造成水土和养分流失，使坡面土壤变得贫瘠，立地条件差，不利于植物生长；另外，公路边坡土壤有机质含量一般很少，结构不良，经过一定时期的沉降作用后，容重增加，孔隙度降低，不利于土壤中水分和空气的有效运移以及肥料的协调转移，从而对草坪植物正常生长产生不利影响。

公路边坡植被的主要目的是固土护坡，防止公路边坡水毁，稳定公路路基，以及美化公路沿线景观环境。因此，要求边坡植物根系深，能快速覆盖地表。

公路边坡植物应具备的条件：

植物品种选择应以本土化为原则，根据公路沿线的自然条件，合理确定物种配置方案。根据公路边坡的特点和边坡种植的目的，边坡生态防护的植物一般应满足以下要求：适应当地气候，抗旱性强；根系发达、扩展性强；耐瘠薄、耐粗放管理；种子丰富，发芽力强，容易更新；生长快，绿期长，多年生；育苗容易并能大量繁殖；播种栽植的时期较长；不会在当地恶性生长，造成生态危害。价格低，无需养护或便于养护；草灌花结合，点缀乔木。

绿化物种选择的原则：

顺利实现公路路域植被恢复，科学合理地利用植物。物种选择原则应遵循生态适宜性原则、生物多样性原则、经济适用性原则、交通安全性原则、道路美学性原则。达到空间绿化和三季常绿、四季有花的效果。护坡植物的选择首先要分析不同种类护坡植物，然后再讨论有关植物的选择，这对正确选取适合公路沿线植被是非常重要的。

公路边坡可用的植物种类较多，主要有草本植物、灌木、藤本植物，以及乔木等。目前我国的公路边坡一般坡度较大，坡比一般为1：1，即45°，有的甚至达到60°以上，栽植乔木会提高坡面负载，增加土体下滑力和正滑力，在有风的情况下，树木把风力转变为地面的推力，造成坡面的不稳定和坡面的破坏，同时，边坡栽植乔木还可能影响司乘人员观测公路两侧景观的视野，因此一般不宜在公路边坡栽植乔木。

目前，我国公路边坡生态防护用植物在多数情况下是采用草本植物，在国外草本植物也仍被广泛使用。草本植物的选择：可用于护坡的草本植物大部分属于禾本科和豆科。禾本科植物一般生长较快，根量大，护坡效果好，但需肥较多。而豆科植物苗期生长较慢，但由于可以固氮，故较耐瘠薄，耐粗放管理。其花色较鲜艳，开花期景观效果较好。根据各草种对季节性温度变化的适应性，可分为暖季型与冷季型两类。冷季型草比较耐寒，但耐热性和耐旱性较差。而暖季型草较耐热耐旱，但不耐寒，以地下茎或匍匐茎过冬，故冬季景观效果较差，但其管理较冷季型草粗放。草本植物的繁殖可采用营养繁殖，也可采用种子繁殖。

草本植物的优点在于：

①草本植物种植不仅方法简便，而且费用低廉；

②早期生长快，对防止初期的土壤侵蚀效果较好；

③作为生态系统恢复的起点，有利于初期表土层的形成。

但是，草本植物与灌木相比具有以下缺点：

①草本植物具有根系较浅，抗拉强度较小，固坡护坡效果较差。在持续的雨季里，高陡边坡有的会出现草皮层和基层剥落现象；

②群落易发生衰退，且衰退后二次植被困难；

③开发利用的痕迹长期难以改变，与自然景观不协调，改善周围环境的功能差等；

④坡地生态系统恢复的进程难于持续进行，易成为藤本植物滋生的温床；

⑤需要采取持续性的管理措施等，维护和管理作业量大。因此，单纯的草本植物用于公路边坡的绿化并不理想。

由于草本植物作为护坡植物的缺点，因此在某些发达国家已开始重视灌木的护坡作用，并做了大量研究。灌木的选择：日本对灌木护坡进行了大量研究，且在边坡防护中得到了大量的应用。我国目前在边坡生态防护中使用的灌木较少，目前已使用的灌木主要有紫穗槐、柠条、沙棘、胡枝子、红柳和坡柳等。灌木的种植可以采用扦插的方式，也可采用播种的方式。灌木宜和草本植物混合种植，以充分发挥两者的优势，又避免两者的弊端，达到快速持久护坡的效果，同时具有良好的景观效果。灌木作为护坡植物主要的缺点是成本较高，早期生长慢，植被覆盖度低，对早期的土壤侵蚀防止效果不佳。但是可以通过与草本植物混播，草本植物早期迅速覆盖地面防止土壤侵蚀，后期由灌木发挥作用的方式解决。

当草本植物和灌木采用种子混合播种时有时会遭到失败，主要原因是由于草本植物生长比较快，在草本植物生长茂盛的状况下，引起以下几种后果：

①灌木的幼苗被草本植物所覆盖，其后由于光线不足而死掉；

②有些灌木在其幼苗期对于枯萎病的抵抗力很差，在过分潮湿状态下会因菌害而致枯死；

③由于土壤含氮过多引起枯萎病菌危害致死；

④在草本植物的根部和灌木的根部处于同一土层时，由于彼此进行竞争，所以灌木会枯死。

对于以上情况可采取限制草本植物株数和采用含氮量少的肥料类型限制草本植物生长的方法加以控制解决，通常情况下草本植物株数应控制在 200 ~ 500 株 /m² 范围内。

藤本植物主要应用于坚硬岩石边坡或土石混合边坡的垂直绿化，垂直绿化是公路边坡生态防护的特殊形式。藤本植物的选择：目前，我国的垂直绿化主要应用于城市园林中，公路边坡采用垂直绿化的还较少。藤本植物宜栽植在靠山一侧裸露岩石下一般不易坍方或，滑坡的地段，或者坡度较缓的土石边坡。可用于公路边坡垂直绿化的藤本植物主要包括爬山虎、五叶地锦、蛇葡萄、三裂叶蛇葡萄、藤叶蛇葡萄、东北蛇葡萄、地锦、葛藤、扶芳藤、常春藤和中华常春藤等。藤本植物主要采用扦插的方式进行繁殖，用藤本植物进行垂直绿化的好处是投资少，用地少，美化效果好，缺点是由于边坡一般较长，藤本植物完全覆盖坡面的时间长。

（二）公路边坡的工程防护

公路边坡对公路路基的稳定性非常重要，一旦遇到边坡破坏，对公路的损害和影响是非常之大，甚至导致公路交通中断，影响行车安全，从目前有关情况看，公路边坡破坏的主要形式与机理有以下几种。

1. 公路下边坡

路基下边坡一般为填土路堤。受力稳定的路堤边坡的破坏，主要表现为边坡坡面及坡脚的冲刷。坡面冲刷主要来自大气降水对边坡的直接冲刷和坡面径流的冲刷，使路基边坡沿坡面流水方向形成冲沟，冲沟不断发展导致路基发生破坏；沿河路堤及修筑在河滩上、滞洪区内的路堤，还要受到洪水的威胁，这种威胁表现为冲毁路堤坡脚导致边坡破坏。

边坡破坏还与路基填料的性质、路基边坡高度、路基压实度有关系。一般来说，砂性土边坡较黏性土边坡易于遭受冲刷而破坏，较高的路基边坡较低的路基边坡更容易遭受坡面流水冲刷，压实度较好的边坡，比压实度较低的边坡耐冲刷。

2. 公路上边坡

上边坡是人工开挖的斜坡，其强度应满足稳定边坡的要求，这样的稳定边坡在降雨、融雪、冻胀及其他形式的风化等作用下，容易发生病害，其主要破坏形式为冲刷、崩坍等。

冲刷破坏一般发生于较缓的土质边坡，如砂性土边坡、亚黏土边坡、黄土边坡等，在大气降水的作用下，沿坡面径流方向形成许多小冲沟，如不采取任何防护措施，有逐年扩大的趋势；在边坡坡脚，冬季往往发生积雪，造成坡脚湿软，强度降低，上部土体失去支撑，发生破坏；同时，高速行驶的汽车溅起的雨雪水，也冲刷坡脚。总之，土质边坡的坡脚部位，是边坡的最薄弱环节。

边坡的崩坍，一般分为三类：落石型、滑坡型、流动形，有时在一次崩坍中会同时具有这三种形式。

落石型崩坍一般指较陡的岩石边坡，易产生落石的岩层必然是节理、层理或断层影响下裂隙发育，被大小不一的裂面分割成软弱的断块，这些裂面宽而平滑，有方向性。落石和岩石滑动易沿陡的裂面发生。裂隙张开的程度用肉眼不一定就能识别，但能渗水，由于反复冻融，长时间的微小移动，裂缝逐渐扩大，由于降雨，裂缝中充满水，产生侧向静水压力作用，造成崩坍。一般裂隙发育岩体，更易发生落石现象，此外硬岩下卧软弱层时，也会发生这种现象。此类破坏形式必须严格控制，崩坍滚落的岩石极易对行车构成威胁。

滑坡型崩坍，指岩层在外力作用下剪断，沿层间软岩发生顺层滑动，多发生于倾向于路基、层间有软弱夹层的岩体中。另外，当基岩上伏岩屑层、岩堆等松散的堆积物时，堆积物也易沿岩层的层理面、节理面或断层面发生崩坍。

流动型崩坍多因大雨的原因，砂、岩屑、页岩风化土等松散沉积土，多会受水的影响而产生崩坍，流动型崩坍没有明显的剪切滑动面。

很显然，边坡高度大时，以上边坡破坏的类型都较低边坡容易发生。

由上面的分析可知在边坡的防护设计中，既要做好坡面防护设计、排水防水设计、控制好水的问题，又要根据地质条件、岩体性质、岩层产状、边坡高度做好边坡坡面设计。

目前公路边坡主要有以下几种工程防护措施：

（1）框格防护

框格防护是用混凝土、浆砌块（片）石等材料，在边坡上形成骨架，能有效地防止路基边坡在坡面水冲刷下形成冲沟，同时，提高了边坡表面地表粗度系数，减缓了水流速度。一般冲刷仅限于框格内局部范围，采用框格防护与种草防护结合起来的方法，提高了防护效果，同时美化了环境。

框格防护多用于路基下边坡，是一种辅助性的防护措施，除具有对路基边坡的一定防护作用外，还有对路容的美化效果，尤其在互通立交范围内边坡应用最多，近年来人们越来越重视公路对环境的影响，重视路容美化，因此往往采用这种防护形式。

框格形状可根据人们的想象及人们对美的追求，做出各式各样的造型，如斜45°大框格，六角形混凝土预制块防护，浆砌片石拱形防护，浆砌片石或预制块做成的麦穗型等。框格防护措施同时可用于土质上边坡防护，既增加美的效果，又可防止边坡出现冲刷，但由于框格需在上边坡中嵌槽镶进，施工难度大，仅在重要景点使用，一般较少采用。

沪宁高速公路部分路段和贵阳至黄果树高速公路下边坡均采用了浆砌片石拱形防护，北京八达岭高速公路下边坡部分路段采用大45°框格内镶六角形混凝土预制块的小框格，河北省石黄高速公路部分路段的麦穗型，都给人以美的享受。

（2）护坡

在稳定的边坡上铺砌（浆砌或干砌）片石、块石或混凝土预制块等材料以防止地表径流或坡面水流对边坡的冲刷称之为护坡。铺砌方式一般采用浆砌，冲刷轻微时，可采用干砌。

位于河滩或滞洪区内的路基，往往处于洪水的直接威胁之下，因此必须采用护坡防护措施，防护高度应至少在路基设计洪水位加浪高、壅水高及 0.5m 安全值以上。另外当路基沿溪，路基边坡侵占河道时，也要采取护坡防护措施。

在软土地基上的路堤护坡，无水流冲刷影响时，可采用干砌片石护坡，以适应地基沉降引起的路堤边坡变形。

（3）封面

封面包括抹面、捶面、喷浆、喷射混凝土等防护形式。

①抹面防护与捶面防护。抹面防护、捶面防护由于其使用年限较短，各等级公路上使用较少，尤其在高速公路的边坡上尚未采用过这样防护措施。不过当路基较低时采用抹面防护合理掺加草籽，既能起到建设初期的防护作用，又能起到运营期的防护与绿化作用，在今后的建设中可做尝试。

②喷浆防护与喷射混凝土防护。喷浆防护和喷射混凝土防护适用于边坡易风化、裂隙和节理发育、坡面不平整的岩石边坡，其主要作用是封闭边坡岩石裂隙，阻止大气降水及坡面流水侵入，从而阻止裂隙中侧向水压和冰裂，防止边坡岩石继续风化，保护边坡不发生落石崩坍。

在公路上广泛采用的封面防护措施是喷射混凝土，该防护要求在混凝土内设置菱形金属网或高强度聚合物土工格栅，并通过锚杆或锚固墩固定于边坡上，这主要是为防止混凝土硬化收缩产生裂缝或剥落。在河北石太高速公路及山西太旧高速公路上处理裂隙发育岩石边坡，效果很好，尤其是河北用于处理蚀变安山岩边坡，非常成功，处理后落石崩坍不再发生。但在某段坡体采用喷射混凝土防护，亦产生了剥落现象。该岩体为全风化石灰岩，新喷射混凝土与之结合不好，接触不均匀，局部强度很低，加之喷射混凝土未加设金属网或土工格栅，整体性不好，从而在内部与外界双重因素作用下，产生局部剥落。

由此，在施工喷射混凝土防护前，坡面不应有风化碎渣、风化土层，全风化岩石不宜采用喷射混凝土防护措施，为防止喷射混凝土硬化收缩产生裂缝或剥落，加设防裂金属网或高强聚合物土工格栅是必要的。当岩体具有沿倾向路面的岩层顺层滑动的潜在危险时还应采取加抗剪锚杆的锚固措施。

③护面墙。为了覆盖各种软质岩层和较破碎岩石的挖方边坡以及坡面易受侵蚀的土质边坡，免受大气影响而修建的墙，称为护面墙。

护面墙多用于易风化的云母片岩、绿泥片岩、泥质灰岩、千枚岩及其他风化严重的软质岩层和较破碎的岩石地段，以防止继续风化。可以有效地防止边坡冲刷，防止滑动型、流动型及落石型边坡崩坍，是上边坡最常见的一种防护形式。

护面墙除自重外，不担负其他荷载，亦不承受墙后土压力，因此护面墙所防护的挖方边坡坡度应符合极限稳定边坡的要求。护面墙有实体护面墙、孔窗式护面墙、拱式护面墙等。实体护面墙用于一般土质及破碎岩石边坡；孔窗式护面墙用于坡度缓于1：0.75的边坡，孔窗内可捶面（坡面干燥时）或干砌片石，拱式护面墙用于边坡下部岩层较完整而需要防护上部边坡者，用护面墙防护的挖方边坡不宜陡于1：0.5。

为增强护面墙的稳定性，在护面墙较高时应分级砌筑，视断面上基岩的好坏，每6~10m高作为一级，并在墙顶设≥1m的平台；墙背每4~6m高设一耳墙，耳墙宽0.5~1m。

护面墙顶部应用原土夯实或铺砌，以免边坡水流冲刷，渗入墙后引起破坏。修筑护面墙前，对所防护的边坡应清除松动岩石、松散土层。对风化迅速的岩层如云母岩、绿泥片岩等边坡，清挖出新鲜岩面后，应立即修筑护面墙。

在我国山区高等级公路的防护设施中，护面墙是上边坡采用较多的防护形式，而且多是实体护面墙，一般根据边坡的高度、岩石的风化程度及岩土的工程地质特性采取半防护或全防护措施。在半防护措施中，有时采用坡脚护面墙，由于路堑的开挖，改变了空气的流向，在路堑内形成旋转气流，雨雪天气，该气流携带着雨雪对坡脚的冲刷破坏能力最大，同时汽车高速行驶溅起的雨雪水也直接冲刷坡脚；自然降水自坡顶沿坡面向下流，流至坡脚时，速度最大，冲刷最严重，因此在坡脚处设置矮墙是最起码的防护措施。从另一方面讲，在坡脚设置护面墙还起到诱导行车视线的作用。对于土质边坡，技术、经济条件允许时，还可以搞绿化，种植一些藤本植物，美化环境。

做好公路的排水和防护设计。近年来，公路排水问题已成为公路建设中环保要求的主要制约因素，通常会因水的原因造成公路两边的破坏，进而影响到公路沿线的环境变化，作为公路的重要附属设施排水系统非常重要，其类型的选择应从安全、视觉效果及周围环境协调角度综合考虑，重点为做好路基排水、路面排水及中央分隔带排水，同时兼顾边坡防护工程的应用，使得公路的排水系统和排水工程防护有机地结合统一起来，防护工程的应用，确保了路基的稳定，减少了水土流失，直接起到了保护环境的效果，同时通过适当的绿化处理，改善了排水系统的环境状况。

总之，搞好公路建设，确保公路边坡稳定、安全、搞好环境保护是非常重要的，如何才能做到以上要求，这就要求我们在平时的公路边坡治理中要深入了解公路边坡破坏的形式与机理，并结合不同情况按照相关要求，加强分析和梳理，找准针对不同工程对象的土质、水文、气候等特点，灵活采用不同的防护形式，加强设计理念的更新和适应，加强施工建设管理，建安全之路、生态之路、优美之路。

五、公路"安全示范保障工程"的应用

坚持以人为本，树立全面、协调、可持续的发展观，对新时期公路交通工作提出了更高、更新的要求。公路行车安全与否事关人民群众的生命财产安全，事关人民群众安居乐业。加强和完善公路防护设施，保障人民群众生命财产安全，是实现好、维护好、发展好最广大人民群众的根本利益的实际行动。

针对不同的路线特点，考虑交通事故类型，因地制宜地确定技术方案是安保工程的关键环节，只有提升设计思想与理念，才能将安保工程做得实用、具有特色。

安保工程的设计思想与理念是："安全、经济、环保、有效"。

这个理念体现着"经济上可能、技术上可行、方案上有效"的思想，即必须从实际出发，注重环境保护，因地制宜，采用合理的技术措施，达到"主动引导、突出重点、适度防护"的目的。

安全是一个复杂的问题，交通事故是由人、车、路、环境等多方面因素不协调而产生的。安全保障的工作应在没有发生事故前进行主动的安全引导；在发生事故后进行被动的安全防护，最大限度地保证道路使用者的生命与财产安全。

主动安全引导。通过（禁止、警告、指示）标志、标线、线形诱导标、轮廓标、主动降速设施的合理运用，提前将相关道路交通信息告知道路使用者，使其安全通过危险路段。

部分地段可采用提高道路表面的摩擦系数、弯道处适当设置超高等方法提高道路的安全性。

公路安全保障工程是在不同地理、地质和气候条件下，针对不同道路安全隐患实施的，具有较大的差异性，因而深入调查研究、注重工程质量是关键要素。

确定技术方案时，应在全面分析交通安全隐患的基础上，合理确定技术方案，注重环境保护和综合处治措施，充分考虑部分地区生态环境的脆弱性。重视现场调研和科学分析，采用主动与被动安全措施相结合的综合性方法，达到"安全、经济、环保、有效"的目的。由于安保工程实施的内容非常广泛，其采取的相应措施也很多，集中起来主要有：交通标志、交通标线、视线诱导设施、减速设施、安全护栏、其他综合措施等，这里面的安全护栏的选择和应用与公路生态环保的联系非常紧密。

护栏形式的选择。应针对每条公路的具体情况，充分比较各种护栏的性能，分析行驶安全感、压迫感、视线诱导、瞭望的舒适性，并考虑与公路周围环境的协调，结合经济性、施工条件及养护维修等因素，在综合分析的基础上确定。

——波形梁护栏刚柔相兼，具有较强的吸收碰撞能量的能力，具有较好的视线诱导功能，能与道路线形相协调，外形美观，损坏处容易更换。较混凝土护栏具有一定的通透性，可用于美观性要求较高的一般路段和沙漠、积雪地区。

——混凝土护栏防止车辆越出路（桥）外的效果好。由于混凝土护栏几乎不变形，因而维修费用很低。但当车辆与护栏的碰撞角度较大时，对车辆和乘员的伤害大。可用于山区急弯路段外侧、路侧为深沟、陡崖，车辆冲出将导致严重伤亡事故的部分路段。

——缆索护栏属柔性结构，车辆碰撞时缆索在弹性范围内工作，可以重复使用。缆索护栏立柱间距比较灵活，受不均匀沉陷的影响较小。积雪地区缆索护栏对扫雪的障碍少，但缆索护栏施工复杂，端部立柱损坏修理困难，不适合在小半径曲线路段使用。缆索护栏视线诱导性较差，架设长度短时不经济。风景区公路采用缆索护栏较为美观。

——考虑到山岭重丘区的施工、材料运输、维修便利，可采用经验证的其他形式的护栏，如钢管护栏、木制抗冲撞护栏、石砌护栏等。

第二节 路基、路面及桥梁施工生态保护技术

一、路基施工生态保护技术

（一）高速公路边坡坡面的特点

高速公路是全封闭、全立交四车道以上的干线公路。为适应车流量大、确保分道、安全、高速行车，路面设计要求达到宽、直、平。修筑高速公路的路基施工时，在地形起伏较大的地段，高出标高的地方要挖方，低于标高处应填方。相比其他工程建设边坡，高速公路边坡的坡面特点及立地条件有其自身特点。

1. 原有植被与表土遭到破坏，表土抗蚀能力减弱

公路在施工过程中，因开挖使地表植被遭到破坏，原有表土与植被之间的平衡关系失调，表土抗蚀能力减弱，在雨滴和风蚀作用下水土极易流失。公路施工过程中挖方及重力作用破坏了坡面原有的良好结构平衡，而雨滴的浸泡又增加了坡面的负担，加剧滑坡和崩塌的发展，严重时造成滑坡、泥石流、山洪等。二

2. 公路边坡小气候复杂，限制因子多

裸露的公路边坡风速比林地大 15 倍，比草地大 8 倍。风速大，风蚀往往严重，极其不利于水分保持。由于风速大，造成了水、热的重新分配。加上土壤贫瘠、温度变化大等原因，形成了复杂多变的小气候，不利于植物正常生长。

3. 边坡坡度较大

由于坡度大，土壤渗透性差等原因，边坡土壤对降水截流较小，这一方面容易造成水土流失和光、水的再分配；另一方面由于水土流失导致坡面土壤贫瘠，立地条件差，不利于植物生长。目前，我国公路边坡比一般为 1：1，即 45°，有的甚至达到 60° 以上。

（二）高速公路的阳坡或半阳坡侵蚀更为严重

上高速公路的阳坡接受的热能辐射量较大，土壤昼夜温度变化大，干湿交替较剧烈而频繁，物理风化强烈，水分蒸发快，湿度低，不利于林草生长，植被覆盖度低，土壤中植物根系和有机质含量少，团粒结构差，土壤干燥疏松，抗冲蚀性能差，抵抗雨滴溅蚀能力弱，故极易造成土壤侵蚀；另外，阳坡为迎风坡，降雨几乎垂直作用于坡面，击溅力最大，同时风又加速了雨滴的重力加速度，加速了土壤的侵蚀。

冬夏、昼夜温差大，由于高速公路路基通常较高，地形开阔，空气对流快，造成冬季气温很低，使植物冻伤死亡；春季地温回升慢，夏季温度较高，使植物灼伤甚至死亡。

另外，白天气温升高快，夜间散热快，昼夜温差较大。

（三）边坡坡面侵蚀机理

公路边坡大面积暴露于自然界，长期受到自然因素（雨水、日照、气温、风力等）的反复作用，边坡岩土的物理力学性质常发生变化。土质边坡浸水后湿度增大，土的强度降低，饱和后的土体强度急剧降低；岩性差的岩体，在水温条件下，加剧风化，边坡表面在温差和湿差作用下形成胀缩循环、干缩循环，导致岩土强度衰减和边坡剥蚀；地表水流冲刷、地下水源渗出，使岩土表层失稳，产生"鸡爪沟"，易造成和加剧边坡的水毁病害。

边坡的失稳与许多因素有关，地质构造、岩土性质、地形地貌、气候条件、地表水作用、地下水活动、地震、人类工程活动等都可以引起滑坡等边坡失稳现象。在这些因素中，水是产生边坡失稳的重要因素之一。地表水的冲刷，地下水的活动与其水压力以及暴雨激发等往往是诱发边坡失稳的主要因素。许多在旱季稳定的边坡，会在降雨时期失稳。据统计，在国内大气降雨是绝大多数的滑坡的主要触发因素或促发原因。因此，研究降雨对边坡稳定的影响很有必要。

降雨对土质边坡的侵蚀包括使部分泥沙颗粒从边坡中分离及随后的坡面水流对其搬运而产生的面状侵蚀和沟状侵蚀。

1. 降雨溅蚀

降雨溅蚀是垂直降落的雨滴击溅边坡土壤将其搬离原位而产生的侵蚀。在边坡面上击溅起来的土粒大部分向下坡方向。雨滴溅蚀力的大小与雨滴到达地面时所具有的动能成正比。雨强越大，雨滴直径越大，其动能越大，溅蚀力越强。当雨滴离地面9m以上自由降落时，其到达地面时的速度将达到均衡，在坡面上，

2. 面状侵蚀

面状侵蚀是坡面发育中的主要侵蚀形式。它是指面流在流动过程中比较均匀地冲刷整个坡面的松散物质，使坡面降低，斜坡后退。长期侵蚀的结果，使边坡中部表土下移，中部凹陷而坡顶凸出。山坡面上搬运的侵蚀物质大都堆积在坡脚，久而久之，坡脚处形成深厚的堆积层。坡面剖面为上凸、中凹、下直的形态。影响面状侵蚀的主要因素有降雨、植被、坡面岩土结构、坡面形态及人类活动等。

(1)降雨量和降雨强度

降雨量和降雨强度是坡面侵蚀、塑造坡面过程的主要外营力。坡面侵蚀量的大小与降雨量、降雨强度成正比。其中尤以降雨强度影响最为重要，它不仅在短期内带来丰富的水量，而且还以强劲的雨滴对地面进行高速（7~9m）的冲击，溅起土粒，扰动土壤，使它向坡下蠕动。每次特大暴雨后，面状侵蚀的结果使坡面凹凸不平，沟谷交错，边坡变得支离破碎，难以形成整齐划一的坡面。

（2）植被

有效的植被覆盖是保证边坡稳定的必要条件。植被对地面具有保护作用，如树冠、

树干、凋落物和草类等都可拦截雨水，避免雨滴对地面的直接打击。其中树冠即可截留降雨量的 15% ~ 80%。凋落物既能储存水分，又可阻滞面流的进行，它分解后还改良了土壤性质，增加了土壤透水性，减少了面流的发生。此外植物的根茎能固结土层，拦阻片流。所以在植被覆盖的边坡上，面流作用就较微弱。

（3）坡面岩土结构

组成坡面的岩土结构以及残积、堆积物的致密程度，都会影响坡面的抗蚀能力。如在页岩、泥岩分布区、黄土堆积区及花岗岩风化壳（残积）分布区，由于岩性软弱或土质疏松而抗蚀力差，面蚀作用都十分强烈。

3. 坡面形态

（1）坡度和坡长

边坡坡度和坡长分别影响流速和流量。从理论上讲，坡度越大则流速越大，侵蚀力也越强。但实际研究表明，坡度在 40° ~ 50° 时侵蚀量最大，超过此坡度时，侵蚀量反而减小。原因是坡度越大，实际受雨面积减少，从而也减少了流量。从坡顶到坡脚，随坡长的增加，水流逐渐增大，侵蚀力逐渐加强，但在侵蚀力不足以克服抗蚀力前，侵蚀不会发生。当坡长增加使水流的侵蚀力超过抗蚀力时，侵蚀随坡长将逐渐增大。

（2）坡向

不同坡向的坡面接受阳光的多少和风力作用下坡面接受的雨量和受雨滴打击的强弱不同。一般而言，阳坡（东南坡）由于接受较多的阳光照射，土壤水分蒸发较快。早期土壤水分低下，不利于植物生长。因此不论在黄土高原，还是在南方地区，阴坡植被多比阳坡好。在炎热的夏季，我国南方某些地区光裸的阳坡由于受太阳暴晒时间较长，地表温度可高达 70℃，夜晚又降到 20℃左右，巨大的昼夜温差是地表物质风化的主要原因。风力作用使雨滴下落方向与坡面的夹角在迎风坡增大，在背风坡缩小。雨滴下落方向与坡面夹角在迎风坡的增大作用实际上增加了迎风坡的雨滴打击力，也就是增加了迎风坡的坡面侵蚀。

（3）坡形与坡面微形态

直形坡，愈向下坡水流汇集愈多，流速愈快，侵蚀随之加强。凸形坡，坡面上缓下陡，上部侵蚀冲刷较弱，而下部比较强烈。凹形坡，坡形上陡下缓，坡面上部坡长较短径流汇集较少，坡度较大但侵蚀冲刷不强烈。坡面中部坡度居中，侵蚀较强。坡面下部由于坡面减缓，流速降低，坡面水流的挟砂能力减弱，由上部搬运下来的泥沙易在下部沉积。复合坡形，迭形对坡地土壤侵蚀的影响较复杂，坡形愈多变为复合坡，坡面流路愈长，流速愈慢，水流的侵蚀愈小。

坡面微形态主要影响坡面水流的流态和水拐流速。凹凸不平的坡面水流向低凹处汇集，易形成股状水流而发展成细沟。但雨滴的击溅和水沥的搬运，会将凸出部分的土壤填到低凹处，逐渐使表面自然夷平，这种现象在刚开挖的边坡和填为边坡较容易出现。

4. 沟状侵蚀

水流汇集于低凹处或浅状延伸的沟栖，在超过了低凹处或沟槽的蓄水能力后开始形成线状流。时分时合的线状流随着后续水流的汇集，逐渐聚集成股状水流，并产生细沟侵蚀，形成细沟。坡面一旦产生细沟，侵蚀即由面状侵蚀变成沟状侵蚀。水流的形态、侵蚀力等都发生变化。侵蚀沟是坡面最显著的特征之一，在侵蚀严重的边坡上，密布的侵蚀沟将坡面切割得支离破碎。沟状水流所具有的侵蚀和搬运力远远大于雨滴溅蚀和坡面水流的侵蚀和搬运力，因而是新开挖边坡破坏直至失稳的重要外力。

（四）植物防护理论

范围边坡的灾害防治一直是工程建设者十分关注但又未完全解决好的问题。边坡的破坏按滑动体的厚度可分为深层滑动和浅层滑动（包括表层的雨蚀及风蚀的滑落）。如何判定边坡属于深层滑动或浅层滑动，目前并没有明确的界限值。

（五）边坡生态防护技术

根据不同的边坡地质条件，采用不同的施工方法和施工工艺可将边坡生态防护技术分为如下六种。各类边坡植物防护技术的主要作用及应用条件各不相同。

1. 种草护坡

种草护坡适用于不陡于 1∶1 的草类生长的土质边坡。一般选用根系发达、茎干低矮、枝叶茂盛、生长力强、多年生长的草种，并尽量用几种草籽混种。常用的植草方法有人工种草和湿法喷播。

人工种草护坡，是通过人工在边坡坡面简单播撒草种的一种传统边坡植物防护措施。多用于边坡高度不高、坡度较缓且适宜草类生长的土质路堑和路堤边坡防护工程。

湿法喷播方法主要是直接液力喷播技术，主要应用于边坡稳定且高度较低的完全土质型边坡，多级边坡顶部稳定的土质边坡，它是采用液压喷播技术直接将草籽喷播在边坡坡面上，经过养护管理而达到绿化及防护作用。

2. 铺草皮护坡

铺草皮护坡是通过人工在边坡面铺设天然草皮的一种传统边坡植物防护措施。适用于边坡较陡、冲刷严重、径流速度 < 1.2 ~ 1.8m/s、附近草皮较易地区的路基。草皮铺砌形式有平铺、水平叠铺、垂直叠铺、斜交叠铺及网格式等。

（1）植树护坡

植树应在 1∶1.5 或更缓的边坡上，或在边坡以外河岸及漫滩处。主要作用是加固边坡、防止和减缓水流的冲刷。林带可以防汛、防沙和防雪，调节气候、美化路容，增加木材收益。植树品种以根系发达、枝叶茂盛、生长迅速的低矮灌木为主。

（2）液压喷播植草护坡

液压喷播植草护坡，是国外近十多年新开发的一项边坡植物防护措施，是将草籽、肥料、黏着剂、纸浆、土壤改良剂、色素等按一定比例在混合箱内配水搅匀，通过机械加压喷射到边坡坡面而完成植草施工的。

3. 土工网植草护坡

土工网植草护坡，是国外近十多年新开发的一项集坡面加固和植物防护于一体的复合型边坡防护措施。该技术所用土工网是一种边坡防护新材料，是通过特殊工艺生产的三维立体网，不仅具有加固边坡的功能，在播种初期还起到防止冲刷、保持土壤以利草籽发芽、生长的作用。随着植物生长、成熟，坡面逐渐被植物覆盖，这样植物与土工网就共同对边域起到了长期防护、绿化作用，土工网植草护坡能承受 4m/s 以上流速的水流冲刷，在一定条件下可替代浆（干）砌片石护坡。

4. 蜂巢式网格植草护坡

蜂巢式网格植草护坡是一项类似于干砌片石护坡的边坡防护技术，是在修整好的边坡坡面上拼铺正六边形混凝土框框形成蜂巢式网格后，在网格内铺填种植土，再在砖框内栽草或种草的一项边坡防护措施。

（六）路基施工取料场的设置

取料场选址的原则是取料场应尽量少占土地，少破坏植被和减少水土流失保护和改善生态环境。

在以下区域不应设置取料场：

①崩塌滑坡危险区和泥石流易发区。

②取料场不应危及公共建筑等设施的安全。

③取料场宜不占或少占林地、耕地或园地。

④取料场宜远离江河、湖泊和水库管理范围。

⑤取料场的设置应考虑对景观的影响。

⑥取料场的选址对噪声的要求。

⑦河道内设置的取料场不应影响河势的稳定。

⑧在特定区域设置取料场的规定。

（七）路基施工取料场地复垦

公路一般选择高地或山丘取料，取料后整平造田，改善当地的农作条件，这一做法被广泛接受。取料之后，对取料场进行生态恢复是非常重要的。在一些地区的公路建设中，用作路基填料的土源往往非常紧缺，处理不当就会造成严重环境影响。赤通鲁高速公路沿线很多地区采用路边农田取料的方式，取料使地下水出露，必须加大取料面积采集干土，从而造成对耕地资源影响，或取料过深形成水塘，需改变土地作为养殖。

二、路面施工生态保护技术

（一）拌台场、预制场等场地的选址

拌和场、预制场、料石场等应该尽量布置在公路的规划设计中是服务区的地方。在拌和场、预制场、料石场工作结束之后，这些地方就开辟为服务区。拌和场、预制场、料石场等场地内的一系列工作对当地的土壤、大气等产生较大的破坏，恢复其如初的难度较大。所以要把它们布置在规划设计中是服务区等人员活动密集的地方，利用这些地方来减小拌和场、预制场、料石场对生态的破坏。

（二）弃渣的处置

公路工程设计中弃渣处理是一项重要的内容，如果处理不好就会成为水土流失或泥石流（或水石流）的土石源。水土流失危害极大。它可冲毁土地，减少农田，给农业生产造成严重损失；降低土壤肥力，减少产量，严重制约粮食产量的提高；淤塞抬高河道，洪水泛滥，破坏交通，威胁人民生命财产安全；水土流失使土层变薄，植被破坏，大大降低蓄水能力，加剧洪涝灾害的发生。

公路工程弃渣主要来源于路基工程、隧道工程、桥涵工程、建筑工程、便道工程、生活垃圾及取料场的清表。在工程设计中，一般尽可能做到填挖平衡，或通过纵向调运，用工程出渣填筑路基，实现土石方平衡。但是，在很多条件下公路项目会出现工程弃渣。

1. 工程弃渣利用

针对工程弃渣，经过研究与实践有下列的方法可以采用：

（1）弃渣造田

我国是人均耕地缺乏的国家，公路路基占地无疑使耕土资源更加紧缺，任何时候公路设计时都应尽可能地选择造地方式。利用公路弃渣造地已有较成功的经验，一般首先采取挡护措施，再分层填倒工程弃渣，做排水处理，最后整平上部覆土造田。在选用冲沟或河滩造地时需要考虑地区泄洪，防止水流不畅引发洪涝灾害。

（2）弃渣绿化造景

虽然造地是处理弃渣首要的选择，但由于农田对土质和日常操作条件要求较高。在一些情况下造地是一种不合理的选择。

（3）弃渣利用

在大石山区，工程出渣可作为石源，加工成各种规格的石材，供应市场。有些质量达到标准的石料，可用于铺设路基或路面的材料。

（4）弃渣加固河堤

赤通鲁高速公路跨越多条河流。虽然这些河流多数属于季节性河流，可以利用赤峰境内隧道施工中取出的石料加固河堤。

2. 弃渣场的选址

弃渣场选址的原则是公路弃渣场应尽量少占土地，少破坏植被和减少水土流失，保护和改善生态环境。同时，还应尽量减少弃渣场挡渣墙、排水沟等防止水土流失工程措施的数量。

在以下区域不应设置弃渣场：①崩塌滑坡危险区；②泥石流易发区；③特定有关地区；④弃渣场不应危及公共建筑等设施的安全；⑤弃渣场宜不占或少占林地、耕地或园地。

我国人口众多，人均林地、耕地或园地相对较少。该3种土地类型具有较好的经济、社会或生态效益，十分宝贵，因此确定本条内容。

三、桥梁施工生态保护技术

跨河桥梁施工对生态环境的影响主要表现在桥墩基础开挖和钻孔产生的弃土植堵塞河道，淤积河床水库，污染水体，占用、破坏、扰动河滩和河堤，导致雨季洪水冲刷，产生水土流失。

河流水中桥墩施工时应选择枯水期，桥墩施工方法采取半边河流施工。对河流半边设围堰，先清除外运围堰填筑土方、基坑弃土及草袋围堰等物，并保持水中施工机械清洁，避免机械油污污染水体，施工人员产生的生活污水和生活垃圾不允许直接排入水体中，而应采取措施收集到岸上统一处理，以减少对河流水质的影响。

临时占地对植被和土壤的影响主要是在施工过程中料场、桥梁施工等将占用土地，在路面施工、材料运输等过程中，如果不采取防尘措施，将会产生较大的粉尘和扬尘污染，粉尘和扬尘污染对农作物等农业生态环境产生一定的影响。但是由于施工期较短，影响周期短，随着施工期结束而消失。施工采取洒水、遮盖及大风天气停止施工等防尘措施，粉尘影响和污染程度会明显减轻，采取必要的防尘措施后，一般不会造成道路两侧的生态影响。

四、施工期间水土保持技术

（一）水土流失的特点

公路项目水土流失主要集中在施工和营运初期。在美国进行的观测表明，大暴雨从不稳固的高速公路和道路路基上冲走的土壤比从耕地上冲走的土壤要多10倍。水土流失的直接起因是植被的破坏。在公路修建后留下的裸地，雨水形成地表径流流失。暴露的工作面还会使植被更难以生长，这类问题在原来植被覆盖度就很低的北方山区，更具有代表性。

当植被覆盖了裸露面之后，流失过程趋于稳定。

水土流失特点：

①破坏公路用地范围内的地表植被，产生新的裸露坡面，诱发新增的水土流失量。

②取土、弃土、弃渣产生的水土流失。

③临时占地及土石渣料的水土流失。

（二）水土流失的形成机制

1. 水力侵蚀

公路建设施工填挖面、砂石料采集场及施工过程中产生的渣、土等松散堆积物，因其结构疏松，孔隙度大，在雨滴的打击和水流的动力作用下，渣土颗粒质量不足以抵抗水流动力而发生位移运动，形成水土流失。水力侵蚀的动力主要为雨滴击溅、坡面径流冲刷、沟槽水流冲刷3种外力，雨滴击溅引起溅蚀，后两者引起面蚀和沟蚀。

2. 重力侵蚀

在道路建设中，开挖土石方及采集砂石料时，改变了原有地形地貌，使原有地表土石结构平衡遭到破坏。有的山坡土体的休止角变大，失去原已形成的平衡支撑；有的弃渣堆积过高，使得这些原生堆积和人为堆积物失去重力平衡，在雨水渗入后加重了堆积物的自重或在堆积体上方某处形成"滑坡面"，这些都为崩塌、滑坡、泄流等重力侵蚀创造了条件，在温度、暴雨、水分下渗、震动及人为活动的触发下，有可能产生崩塌、滑坡等重力侵蚀，产生新的水土流失。

3. 泥石流侵蚀

泥石流侵蚀是由于降水（暴雨、融雪、冰川等）形成的一种特殊洪流，也是水力和重力混合作用的结果，因此也称为混合或复合侵蚀。严格地说，它是："介于水流和滑坡之间的一系列过程，是包括有重力作用下的松散物质、水体和空气的块体运动。

4. 风力侵蚀

施工过程中及工程竣工后的 1～2 年内，由于地表植被尚未完全恢复，使得施工区内地表裸露，轻质渣土在风力作用下易产生剥蚀而漂移。

（三）产生水土流失的主要形式

1. 填方路基

在山间洼地，工程需要大规模的填方作业，将形成许多较高的路堤，这样在一定时间内坡面暂时处于裸露状态，松散的土壤上没有植被保护，容易在雨水中产生侵蚀，填土越高，坡度越大，坡面越长，侵蚀的程度越严重。高填方路段的水土流失，还使边坡松软的土壤被雨水冲入农田，另外，填方路段附近的植被还会遭到施工机械的碾压或被铲除，导致水土流失。

2. 挖方路基

挖方路段主要指路堑及半填半挖的路基，如（调研后确定）。山体的切割使坡体产生扰动，影响土体结构，降低抗蚀性，且基岩风化后结构松散，稳定性低，在降雨径流中冲刷下极易形成沟蚀；另外由于开挖破坏了植被或弃方埋压坡下的植被，裸露的坡体极易被降水侵蚀。赤通鲁高速公路沿线虽然雨水不多，但降雨时峰值很强，降雨是水土流失的动力或媒介，降水决定了该地区水土流失以水蚀为主，并大多发生在边坡陡峭的挖方地段。

3. 不良地质路段

沿线部分地区分布有一些滑坡体，在施工过程中切坡将会破坏山体的自然平衡，诱发、加速、加大滑坡的产生。岩体破碎的挖方段，产生崩塌也是水土流失的发生源。在雨季，特别是开挖山坡地段施工时，会有部分水土流失。

4. 取（弃）土场和砂石料场

高速公路在修建过程中需开采大量筑路材料修筑路基及桥隧工程。丘陵路段还将产生大量的废弃土、石方。若为数众多的取土场、弃土堆和石料场处理不当，将会严重破坏沿线的自然地貌，人为产生水土流失。另外，施工弃土的土壤结构松散，弃土渣中含有大量的破碎岩块，其稳定性、抗蚀性都较差。当雨季来临时，弃土（渣）堆周围产生水土流失。

5. 桥梁

赤通鲁高速公路的有些桥梁工程跨河处河面较宽，两岸地形条件较差，特别是有桥墩在水中的一些桥梁，桥台及桥墩基础施工会对一定范围内的地表造成扰动，围堰施工造成水土流失。

（四）公路工程中水土保持措施

修建铁路、公路和水利工程，应当尽量减少破坏植被；在铁路、公路两侧地界以内的山坡地，必须修建护坡或者采取其他土地整治措施；工程竣工后，取土场、开挖面积和废弃的砂、石、土存放地的裸露土地，必须植树种草，防止水土流失。在山区、丘陵区修建公路，在建设项目环境影响报告书中，必须有水土保持方案。

1. 公路工程中常用的坡面防护措施

（1）植物防护

在边坡上种草或铺草皮，既可阻止风对坡面的吹蚀和地表水对坡面的冲刷，又可绿化路线、增加美观。在冲刷不严重的较缓而高度不大的土质坡面上，可选择适合于当地土壤和气候条件的草籽，直接播种于其上。在风蚀或冲刷较严重的较陡（但不陡于1∶1）和较高的土质坡面上，则可采用满铺草皮（平铺或竖铺的方法）。

（2）边坡防护网

在公路挖方路段或半挖半填路段的边坡采用防护网可以起到紧固土壤的作用，防止边坡的滑塌，保护边坡稳定。防护网可以用铁丝或尼龙材料制造。在国外的一些公路工程中常可见到这类实例。

（3）砌石护坡

对于较陡的土质边坡（1∶0.75～1∶1）和易风化或破碎的岩石边坡，可采用砌石护坡。砌石有干砌和浆砌片石两种，前者适用于边坡坡度较缓或经常有地下水渗出坡面的情况，后者适用于坡面较陡的情况。

（4）抹面

在夹有易于风化的软质岩层的路堑坡面上，由于软质岩层风化较快，常常剥蚀而成凹坑，引起上部具有节理的硬质岩层的坍塌和落石等病害。对此，可采用抹面的措施，防止开挖后软质岩层的继续风化。

（5）护墙

由浆砌片石组成，用以防护坡度较陡的土质边坡或易风化剥落和节理发达的岩石路堑边坡，避免进一步风化而出现崩塌和剥落等病害。护墙不承受墙后的侧压力，故所防护的边坡坡度应符合稳定坡度的要求，一般不陡于1∶0.3。

2. 公路排水措施

防止土壤侵蚀的主要方法之一是控制地表径流流量、水流方向以及水流速度。常用的控制措施如下：

①在坡顶和坡底开设截水沟，利用排水沟和溢洪道来控制坡地的下冲水流。

②开挖排水沟，以阻止水流进入敏感区域，并采用多条排水沟分流的方法，使水流不至于汇集得太大。

③在排水沟中修建混凝土消能构筑物，使急速流动的雨水得以减速，以减少对下游产生的侵蚀力。

④在排水沟中设置各种消耗水流能量的天然材料，如：木桩、草束或石块等。但这些材料需要得到经常维护。

⑤在公路两侧构筑沉淀池，使水流在进入下游排水沟之前，沉淀去除其中所含的淤泥、污染物以及路面垃圾。

第三节　施工网络优化与公路防沙固沙

一、基于生态保障的施工网络编制与优化

要用生态经济学的理论指导进行生态经济建设和管理，首先要认识生态经济学的三个最基本理论范畴及其作用。一是生态经济系统，它是经济活动的载体；二是生态经济平衡，它是经济发展的动力；三是生态经济效益，它是经济活动的目的。取得生态经济效益是人们经济活动的出发点和落脚点。按照生态经济原则，结合高速公路建设的特点，特别是在草原、沙地、农田地区建设高速公路的特点，对公路进行科学规划和合理建设，尽可能减少对脆弱的科尔沁草原生态环境的破坏。结合科尔沁草原道路建设中的特殊问题，按照有利于生态经济系统的物质流、能量流、信息流、人流和价值流合理高效运转的原则，运用系统工程的方法，进行系统设计、配套施工。要做到这一点，就需要与各个部门，如地方政府、环保部门、农业部门、林业部门、水利部门、施工单位等多家单位之间相互协调，树立生态经济建设综合管理的意识，在科尔沁道路的规划建设中尽量做到同步规划、同步投资、同步建设和同步管理。让道路建设与生态环境保护协调进行。

由于工程条件复杂，要想用一套完备的施工网络图将整条线路的施工情况贯穿起来，就必须掌握实际工程情况，有计划分步骤地进行，将不同施工单位所采取的不同施工方法有机地汇总起来，进行群体网络图编制，并使之贯穿于施工过程的始终，不仅对当前施工项目予以合理的指导还要为今后的施工提供宝贵经验。

（一）考虑生态影响的施工网络编制

1. 公路施工网络计划技术基本原理

网络图是由箭头和节点组成的，用来表示工作流程的有向、有序的网状图形。常见的网络图分为单代号网络图和双代号网络图两种。在网络图上加注工作的时间参数而编成的进度计划，称为网络计划。用网络计划对任务的工作进度进行安排和控制，以保证实现预定目标的科学管理技术，即称为网络计划技术。

在工程项目施工计划管理中，可以将网络计划技术的基本原理归纳为：

①把一项工程的全部建造过程分解为若干项工作，并按其开展顺序和相互制约、相互依赖的关系，绘制出网络图；

②进行时间参数计算，找出关键工作关键线路；

③利用最优化原理，改进初始方案，寻找最优网络计划方案；

④在网络计划执行过程中，进行有效监督与控制，以最少的消耗，获得最佳的经济效果。

2. 公路施工网络计划技术的优点

①可以把整个工程项目的生产过程的各个环节有机地组织起来，并指明其中的关键所在，从而可使各级管理者和管理人员既能统筹安排，考虑全局，又能抓住关键，合理协调资源，实行重点管理；

②可反映整个生产过程各项工序（活动）之间的相互制约和相互依赖的关系；

③可以进行各种时间计算，能在工序繁多、错综复杂的计划中找出影响工程进度的关键工序，便于管理人员集中精力抓施工中的主要矛盾，确保按期竣工，避免盲目抢工；

④能够通过网络计划中反映出来的各工序的总时差（即机动时间）和局部时差，更好地运用和调配人力与设备，节约人力与物力，达到降低成本和加快进度的目的；

⑤在计划的执行过程中，当某一工序因故提前或推迟完成时，能够预见到它对工程的影响程度，便于及早采取措施以充分利用有利的条件或有效地消除不利因素，保证自始至终对计划进行有效的控制与监督；

⑥能够设计出许多可行方案，并从中选出最佳方案。

3. 考虑生态影响的网络计划编制程序

网络计划技术在计划管理中起着举足轻重的作用，其应用的程序为：

（1）准备阶段

①确定网络计划目标：时间目标；时间—资源目标；时间—成本目标；生态目标。

②调查研究。调查研究的内容主要包括：项目有关的工作任务、实施条件、设计数据资料；有关定额、规程、标准、制度等；资源需求和供求情况；制定生态环境保护和恢复措施。对地质不良地段采取的处理措施，对水土流失、环境影响的处理措施；施工方法、料场分布、运输方式、道路条件是否符合实际情况和环境保护要求；珍贵动植物和其具体的保护措施；有关经验、统计资料和历史资料；其他有关技术经济资料。

③工作方案设计。在计划目标已确定并做了调查研究的基础上，就可进行工作方案的设计，其主要内容包括：确定施工顺序；确定施工方法；选择需用的机械设备；确定重要的技术政策和组织原则；对施工中的关键问题的技术和组织措施的制定；确定采用网络图的类型。

在进行工作方案设计时，应遵循以下几项基本要求：尽可能减少不必要的步骤，在工序分析基础上，寻求最佳程序；工艺应达到技术要求，并保证质量和安全；尽量采取先进技术和先进经验；组织管理分工合理、职责明确，充分调动全员积极性；有利于提高劳动生产率，缩短工期，降低成本和提高经济效益。在公路建设中融入景观生态学的理念，采用生态保护和恢复技术，实现对生态环境最低程度的破坏和最大可能的恢复。

（2）绘制网络图

①项目分解。

②逻辑关系分析。

③绘制网络图。

（3）时间参数计算

按照网络计划的类型不同，根据相应的方法，即可计算出所绘网络图的各项时间参数，并确定出关键线路。

（二）全路段施工的特点

要将全线工程协调起来，必须把它作为一个整体看待，其施工计划必须优化编制、统筹安排，使工程不仅能够按时交付使用，同时在建设过程中顾及生态环境的保护。因此，首先应了解全线工程的特点。归纳起来，全线工程施工有以下几个特点：

1. 工程项目多

属设施等。因为不同的工程施工需要不同的工艺流程，因此要注意到不同施工任务之间的衔接以及大型机械的流水组织。

2. 整体性强

全线工程的项目虽然很多，但是它们都不是孤立的，彼此之间都有紧密的联系。路与桥的衔接、隧道与道路的连接等等都是相互联系，相互影响的。因此要考虑到它们的相互配合，协调施工。

3. 施工周期长

赤通鲁高速公路穿越科尔沁草原，而且沿途部分地区有风积沙，是目前国内地形、地貌及地质较复杂、工程较艰巨的公路建设项目之一。工程的难度以及地理环境的特殊性要求对施工计划按系统和分阶段进行统筹安排，对网络计划编制进行优化，并对全线工程的施工进行优化规划。

4. 施工单位多

承包商之间应积极配合业主的综合统筹，发挥计划协调作用。

对于优化的全线施工网络计划应能够适应工程项目多，整体性强，施工周期长和施工单位多的主要特点。优化编制工作应从整体观点出发，以全线施工总工期为前提，结合各合同段所在地段的特殊生态环境，进行全面分析，统一筹划安排。即使在局部有所损失的情况下也应服从总体需要，使全线工程达到理想的要求。

（三）群体网络概述

对于这种时空跨越大、并有多家单位分头同时同地在特殊的生态环境中实施的大型工程项目。要想运用通常的网络计划技术进行管理比较困难。比如在同一时刻存在不止一个需要分头实施的网络计划，它们之间可能会发生冲突等，因此，需要考虑运用群体网络计划技术对全线工程进行协调，反复协商和优化。从表达形式上来看，群体网络技术与常规的网络计划技术的母子网络形式相似，但实质上是不同的。

群体网络技术是属于运筹学范畴，它以网络计划理论为基础。同时吸收其他新兴的科学技术和理论体系，通过运用群决策理论和方法，综合谈判协商理论。群体网络在形式上是一群利益彼此独立的网络组合，各网络间的冲突和协商是方案优化的基本内容。群体网络计划中的冲突主要表现在以下几个方面：

①群体网络中的各个网络在时间、空间、资源占用等方面相互之间都有着紧密的联系，存在着相互影响、相互受益之间的矛盾。

②群体网络中的各个网络由于存在着各自的利益，同时考虑全线特殊的生态环境要求，为了自己的最佳目标，在工序的安排上面会更多地顾及独立的网络计划进程而影响全局的优化问题，因此可能出现的变化的范围很大。

③从全局来看，群体网络在全线工程中所做的协商工作是整体与局部之间的优化协调。要使全局达到最优，同时要使得局部的网络计划满意，这样得到的结果往往有可能使得原有的施工网络计划显得不可行，协商又回到了最初。

④群体网络中局部网络的目标与准则应以全局的优化方案为先，又因为局部的网络计划目标影响到全局，使得群体网络优化总目标无法实现时，局部网络必须改变自己的目标和准则并适当做出牺牲。

（四）全路段施工网络优化编制的原则

全路段的施工，由于工程项目不同，地理环境复杂，承包商多等因素造成要从总体到局部做到最优的协作配合较为困难。同时因为在施工过程中环境对施工的影响以及施工的环境的反影响都十分显著，且牵扯的范围广泛，在施工过程中情况也经常变化，组织与管理工作十分复杂。因此，要想将全路段的施工统一起来，在保证进度要求的基础上，将工程项目与环境和谐地融合起来，必须进行全面的统筹安排，使得局部的施工网络计划与整体规划环环相扣，不论从整体上或是局部上都将对环境的保护与施工紧密结合起来。也就是，在优先考虑环境的前提下，采取大统筹与小统筹相结合，建设项目的总体网络计划与各合同段的分项网络计划相结合。总体网络计划起调控作用，控制总工期与环境保护工作之间的协调。通过综合各家施工单位的施工网络计划汇总，编制能够起到调控作用的群体网络图，并结合生态环境要求进行资源、进度，费用的优化，然后再用到各合同段指导实际分项工程的施工，达到动态管理，动态优化的目的。

（五）全线施工网络编制

运用群体网络技术对存在诸多限制的赤通鲁高速公路工程进行施工进度计划的精确编制和优化。赤通鲁高速公路工程是一个十分复杂的系统工程，不但要求施工中各个环节的配合，而且由于特殊的自然条件，也需要各个合同段之间的积极配合，此外，各种技术因素和自然条件均对工程施工的工期和经济效益有影响。只有综合考虑各种因素、使人、财、物在空间上和时间上充分优化配合，才能够正确组织施工。

通常群体网络图的编制分为四级编制，各级编制根据管理的角度不一而制定，它们分别是：

一级网络为项目的群体施工网络图，编制的内容主要是从整体出发，考虑全线的特殊生态环境，以便于协调各施工单位之间的施工工序，将全线施工对环境的影响降到最低，它属于控制性网络。

二级网络为各合同段内的工程网络图，主要由负责该合同段施工建设的单位根据自身的实际情况编制完成的网络进度图，属于指导性的网络，可以帮助施工单位在施工过程中调整和配合整体工程项目目标中使用。

三级网络图，该级网络图的编制主要针对的是单位工程或是专项工程项目，或是单位工程的分层、分段之间的施工安排等。它是现场施工人员借以安排施工和组织资源进场的计划安排，属于现场实施性网络计划。

四级网络图，既是细部工程网络图，是对较大工程的细分，如桥梁的基础施工，路基施工等，整个工程包括细部工程的施工网络计划图都在一张网络图上绘制，这种网络计划

达到了最细的程度。帮助工地直接安排人员施工，并帮助现场管理人员检查评价各个工序的完成情况，可借以作为下达下一任务计划的依据。

根据赤通鲁高速公路的建设规模和建设特点、管理机制和参加施工单位的多少，将该项目的群体网络图的编制分为三级编制。将二、三级网络图合并按三级的要求。然后通过将各合同段所属施工单位编制的实施性网络计划图汇总，并优化形成群体控制性网络计划图再反过来指导细部工程施工。

（六）施工网络优化

现阶段的施工网络优化仅仅是从施工实际出发，以工程投资效益为立足点的施工网络优化，但是目前，随着可持续发展战略的提出，在大力发展经济建设的同时应做好对生态环境保护的要求已经深入到各行各业，基础设施建设也不例外。所以，要对施工网络优化就不能简单地从原有的工期、资源、成本三个方向去考虑，而应该同时结合生态环境保护这一目标来同时优化施工方案。即要从工期最短、资源用量最优、成本最低和生态破坏最小这四个原则来考虑施工网络的编制优化。

传统的网络计划优化主要是以三大目标的优化为目的，即在既定的条件下，对初步拟定的网络计划方案，利用时差不断调整和改善，使之达到工期最短、成本最低、资源最优的目的。但目前，要做一个能反映全面的数学模型比较困难，所以通常是在不同的

限定条件下，使网络计划达到最优，即根据具体的条件进行单项指标的优化。

为了让施工过程中能够做到四个目标协调发展。在此利用多目标决策的理论进行分析并建立数学模型，通过求解分析获得最优的目标方案。

通常一个工程项目，施工是以网络计划图为计划指导的。但是一个初始的网络计划，可能会出现工期不符合合同规定、资源供应不均，费用消耗过大，并同时造成对生态环境较大破坏的情况。因此，施工网络计划优化的总目标主要为了综合考虑多方因素，协调它们之间的关系，尽可能地避免上述现象的发生。

1. 落实到各个单项，施工网络计划优化的目标为
①施工工期短。
②资源消耗合理。
③施工费用低。
④对生态破坏小。

2. 建立关于工期、费用和资源的多目标模型步骤
根据已编制的初始网络图，求出各工序的时间参数，确定关键线路。

根据网络计划的工期—费用模型计算步骤，对网络在一定工期下的直接费用和间接费用进行计算，在满足工期压缩条件下不断压缩工期，直到工期不可压缩为止，从而得到一系列工期及相应的总费用。

在以上得到的有限个工期和费用的组合下，根据网络计划的资源均衡模型计算各个组合下的资源均衡系数。

由此可以得到有限个不同工期、费用和资源均衡系数组合的施工方案。

（七）群体网络图优化
对优化协调后的全线群体网络图校对其施工期能否满足总工期的要求，然后结合全线特殊的生态环境对群体网络图进行资源优化、进度优化和费用优化。

通过由局部到整体，最后形成的群体网络图可以在全局范围内进行资源、进度和费用的优化。比如说综合协调弃土场、施工便道的设置，而不是将每个合同段独立考虑。这样既有利于减少对生态环境的扰动，同时也能够减少资源的浪费。

1. 资源优化
通常提到的资源优化是指施工中所涉及的劳动力、材料以及施工机具设备等资源。对于赤通鲁高速公路，资源还涉及工程建设的载体——科尔沁草原，这一特殊的生态环境资源在施工过程中取和舍之间的优化。

2. 进度优化
进度计划既是时间的优化，时间优化的前提条件就是资源有限，在对全线的群体资源优化后，对比施工工期与要求的总工期是否协调一致，然后进行工程进度的优化，如通过缩短关键工作的持续时间来对时间进行优化。

3. 费用优化

费用优化也就是我们通常说的成本优化，即是在工期限定的前提条件下，将施工费用降到最低。因为如果在一项施工中，如果要加快速度，通常都需要增加劳动力、材料供应和机械设备等，而这些必会引起成本的增加。

由上面三个优化可以看出它们之间是相互影响，相互制约的。时间优化是以资源有限、工期最短为条件的；成本优化条件是工期限定，而资源优化是以工期最短为前提的，所以，在最初形成的群体网络计划基础上，根据不同的优化目标，通过不断地调整网络计划的时间参数，寻找出最优的网络计划方案。并根据工程的实际进度，对工程施工计划进行动态优化和管理。

二、公路工程防沙、固沙对策

（一）公路沙害的成因

主要有两个方面，即自然因素和人为因素。首先，线路所经地段公路两侧的沙质土地地表松散，多以活动、半活动沙丘为主，在干旱多风的气候条件下产生扬沙，对公路路基、边坡和路面造成风蚀和埋压。其次，沙漠公路地段是人为活动较频繁的区域，人为活动的增加和人类对自然资源的不合理利用，干扰了正常的自然生态系统，造成土地沙化。

同时，修筑公路时自然植被大量破坏，引起土壤风蚀沙化，产生新的沙源。另外，筑路时的废弃物堆积，使风沙遇到障碍后风速减小，挟沙能力降低而沉积公路路肩路面，形成片状积沙，从而危及公路正常交通运输。具体因素包括：路基断面结构不合理。风沙流不宜通过而引起路面积沙；路基较低容易积沙而造成埋压；路侧有障碍物，沙粒遇到障碍后下沉堆积在公路上；高大沙丘在强风作用下向前移动，整体埋压路面；公路两侧原来固定的沙丘植被遭到破坏后沙丘活化，很快演变成流动或半固定状态，使流沙面积迅速扩大而埋压公路；机械沙障受损后失去阻沙作用，形成公路沙害；公路的改建、扩建，破坏了原有植被，造成草地沙化、固定沙丘活化形成新的沙源；筑路时的弃土堆积在路边形成障碍物，使风沙流受阻；大范围的草地、农田沙化风蚀后构成丰富的沙源，在风力的作用下发生强烈的风蚀、搬运和堆积，给公路造成危害。

（二）公路沙害危害方式

1. 路基风蚀

公路路基风蚀是沙区公路沙害最为普遍的形式。沙区的一个重要特征是气候干旱、风大沙多，而公路路基主要由当地的风沙土填筑而成，路基结构松散、固结性差，受到风力作用，沙粒很容易被风吹走，产生路基、边坡、路肩的风蚀；或因过境风沙流的冲击、磨蚀，导致路肩或路面底层被掏空而塌陷。

2. 路面沙埋

沙埋路面是沙区公路最为严重的风沙危害形式。当公路穿越密集的流动沙丘群时，则易造成沙丘整体前移上路，阻碍交通，尤其是沙丘群低矮，主风向单一且与路基垂直时，沙丘移动迅速，造成大量沙子堆积，路面形成堆状积沙；当过境饱和风沙流在运行过程中遇到路基阻碍时，由于地形的变化而削弱风沙流的挟沙能力，引起多余沙粒沉积，造成舌状积沙和片状积沙。

润区公路以风蚀和小片积沙为主，形成阻路段较少，积沙累积 60m。科右中旗——高力扳线公路以风蚀为主，形成阻沙路段极少，植被覆盖率高，沙丘呈固定、半固定状态，出现沙害的路段只有 3km。

（三）沙漠地区防风固沙技术

1. 植物固沙治理技术

（1）固沙植物种的选择

治理区固沙植物种的选择范围包括乔、灌、草等，最终应选定比较适合当地立地及造林条件的植物。

（2）固沙植物种配置

根据不同的植物种混交及株行距配置，随后确定防治最好的配置模式。

（3）植物固沙新技术应用

采用当前最新的保水剂、抗旱剂、生根粉等处理植物苗木，使固沙植物更加有效地起到防护效果。

2. 工程固沙技术

土工编织袋沙障选用可抗老化 5 ~ 10 年的 PV 管丝编织布，设计成长桶状，分为带鳍和不带鳍两种。带鳍者状如鱼鳍，在长筒侧面接口处预留一定尺寸，鳍顶端一定尺寸内的横线抽掉成须状，模拟麦草，用此装置可将沙障设置成带状、方状、菱形、拱形。另一方面用传统材料设置的沙障其固沙效果无法进行人工调控，一旦设置后其固沙效果会随时间的流逝，在不利环境因子的侵蚀下，沙障的固沙作用逐步降低，用土工材料设置的沙障由于材料本身抗不利环境因子的能力强，而且在一场大风过后可用人工将沙障提起，固沙效能马上得到恢复，相当于新设一次沙障。由此可见，这类沙障具有灵活、机动、固沙效果好的特点，可广泛地用于公路的沙害防沙工程。

3. 沙袋固沙

黄柳是人工种植的固沙先锋灌木，生长良好；它耐干旱贫瘠，抗风蚀、喜沙埋，在流沙趋于固定后，其生长状况逐步衰退。使用 1 ~ 2 年生的黄柳条，切成 80cm 的插条，扦插时地表以上外留 20cm；按不同的规格在流动沙丘上设置菱形活沙障。

参考文献

[1] 白鹏，李绍武，张路锋.路桥工程与公路施工管理 [M].沈阳：辽宁科学技术出版社，2023.

[2] 赵利军，张毅，马英杰.公路施工新技术与工程管理研究 [M].哈尔滨：哈尔滨出版社，2023.01.

[3] 贾广平，杨海.公路路面施工与养护 [M].北京：中国石化出版社，2023.09.

[4] 申由甲，李珑.公路建设与施工技术管理 [M].哈尔滨：东北林业大学出版社，2023.

[5] 刘志，彭东黎，叶生.公路工程施工技术应用 [M].延吉：延边大学出版社，2023.03.

[6] 赵福君，王怡森，易亮.公路桥梁施工技术与管理研究 [M].北京：现代出版社，2023.03.

[7] 王亚军，慕长青，吴希玲.公路工程施工标准化与项目管理 [M].哈尔滨：哈尔滨出版社，2023.01.

[8] 王晶，姜琴，李双祥.路桥工程建设与公路施工管理 [M].汕头：汕头大学出版社，2022.04.

[9] 罗国富，宋阳，刘爱萍.公路工程施工与管理 [M].长春：吉林科学技术出版社，2022.09.

[10] 张磊，周裔聪，林培进.公路桥梁施工与项目管理研究 [M].延吉：延边大学出版社，2022.10.

[11] 罗春德，尹雪云，李文兴.公路桥梁工程施工技术与养护管理 [M].长春：吉林科学技术出版社，2022.08.

[12] 杨光耀，杨新，郑胜利.公路桥梁施工与维修养护研究 [M].长春：吉林科学技术出版社，2022.08.

[13] 袁跟房.公路工程施工与技术 [M].北京：中国原子能出版社，2022.10.

[14] 王新林，王爱军，韩迎吉.公路工程施工与管理 [M].哈尔滨：黑龙江科学技术出版社，2022.

[15] 王磊.公路工程施工与建设 [M].长春：吉林科学技术出版社，2021.07.

[16] 李海贤，杨兴志，赵永钢.公路工程施工与项目管理 [M].长春：吉林科学技术出版社，2021.06.

[17] 林立宽.公路工程施工技术研究 [M].长春：吉林科学技术出版社，2021.05.

[18] 陈大学，黄裕群.公路工程施工技术与管理研究 [M].北京：文化发展出版社，2021.05.

[19] 张韶华.公路施工应用技术 [M].北京：人民交通出版社，2021.

[20] 杨利民，翟志勇，崔云龙.公路工程施工技术建设与创新 [M].长春：吉林科学技术出版社，2021.

[21] 艾建杰，罗清波，徐君诚.公路工程施工技术 [M].重庆：重庆大学出版社，2020.02.

[22] 武彦芳.公路工程施工组织设计 [M].重庆：重庆大学出版社，2020.07.

[23] 张国祥，陈金云，张好霞.公路与桥梁施工技术及管理研究 [M].北京：文化发展出版社，2020.07.

[24] 周俊卿，王媛，廖忠波.公路工程施工与技术 [M].长春：吉林科学技术出版社，2020.04.

[25] 王胤，常文华，李智龙.公路工程施工与管理 [M].长春：吉林科学技术出版社，2020.09.

[26] 王明华.山区公路施工技术研究 [M].北京：北京工业大学出版社，2019.11.

[27] 李涛，冯虎，王理民.公路施工与养护管理基础工作研究 [M].长春：吉林科学技术出版社，2019.05.

[28] 任传林，王轶君，薛飞.公路工程施工技术 [M].长春：吉林科学技术出版社，2019.05.

[29] 郝铭.公路工程施工技术与质量控制 [M].北京：北京工业大学出版社，2019.11.

[30] 毛磊，李俊均，李小青.公路隧道钻爆法开挖支护机械化施工与管理技术 [M].武汉：华中科技大学出版社，2019.05.

[31] 汤云良.公路施工技术与管理研究 [M].北京：北京工业大学出版社，2019.11.

[32] 蒋新闻，董航程.公路施工技术与项目管理研究 [M].延吉：延边大学出版社，2019.08.